中药产业创新发展研究

丰志培　著

中国科学技术大学出版社

内 容 简 介

本书立足于中医药传承创新、中药产业高质量发展的背景，综合运用产业经济学、创新经济学、计量经济学等相关理论，对中药产业创新进行了系统的研究。在回顾新中国成立以来中药产业创新历史演进的基础上，全面系统地分析了中药农业、工业、商业和全产业链创新状况、影响因素和发展路径以及区域集群创新，从理论上分析了中药产业创新发展特点、规律和创新体系形成。本书既涵盖中药产业全链条，又兼顾产业和区域两个层面，是基于经济学视野开展中医药产业创新研究的一次尝试，提出了一些创新的观点和对策建议，具有一定的理论创新性和实践价值，可供政府决策部门、中药产业研究人员、企业管理者、医药院校师生参考。

图书在版编目(CIP)数据

中药产业创新发展研究/丰志培著. —合肥：中国科学技术大学出版社，2020.12
ISBN 978-7-312-05071-8

Ⅰ.中…　Ⅱ.丰…　Ⅲ.中药材—制药工业—产业发展—研究—中国　Ⅳ.F426.7

中国版本图书馆 CIP 数据核字(2020)第 206123 号

中药产业创新发展研究
ZHONGYAO CHANYE CHUANGXIN FAZHAN YANJIU

出版　中国科学技术大学出版社
安徽省合肥市金寨路 96 号，230026
http://press.ustc.edu.cn
https://zgkxjsdxcbs.tmall.com

印刷　安徽省瑞隆印务有限公司

发行　中国科学技术大学出版社

经销　全国新华书店

开本　710 mm×1000 mm　1/16

印张　13

字数　255 千

版次　2020 年 12 月第 1 版

印次　2020 年 12 月第 1 次印刷

定价　50.00 元

序

中医药学是中华民族的伟大创造，为中华民族的繁衍生息做出了巨大贡献，对世界文明进步产生了积极影响。

新中国成立后，党和政府高度重视中医药工作，我国中医药事业取得显著成就，为增进人民健康做出了重要贡献，特别是党的十八大以来，习近平总书记多次就中医药工作做出重要论述，对 2019 年 10 月 25 日召开的全国中医药大会做出了重要指示，强调要遵循中医药发展规律，传承精华，守正创新，加快推进中医药现代化、产业化，推动中医药事业和产业高质量发展。

全国中医药大会上发布了《中共中央国务院关于促进中医药传承创新发展的意见》(以下简称《意见》)，提出传承创新发展中医药是新时代中国特色社会主义事业的重要内容，是中华民族伟大复兴的大事，将传承创新中医药提升到前所未有的高度。中医药迎来了天时、地利、人和的发展机遇。中药产业是中医药的重要组成部分，中药产业高质量发展必须依靠创新。基于产业创新理论，按照中药产业链脉络和产业创新发展规律对中药产业创新进行系统研究，对于促进中药产业高质量发展具有重要的理论价值和实践意义。

新中国成立后我国中药产业整体上获得快速发展，从早期前店后厂式的手工业生产模式，到 1978 年逐步发展到小规模工业生产。改革开放以后，特别是 20 世纪 90 年代以来中药生产保持较快增长。全国中药材种植面积稳中有增，2018 年达到 239.2 万公顷，为中药材供给提供了保障。2018 年中药工业总产值约 9000 亿元，约占医药工业总产值的三分之一，中药产业已经从传统产业迈向现代产业，发展成为以中药农业为基础、中药工业为主体、中药商业为纽带、中药知识产业为动力的较为完整的产业链，已经成为国民经济中的战略性产业。在产业发展过程中，针对中药产业创新中出现的创新基础薄弱、创新地位不明确，中药产业规范化、标准化欠缺等问题，国家出台了一系列促进中药产业创新和中药现代化的政策措施，我国中药产业取得长足发展。但在中药产业链、价值链领域中仍存在制约产业发展的诸多问题，如中药材规范化种植和中药材生产组织模式问题、中药工业智能化问题、中药产业链质量追溯体系建设问题、中药产业链延伸及融合创新问题、中药产品质量问题、中药产业理论创新和标准创新问题等。归结起来就是目前中药产业传承不足、创新不够。

无论是从中医药起源发展历程、当前中药产业发展存在的问题来看，还是从《意见》提出的推动中药质量提升和产业高质量发展考虑，推动中药产业发展的根本动力是创新。本书在中医药传承创新和中药产业高质量发展的背景下，运用产业经济学和创新经济学理论，研究了中药产业链现代化的创新升级和区域创新路径，对中药产业创新发展规律、影响因素、体系进行理论分析和实证研究。

本书首先从中药产业分类和产业链入手，阐述和分析我国中药产业发展总体情况，并对中药产业链各环节进行梳理。其次，全面回顾新中国成立以来中药产业创新演进历程、特点和启示，为进一步推动中药产业传承创新发展提供历史借鉴。在此基础上，全面研究中药农业、中药工业、中药商业、中药产业链、中药产业集群的创新状况及发展路径。根据中药产业创新的特点，提出了中药产业链各环节的创新发展路径，建立了符合中药产业发展规律的产业创新体系，从而通过创新驱动促进中药产业高质量发展。具体而言，在中药农业创新方面，主要从组织创新角度进行了研究，提出了要通过推动中药农业组织模式创新，以解决中药材生产质量稳定可控问题。中药工业创新升级的核心是围绕完善创新关键环节，以推动中药产业创新系统的形成。中药商业创新要通过建立健全流通规范体系、中药现代物流体系、中药材主要品种生产流通全过程质量管理和质量追溯体系来实现。从中药产业链来看，产业标准缺失或不完善、质量控制和评价难是制约中药产业链各子产业及全产业链创新升级、价值链攀升的共性障碍因素，应建设以产业协同创新为核心的创新体系来解决相关问题。中药产业集群的重要优势就是创新，为进一步提升中药产业集群的核心竞争力，提出了产业链升级、技术升级、产业布局优化来促进中药产业集群创新的策略。在上述研究基础上，本书认为目前我国中药产业的发展路径是提高产业创新能力，遵循中医药传承创新发展战略，通过“三个坚持”引领中药产业创新。

本书是丰志培教授在长期对中药产业研究的基础上，结合中医药传承创新背景，对中药产业创新问题进行的一次系统性总结，内容全面、视角独特，拓宽了中药产业创新研究视野，丰富和发展了我国中药产业创新的理论研究。理论与实践相结合、分析与对策并重，具有很高的学术价值和应用指导价值，反映了作者在中药产业经济研究领域长期的积淀，我乐意为之作序。该著作值得中医药行业政府领导、行业协会成员、企业家们认真研读，也希望作者继续围绕该领域深入开展研究，形成更多高水平的成果，为我国中药产业经济研究和中药产业发展做出更大贡献。

刘志迎，中国科学技术大学管理学院教授、博士生导师。

目　录

第一章　导　　论

第一节　研究背景及意义

一、研究背景

中医药学是中华民族的伟大创造，是中国古代科学的瑰宝，也是打开中华文明宝库的钥匙，为中华民族繁衍生息做出了巨大贡献，对世界文明进步产生了积极影响。新中国成立以来，党和政府高度重视中医药工作，我国中医药事业取得显著成就，为增进人民健康做出了重要贡献。特别是党的十八大以来，以习近平同志为核心的党中央把中医药工作摆在更加突出的位置，中医药改革发展取得显著成绩。习近平总书记多次就中医药工作做出重要论述。在 2019 年 10 月 25 日召开的全国中医药大会上，习近平总书记强调要遵循中医药发展规律，传承精华，守正创新，加快推进中医药现代化、产业化，坚持中西医并重，推动中医药和西医药相互补充、协调发展，推动中医药事业和产业高质量发展，推动中医药走向世界，充分发挥中医药防病治病的独特优势和作用，为建设健康中国、实现中华民族伟大复兴的中国梦贡献力量。

全国中医药大会上发布的《中共中央　国务院关于促进中医药传承创新发展的意见》（以下简称《意见》）提出，传承创新发展中医药是新时代中国特色社会主义事业的重要内容，是中华民族伟大复兴的大事。这将中医药发展上升到前所未有的新高度，中医药迎来了天时、地利、人和的发展机遇。

中医药是独特的卫生资源、潜力巨大的经济资源、具有原创优势的科技资源、优秀的文化资源和重要的生态资源。中医药发展包括中医药服务体系和中药产业发展，两者都需要人才队伍、创新要素支撑和体制机制来保障。中医药产业是一个复杂的产业链系统，包括中医药医疗服务链条和中药产业链条及其衍生产业链，医疗服务链既是中药产业链的需求方，又为中药产业链提供研发和创意服务；中药产业链是医疗服务链的供给方，中药质量提升和产业高质量发展为医疗服务链的运行提供了优质产品保证，从而更好地发挥了中医药在维护和促进人民健康中的独特作用。两个链条相互交织、相互影响，密不可分。

中药产业是我国拥有自主知识产权、具有极大自主创新潜力的少数产业之一，也是战略性新兴产业。新中国成立以来，针对中药产业创新过程中出现的创新基础薄弱、创新地位不明确，中药产业规范化、标准化欠缺等问题，国家出台了一系列促进中药产业创新和中药现代化的政策措施，我国中药产业坚持走创新发展的道路并取得长足发展。同时也正如《意见》所指出的，当前中医药发展存在着如中药材质量良莠不齐，中医药传承不足、创新不够、作用发挥不充分等诸多问题。

从中药产业领域来看，传承和创新问题贯穿于产业链、价值链各环节，具体表现为：中医药历史文献典籍、优秀中医药文化资源保护、发掘与深度开发不足。在中医药理论创新、标准创新上亟待加强，传承与创新不足。在中药农业、工业领域，存在诸如中药材质量、中药材道地性研究、规范化种植技术研究、中药材生产组织方式等问题，中药工业的标准化和智能化问题，中药产业链质量追溯体系建设、中药产业链延伸、产业融合创新等问题。上述这些问题的存在，《意见》归结为传承创新问题，从经济学和创新理论角度看，就是产业创新问题。

无论是从中医药起源发展历程、当前中药产业发展存在的问题看，还是从《意见》提出的推动中药质量提升和产业高质量发展来看，推动中药产业发展的根本动力仍然是创新。基于以上分析，本书试图运用产业经济学和创新经济学理论，全面梳理中药产业创新发展的历史演进和存在问题，根据中药产业创新的特点，提出中药产业链各环节创新发展路径，建立符合中药产业发展规律的产业创新体系，从而通过创新驱动促进中药产业高质量发展。

二、研究意义

促进中医药传承创新发展不仅是中医药事业和产业发展的迫切需要，也是文化自信的体现。中药产业高质量发展必须依靠创新，必须贯彻落实习近平总书记关于中医药工作的重要论述和中央关于中医药传承创新发展的决策部署，基于产业创新理论，策划中药产业高质量发展的模式和路径。由此出发，基于产业链视角，从历史和逻辑相统一出发，研究中药产业创新理论和实践，对于促进中药产业高质量发展具有重要的理论和实践价值。

（一）准确把握新时代中医药传承创新发展趋势

中医药传承创新发展是党中央国务院在新时代对中医药发展做出的重大决策部署，中药产业高质量发展是其重要内容。本书在梳理新中国成立以来中药产业创新历程、特点和启示的基础上，全面分析中药产业链各环节创新发展路径和集群创新，不仅有助于进一步推动中药产业的创新发展，明确未来中医药传承创新发展趋势，同时对其他产业乃至探索中国特色的产业创新道路都具有重要的借鉴意义。

（二）全面分析中药产业创新体系，丰富中药产业经济研究

在中医药传承创新发展、"健康中国"战略全面实施的背景下，研究具有原创科技优势的中药产业创新问题具有重大理论意义。要促进中药产业升级实现高质量发展，将中医药资源优势转化为发展新动能，创新引领是关键，产业链与创新链的融合促进产业升级发展，而组织创新、管理创新与技术创新协同也是创新体系构建的必然选择，集群创新构建创新生态圈，增强区域创新能力，构建中药产业创新体系。

（三）探索中药产业创新路径，为中药产业经济发展提供参考

中医药具有"五大优势"，要将这些特色优势转化为发展新动能，应坚持以人民为中心的发展理念，充分发挥中医药防病治病的独特优势和作用，加快推进中医药事业和产业高质量发展，为建设"健康中国"和中华民族伟大复兴的中国梦贡献力量，本书探索中药产业创新发展路径，打破中药产业发展制约问题，对中药产业升级、提升"中国制造"品牌影响和国家文化软实力具有重要的现实意义，对中药产业创新方向、关键环节、路径和支撑体系的研究对企业、科研院所、高等院校和政府具有一定的应用价值，同时对其他产业探索中国特色的创新道路具有重要的借鉴意义。

第二节 研究目标和内容

一、研究对象

本书以中药产业为研究对象，分别从中药产业各子产业（中药农业、中药工业、

中药商业等)、中药产业链、中药产业集群层面研究中药产业创新发展问题。

二、研究目标

本书立足于中医药传承创新、中药产业高质量发展的背景,以产业链为视角,在已有研究基础上综合运用产业经济学、创新经济学和计量经济学等相关理论和方法,分析中药农业、中药工业、中药商业等子产业创新发展状况,研究基于产业链的中药产业创新升级路径和区域创新,从理论上分析中药产业创新发展特点、规律、影响因素和创新体系形成,试图为中药产业创新发展理论做出贡献,为中药产业经济发展提供决策参考。

在此基础上,本书具体选取了安徽中药产业进行实证分析,设计出适用于本研究的调查方案与调查问卷,展开全面调查以获取第一手的数据资料。如对中药农业生产组织模式创新、中药工业升级障碍等进行实证分析,并在此基础上得出相关结论和建议。研究的具体目标是:分析新中国成立以来中药产业创新历程;研究中药农业、中药工业、中药商业、中药产业链、中药产业集群创新状况及发展路径;在此基础上提出相关结论和政策建议。

三、研究内容

(1) 本书从中药产业分类和产业链入手,阐述我国中药产业总体发展情况,并对中药产业链各环节进行梳理,分析我国中药产业发展存在的主要问题。

(2) 全面回顾新中国成立以来中药产业创新历程,并对其特点进行总结,借鉴历史经验,汲取深刻教训,为进一步推动中药产业传承创新发展提供帮助。

(3) 全面研究中药农业、中药工业、中药商业、中药产业链、中药产业集群创新状况及发展路径。本书以安徽为例,通过调查获取数据,进行实证分析。如在中药农业创新发展研究中,实证分析中药材产业组织模式对企业组织绩效影响机制以及企业选择不同产业组织模式的理论依据;在中药工业创新发展中,通过波特钻石体系分析中药工业升级的障碍因素。

(4) 根据研究结果,提出传承创新驱动中药产业发展的相关结论和政策建议。

第三节 研究思路与方法

一、研究思路

本书综合运用产业经济学、创新经济学和计量经济学等相关理论，以中医药传承创新、中药产业高质量发展为研究背景，在全面回顾新中国成立以来中药产业传承创新历史的基础上，构建基于产业链的中药产业创新发展理论分析框架，以安徽的中药状况为研究对象，运用文献分析法、历史分析法、实地调研和计量分析等研究方法，全面分析中药产业各子产业创新发展现状，对中药产业创新发展规律、影响因素、体系、路径进行理论分析和实证研究，进而提出相关政策建议。具体研究思路见图 1-1。

二、研究方法

本书主要采用实证研究与规范分析相结合、历史分析与逻辑分析相结合、实证调查收集资料与综合分析相结合、描述性分析与模型分析相结合等多种研究方法。具体方法如下：

（一）文献分析法

阅读产业创新、产业链、供应链理论和中药产业研究等相关文献，为综述、研究设计、问卷设计等相关研究工作提供基础。

（二）历史分析法

采用历史分析与逻辑分析相结合的研究方法，回顾新中国成立以来中药产业创新历程并对其特点、启示进行总结，从而为探索中药产业创新路径提供借鉴。

（三）实证研究法

在中药农业创新研究的同时，对中药农业组织模式与组织绩效关系进行研究，设计并发放问卷分别对中药材初加工企业、中药材种植农户进行实地调查，这当中主要运用了描述统计、结构方程模型、Logistic 回归分析法。在中药工业创新发展

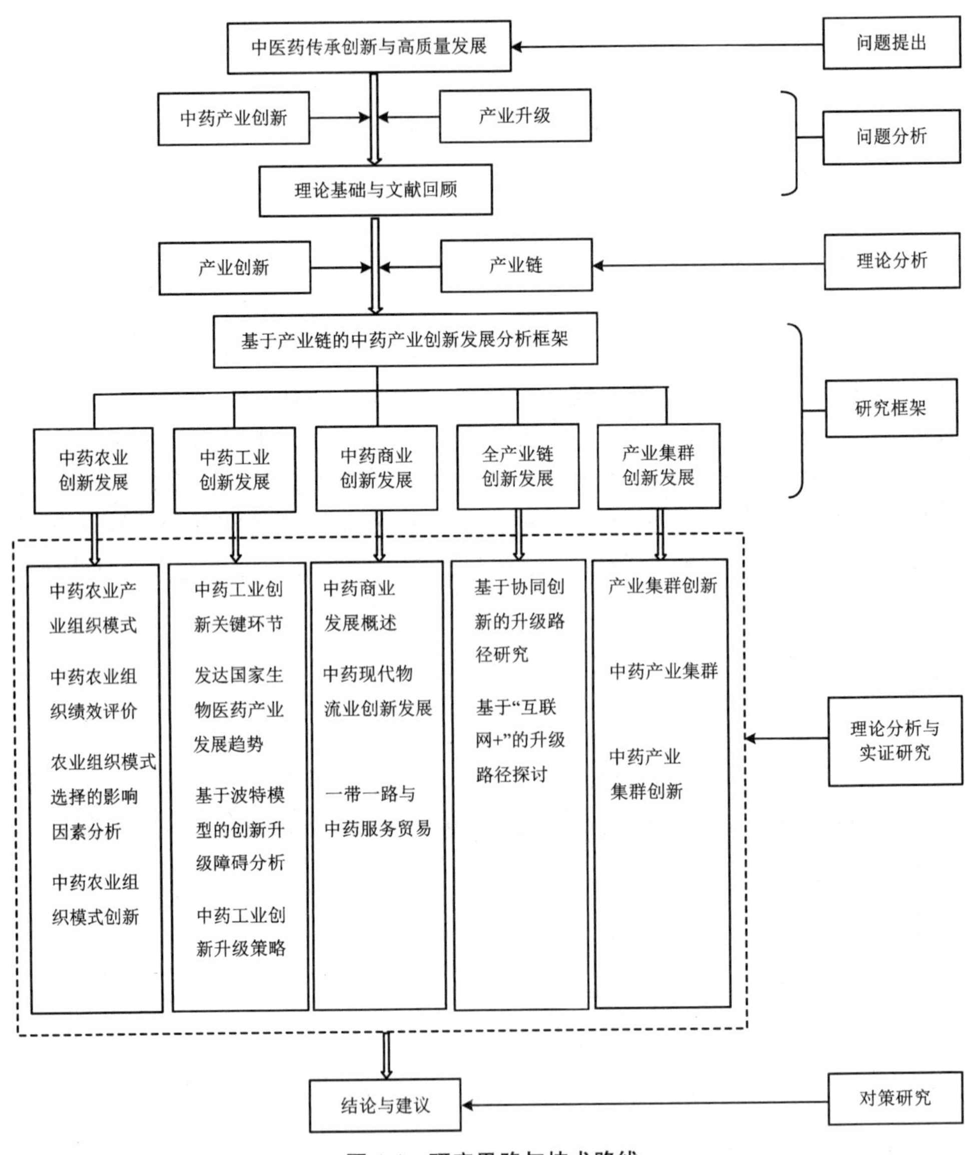

图 1-1　研究思路与技术路线

中，对中药工业企业进行了问卷调查，并运用波特-邓宁模型进行分析。

（四）规范研究法

运用产业经济学和创新经济学等相关学科理论，提出理论框架，在对实证结果分析时也采用规范研究方法。

三、数据来源

本书中的数据主要来源于以下三个方面:① 涉及中药产业发展现状的宏观数据主要来源于《中国农村统计年鉴》《中国高技术产业统计年鉴》《安徽统计年鉴》,以及政府网站和其他相关网站;② 通过中国期刊网等文献数据库获得二手数据和相关资料;③ 调研数据,主要是安徽省药农和中药工业企业的微观数据。

第四节 创新与不足

一、创新之处

(一) 研究内容的创新

对中药产业经济特别是中药产业创新进行系统性研究的文献不多,本书是作者于近年来对中药产业研究基础上,在中医药传承创新背景下,按照中药产业链脉络和产业创新发展规律对中药产业创新进行的一次系统研究。在回顾新中国成立以来中药产业创新的历史演进基础上,系统地分析了中药农业、中药工业、中药商业和全产业链创新状况、影响因素和发展路径以及区域集群创新,既涵盖了中药产业全链条,又兼顾了产业和区域两个层面,内容系统全面。在具体研究内容上,既有理论分析、案例分析也有实证研究。在实证分析方面,变量的测度和指标的选取,在既往文献基础上有所改进,使之更科学。本书丰富和发展了我国中药产业创新研究,具有一定的理论创新性和实践价值。

(二) 研究视角的创新

现有文献对中药产业创新的研究多侧重从技术层面,即从技术创新、产品创新等角度开展研究,且主要集中在企业层面。本书主要从产业层面,运用产业经济学和创新经济学从技术和经济综合视角研究中药产业创新问题,并沿产业链脉络展开,研究视角具有一定新颖性。在具体研究中,研究视角也具有独特性,譬如在中药农业创新研究中,对中药产业组织模式的实证研究,既有企业视角也有农户视角。此外,本书还拓宽了中药产业创新研究视野,对中药产业研究具有较强的借鉴价值。

二、不足之处

由于受研究水平和研究条件等主客观因素所限，本书还存在诸多不足，主要表现在以下两个方面：

首先，本书建立了基于产业链视角的中药产业创新发展的分析框架，但是实证研究的区域范围仅选择了安徽省，实证分析数据也主要是截面数据。尽管对我国中药产业创新现状和产业链进行了分析，但各地区存在差异，有待以后进一步深入研究。

其次，本研究在中医药传承创新和中药产业高质量发展背景下，重点考察中药产业创新发展问题，在研究中坚持传承创新，但如何将传承与创新有机融合，如何实现中医药产业与事业融合发展，如何在文化、需求、政策多重约束下确立适合中医药发展规律的创新发展路径，还需要进一步深化和拓展，这些将是未来的研究方向。

第二章　理论基础和文献回顾

本章从理论依据的角度对创新理论、产业创新理论、产业链管理理论、供应链管理理论以及农业产业链管理理论等内容进行阐述和分析。另外，对中药产业创新发展的相关研究进行回顾，主要包括中药产业发展和竞争力，中药现代化、标准化和国际化，中药产业区域发展以及中药产业链四个方面。

第一节　产业创新的理论基础

一、创新与产业创新理论

（一）创新理论

1. 创新理论的起源及演变

创新理论最早可追溯到熊彼特于1912年出版的《经济发展理论》一书，熊彼特在该著作中从创新组合的角度对创新的内涵进行界定，认为创新就是要把一种从来没有的生产要素和生产条件的新组合引进生产体系中去。他认为创新是生产过程中内生的，是一种革命性的变化，同时创新是资本主义经济增长和发展的动力，必须能创造出新的价值。企业家作为创新的主体，其职能就是引进生产要素和生产条件的新组合，以获得潜在的利润或体现企业家精神，从而实现创新。创新在研究领域产生，在应用领域得到接受和采纳。其他学者在熊彼特提出的理论基础上，从新的视角对创新进行了阐释，使得创新理论不断丰富和完善。

Enos(1962)从行为过程的角度对创新进行研究，通过对炼油领域的重大工艺和设备创新的研究发现用户创新的存在性，他在《石油加工业中的发明与创新》一书中明确提出:技术创新是发明的选择、资本投入保证、组织建立、制订计划、招用工人和开辟市场等行为综合的结果。20 世纪 70 年代,美国国家科学基金会(NSF)认为将新的或改进的产品、过程或服务引入市场的过程就是创新。20 世纪 80 年代,Mueser 在对技术创新相关文献进行研究的基础上,提出技术创新是以其构思新颖性和成功实现为特征的有意义的非连续性事件,是从企业对新产品的构思开始,将新的或改进的产品、过程或服务引入市场,以新产品的销售和交货为终结的探索性活动。英国经济学家 Freeman(1982)将创新定义为新产品、新过程、新系统或服务的首次商业性转化。Lynn(1996)和 Mansfield(1997)基于创新过程的角度,认为技术创新是始于企业对新产品的构思而终于产品的销售和交货的整个行为过程。

在国内研究中,傅家骥(1998)较早提出了创新的概念,他认为技术创新是企业家抓住市场的潜在盈利机会,对生产条件和要素进行重新调整,采用新的生产方式和经营管理模式,开发出新的产品、新的生产方法、开辟新的市场、获得新的原材料或建立新的企业组织等一系列活动的综合过程。在傅家骥看来,创新与简单的发明创造相区别,它是一种经济行为,创造性地运用其在科学实验和生产活动过程中所积累起来的知识经验和技能,获得经济和社会效益。吴贵生(2013)从技术应用的角度提出技术创新是由技术的新构想经过研究开发或技术组合到实际应用,并产生经济、社会效益的商业化全过程活动。张凤海(2010)从内涵和外延相结合的角度对创新进行分析,他认为创新是人们在生产实践活动中重新组织生产条件和要素,创造性地运用科学实验和生产活动过程中所积累起来的知识经验和技能的整个过程。

2. 技术创新理论的发展历程

西方经济学界曾对创新理论的概念界定展开激烈讨论,纵观技术创新理论的发展历程,大致可以分为新古典学派、新熊彼特学派、制度创新学派以及国家创新系统学派四大理论学派。索洛作为新古典学派的核心代表人物,为创新理论的发展做出了重大贡献。该学派关于技术创新的研究建立在"市场失灵"的基础上,讨论技术创新与经济增长之间的关系。索洛认为技术创新是经济增长的外生变量,并建立了技术进步索洛模型,专门衡量两者之间的关系。除此之外,新古典学派还对政府在技术创新中的参与作用展开了研究。

新熊彼特学派在很大程度上受到熊彼特创新理论的影响,强调技术创新与进步在经济增长中的关键作用,先后提出了许多著名的技术创新模型。该学派研究主要集中在讨论技术创新与企业规模、市场结构等因素之间的关系。Scherer(1965)在分析了 500 家企业创新情况的基础上,认为创新与企业规模增长之间不成正比。Schwarz 等人从市场结构的角度对技术创新进行了研究,认为在垄断竞争型的市场结构下，企业既能得到创新所需的资金、技术等条件，又存在竞争对手威胁，有创新动力。

制度创新学派以 Lance Davis、Douglas North 等人为代表，运用一般静态均衡与比较静态均衡两种经典方法，对技术创新与制度环境的关系进行分析。该学派充分肯定制度创新对技术创新的促进作用，而制度创新往往通过管理形式的创新来体现，并指出建立有效的激励制度对经济增长具有重要作用。

国家创新系统的概念最早由 Lundvall 于 1985 年提出，主要以国家资源配置和整体利益为出发点研究国家创新体系。该学派认为技术创新不是企业的孤立行为，而是由国家创新系统推进的，侧重于分析创新与国家经济发展之间的关系，将创新作为国家发展的关键动力，并认为国家创新系统是由大学、企业等机构形成的复合体制。

（二）产业创新理论

1. 产业创新概念

创新驱动已经成为激发我国经济发展的新动力，是未来我国经济持续增长的重要路径。按照创新主体的不同，创新活动可以分为国家创新、产业创新和企业创新。其中，处于中观层面的产业创新是宏观国家创新与微观企业创新之间的桥梁，对促进产业整体发展具有重要作用。目前对产业创新尚没有权威的定义，但国内外专家学者进行了一些探讨。Freeman 是第一位系统提出产业创新理论的人，他于 1974 年出版第一部产业创新方面的专著《工业创新经济学》。Freeman(1997)认为产业创新包括技术和技能创新、产品创新、流程创新、管理创新（含组织创新）和营销创新，并用实证的方法证明了不同的产业创新内容和侧重点不同。如化学产业主要是流程创新；仪器仪表产业主要是产品创新；电力产业主要是市场创新；而汽车产业的重大变革则源于管理创新（采用福特制）。Cunningham(1960)在《产业创新》一文中首次使用“产业创新”概念，讨论了经济周期中“创新”术语的使用，并通过对英美两国产业的比较，分析了产业创新绩效的测量、产业差异性等问题。Rothwell(1992)认为产业创新能推动经济整体发展，而技术推动和市场拉动则是创新链主要动力源，未来产业创新模型将更加注重从技术持续过程演进至技术平行过程。

国内学者对产业创新的研究相对较晚，1999 年严潮斌在《产业创新：提升产业竞争力的战略选择》一文中提出并阐释了“产业创新”的概念，从产业创新的主体和研究开发形式的角度对产业创新进行了研究，认为产业创新是提升产业竞争力的战略选择，这是国内首次正式发表论文对这一概念进行阐释。陆国庆(2003)提出产业创新可分为宏微观两个层面，宏观上，产业创新是国家在对产业结构进行调整，微观上，产业创新是企业突破已结构化的产业的约束，提供的新产品和服务的过程。张耀辉(2002)以高新产业为例，提出产业创新是企业创新的客观结果，认为产业创新主要体现为新兴产业的形成和发展。管顺丰(2007)认为产业创新是产业创新系统中的核心要素和环境要素，通过技术创新、制度创新的组合创新，对特定产业、产业链、产业群实施创新活动，实现产业组织、产业结构、产业布局等的量的提高和质的改变。王福民(2012)认为产业创新是产业的几个主要企业通过联盟的形式或者单个企业开展研发活动获取先进的技术并通过技术扩散的形式来实现整个产业的共同创新，是改变现有产业结构或创造全新产业的过程。包英群(2016)将产业创新定义为特定产业通过技术创新或者其他要素的协同创新活动，将获得的创新成果转化为产业发展的动力来源，从而提升产业竞争力的综合能力。

根据国内外学者的相关研究成果，作者认为产业创新是指由单个企业首先开展或几个大型企业联合开展的技术创新、产品创新、市场创新或组合创新等通过扩散成为整个产业的共同创新的过程，或者企业通过(技术、产品、市场或组合)创新活动开创新产业的过程，从而使产业组织、产业结构、产业布局等发生的量的提高和质的改变。产业创新是产业链上的某一环节的创新从而引发了整个产业创新，或者根据需求而形成的新兴产业。如果纯从技术的角度来看，产业创新至少包括：① 原料、材料和燃料技术创新；② 产业核心技术和关键技术创新；③ 产品构架创新和零部件技术创新；④ 产业技术创新中标准锁定和主导设计；⑤ 产业共性技术创新；⑥ 产业主导型工艺创新。

2. 产业创新系统

产业创新系统起源于国家创新系统理论和技术系统理论，是国家创新系统的重要组成部分。1997 年意大利学者 Breschi 和 Malerba 在产业案例研究的基础上提出了产业创新系统的概念，阐述了有关产业的学习和创新过程，将产业创新系统分解为企业、其他参与者、网络、需求、知识基础、制度、系统运行进程与协同演进七大基本要素，注重从系统的、动态的视角观察问题，详尽地分析了影响创新过程的因素。Freeman(1997)在产业创新理论的基础上首创了国家创新系统理论，并指出国家创新的核心是产业创新；波特以钻石模型为基础，把产业基础纳入创新系统，贯穿了深刻的产业创新系统思想。国内学者中，张凤和何传启(1999)早在 20 世纪 90 年代对产业创新系统的概念进行了界定，提出产业创新系统是指与产业相关的技术创新组织、机构和知识创新构成的网络系统。产业创新系统的建立是以实现特定产业创新为目标，解决产业中资金、信息、技术等的流动问题，其构成要素主要包括创新主体、创新环境、创新动力、创新内容等。

产业创新系统是当前国际上创新系统理论研究的热点，在产业创新系统中，企业是创新活动的主体，熊彼特在《经济发展理论》一书中将企业家视为革新者，强调创新是企业家的真正职能和必须具备的素质。科研机构、高校、中介组织等行为主体为企业提供知识和技术支持，共同参与产业创新的过程，而不断升级的市场需求则是企业持续创新的原动力。同时，企业是否愿意创新还取决于企业自身能力和企业家意识，与国家的政策环境密切相关。企业产业创新的内容主要包括产品创新、组织创新、技术创新、工艺创新、商业模式创新等，通过开发新技术或将已有技术进行升级、改善生产工艺、创新商业流通模式等向顾客提供新产品和服务，从而满足顾客需求或开发新的市场。

二、产业链管理理论

（一）产业链概念研究

产业链是生产力和社会分工进一步发展的产物。一般认为对产业链的研究最早可追溯到亚当·斯密(1776)在《国富论》中对于分工的论述，最初的焦点是从宏观角度探讨专业化、劳动分工对经济发展的影响，强调企业内部资源的有效利用。明确提出产业链概念的是我国学者傅国华。产业链有广义和狭义之分，狭义产业链指从原材料一直到终端产品制造的各生产部门的完整链条，主要面向具体生产制造环节；广义产业链则是围绕生产的狭义产业链基础上尽可能地向上下游拓展延伸。产业链是关联产业(链环或部门)的集合，具体到每个链环又有若干相关企业构成，一个完整的产业链包括上下游产业的多个环节，且各环节之间相互联系、相互制约，形成一个有机整体。

国内外学者对于产业链的研究成果也十分丰富。波特(2002)在其《国家竞争优势》等著作中，提出了“产业群聚”和“群聚区”的概念。他证明了各国竞争优势形态都是以产业群聚的面貌出现，呈现出由客户到供应商的垂直关系，或由市场、技术到营销网络的水平关联。Harrison(1997)指出产业链是采购原材料，将它们转换为中间产品和成品，并且将成品销售到用户的功能网链。杨公朴和夏大慰(2002)将产业依据前、后向的关联关系组成的特定的网络结构称为产业链，认为产业链的实质就是产业关联，而产业关联的实质就是各产业相互之间的供给与需求、投入与产出的关系。曹芳和王凯 (2004)将产业链界定为以企业为单位的纵向关联集合，认为产业链活动涉及了供应商、制造商、分销商、零售商和最终用户等环节。王云霞和李国平(2006)认为，在经济活动中，从事某一产业经济活动的企业之间由于分工角色不同，在上中下游企业之间形成的经济和技术关联可以有效地促进企业效率提升。耿宁(2014)从产业链结构的角度探讨引发农产品质量安全事件的根源，认为产业链整合下的标准化运作可以有效降低农产品质量安全风险。刘志迎(2014)把产业链定义为产业或企业分工合作的产物,是基于最终产品生产需要和最终用户需求而向上下游或旁侧延伸的企业集合,是由不同产业领域企业组成的包括原材料或零部件生产与供应、产成品生产和营销及服务、全过程物流和信息流及知识(含技术)流等在内的所有活动的链式集合。

(二) 产业链分类研究

产业链从不同的角度研究有不同的分类方法。例如,从产业链内部企业之间的供给与需求的依赖强度把产业链分为资源导向型、产品导向型、市场导向型和需求导向型四种结构类型(李心芹等, 2004)。按照产业链的形成方式可以分为技术推动型、资源带动型、需求拉动型、综合联动型四类(刘富贵等,2006)。王兴元和杨华(2004)认为由两个节点和一条连线构成的单链结构是高新技术产业链的结构基础,在此基础上将高新技术产业链类型分为单源链状结构产业链、单源星型结构产业链和多源网状结构产业链三种类型。根据企业之间的主要关系和契约形式可将产业链模式划分为市场交易式、纵向一体化式、准市场式、混合式四种类型(吴金明、邵昶, 2006)。从产业价值链的发育过程看有技术主导型、生产主导型、经营主导型、综合型四种类型;从产业价值链的形成诱因看,有政策诱导型和需求内生型两种类型;从产业价值链独立性看,可以分为依赖型产业价值链和自主型产业价值链;从产业价值链的适应性看,可以把产业价值链分为刚性和柔性产业价值链(潘成云,2001)。

(三) 产业链形成机制研究

产业链的形成首先是由社会分工引发的,在交易机制的作用下不断引起产业链组织的深化。蒋国俊(2004)站在产业群聚的角度对产业链形成的原因进行了阐述,认为产业链的形成:一是因为当今国内外激烈的市场竞争;二是为了满足顾客需求;三是因为社会压力;四是产业链本身具有突出的优点。刘明宇等(2007)认为产业链是分工逐步深化的结果。随着生产链条的延长,生产分工从企业内部扩展到企业外部,由企业内部的权威协调发展到企业间的社会分工协作,最后形成了产业链。邵昶(2006)将产业链的形成机制概况为“4+4+4”模型(即四维对接和四维调控以及四种具体产业链形成模式),他认为产业链是由价值链、企业链、供需链和空间链组成的四维空间,这四个维度在相互对接的均衡过程中就形成了产业链。游振华等(2011)从内因和外因两个方面分析产业链形成的动力因素:内部动力因素包括“降低交易费用”“风险规避”“创造和利用社会资本”;外部动力因素包括“区位优势”“技术进步”“政府产业政策”等。熊磊(2018)认为当交易效率到达一定水平后,自给自足模式必然走向分工模式,不可避免地形成产业链。他认为产业链的形成与演化有其自身的内在机理，要求我们必须充分尊重市场在资源配置中的主体地位和决定性作用，同时要求政府构建有利于社会主义市场经济发展的市场规则、法律体系、社会环境，从而加快分工演进，促进区域产业链的不断优化升级。

三、供应链管理理论

"供应链"概念最早来源于德鲁克提出的经济链，而后经由波特发展成为价值链，最终演变为供应链，经历了一个漫长的发展过程。随着人们对这一概念认识的逐渐深入，国内外学者对供应链展开研究，早期的观点将供应链视为企业内部的一种物流运作模式，认为供应链是将原材料和收到的零部件通过生产和销售等活动传递给用户的一个过程。随着产业环境的改变，人们逐渐认识到除企业内部外企业之间供应环节的重要性，自此，供应商被纳入供应链的范围。在这一阶段，人们将供应链理解为某种产品从原料到最终产品的整个生产过程。20 世纪 90 年代，由于需求环境的变化，人们认识到供应环节中最终用户、消费者的重要性，从而将其纳入了供应链的范围。美国学者 Stevens(1999)认为通过增值过程和分销渠道控制从供应商的供应商到用户流就是供应链，它开始于供应的原点，结束于消费的终点。随着信息技术的发展，企业间的关系呈现明显的网络化趋势，人们对供应链的认识也开始向"网链"转化。马士华(2016)认为供应链是围绕核心企业，通过对信息流、物流、资金流的控制，从采购原材料开始，制成中间产品以及最终产品，最后由销售网络把产品送到消费者手中的将供应商、制造商、分销商、零售商直到最终用户连成一个整体的功能网链结构。Martin Christopher(2011)将供应链定义为涉及将产品或服务提供给最终消费者的过程和活动的上游及下游企业组织所构成的网络。目前，供应链概念更侧重于核心企业间的网链关系，强调通过建立战略伙伴关系，从而更加有效地开展工作。

作为一种新的管理方法，供应链管理就是对供应链中各部门间的物流、资金流、信息流等进行计划、组织、指挥、协调、控制的过程。供应链管理以最终用户满意为核心，供应商直接将原料提供给制造商，然后制造商将产品运送给销售商，通过减少物流环节来提高企业的运作效率，提高供应链服务水平和顾客满意度。同时，供应链管理以现代信息技术为支撑，借助网络技术，将分布在不同地区的供应链合作伙伴，在较大区域范围内进行集成，力图通过各个组织之间相互的责任分担、利益共享等机制来共同获得收益，以客户需求为导向，以提高质量和效率为目标，实现生产、销售、服务等全过程的高效协同(张庆红，2019)。

从以上国内外学者对供应链的研究中可以看出，供应链并不是指某个企业或组织，而是针对产品或服务而言的。根据国家标准《物流术语》，供应链(Supply

Chain)指生产及流通过程中,涉及将产品和服务提供给最终用户活动的上游与下游企业所形成的网链结构。供应链管理(Supply Chain Management,SCM)指在满足一定的客户服务水平的条件下,为了使整个供应链系统成本达到最小而把供应商、制造商、仓库、配送中心和渠道商等有效地组织在一起来进行产品制造、转运、分销及销售的管理方法。

四、农业产业链管理理论

(一) 农业产业链管理理论的发展

农业产业链管理理论是农业产业为应对市场环境变化并借鉴工业生产组织模式的相关理论而发展起来的。

起初的工业产业的生产组织模式为古典经济学论述的企业(厂商)形式,企业形式是自由竞争时代的典型模式。随着市场竞争、消费者需求的变化和国际市场的发展,20 世纪 50～60 年代的欧美国家开始出现企业(厂商)纵向一体化,企业将与其核心产业有关的上下游产业纳入自己的企业中来。纵向一体化(Vertical Integration)又称垂直一体化,包括后向(上游)一体化和前向(下游)一体化,这个过程是企业代替市场的过程。核心企业通过后向和前向的控制,试图对从原材料到销售的全程进行有效的控制,从而达到控制关键原料和销售渠道的目的,以保证获取价值链各个环节的利润。但随着买方市场的到来和消费者需求的不断变化,这种管理模式逐渐暴露出弊端。如企业投资负担加重;非核心业务的建设和磨合期间,丧失了一部分市场机会;企业从事了不擅长的业务活动,增加了经营风险;降低了企业柔性制造能力,无法有效地满足市场需求的变化。因此,为了应对这种市场环境的变化,从 20 世纪 80 年代后期开始,工业发达国家中的相当多的企业放弃了纵向一体化,转向了横向一体化管理模式,全球制造和全球供应链管理是这一新管理思想的产物(马士华,2002)。横向一体化管理的思想是企业应把主要精力集中放在提升企业核心竞争力(Core Competence)上,把其他非核心业务外包(Outsourcing)给合作企业完成。企业横向一体化战略实施后,合作企业之间的产品流动成为了企业间需要解决的关键问题,即如何对合作企业之间的物流、信息流、资金流进行管理,对这些问题的研究促成了供应链管理思想的产生。但供应链管理更多地关注围绕核心企业所形成的网链状的组织关系。Scott 和 Westbrook (1991)认为,供应链是指整合处理及控制产品从原料、生产制造到配送给用户的一系列活动,是以核心企业为主体,通过物流、价值和信息管理等手段,最大化增值企业产品价值。工业产业通过纵向一体化逐步过渡到横向一体化直至供应链组织形式的出现，基本完成了组织模式的变迁。

农业产业链管理是供应链管理理论在农业领域的应用，它将农业生产资料供应、农产品生产直至销售等环节链接成一个有机整体，并对其中的诸要素流动进行组织、协调与控制，促进农产品价值增值的活动过程。农业产业链管理相对于农产品供应链而言，涉及的范围更宽，后者更多的关注农产品的流动，而农业产业链管理则更加关注产业链成员之间的合作，其目标在于实现农产品的价值增值；与农业产业化经营相比，两者在本质上都是要求打破传统的将农业产供销、农工商分割开来的体制和生产经营方式，但是两者在目标、对象和重点上存在差异。农业产业链与工业企业的供应链管理也是有区别的：工业企业之间是相对独立的法人，机会主义发生相对较少；而对农业产业而言，农产品加工企业往往要和分散的数量众多自然人农户打交道，单纯依靠企业与农户进行订单农业和契约农业无法解决农户机会主义行为发生的问题，因此农业产业链成员的合作不局限于横向一体化，其中更多倾向于垂直一体化和垂直合作。基于以上分析可以看出，农业产业链管理是对农产品供应链、农业产业化经营等理论进一步完善和发展的结果。

（二）农业产业链管理与产业链效率

供应链管理以追求企业合作的效率、以较少的产品前置时间与营运成本为目标，来获取企业营运的竞争优势（王凯，2002）。因此供应链管理是通过供应链的合作与企业业务流程的整合、协调，来缔造企业合作的竞争优势。而农业产业链及其管理则更多地强调整个产业链条运行效率问题，也就是说农业产业链成员之间的合作和流程整合能提高产业链效率，并对此链条上相关成员的绩效产生影响。

国外对农业产业链协作相关领域研究较早，很多文献都提到良好的供应链组织合作关系是影响供应链效率的重要因素（Ellram，1996；Monczka et al，1993）。一些学者还进一步研究了影响合作及其效率的因素，如 Robert 和 Christian（2002）认为影响产业链反应能力的主要因素是信任，此外还包括产业链成员间的相互依赖性以及合约的完善程度；Mohd 等（2000）认为，产业链的信息化程度、共同决策程度以及周围环境的不确定性也能影响产业链的组织合作；T. K. Das 等（2003）研究表明合作成员的努力、成员之间的利益冲突以及成员彼此的相互依赖是影响合作效率的关键因素。Schrader（1988）主张将食品供应链的研究重点由市场转移到链条的纵向协调上来，如研究链条中纵向整合的限制因素，以及实施整合的主体等。他们强调在供应链中严格控制产品质量、流程与成本，对链条进行内部整合以提高整体的运作效率，通过链条内部成员之间的合同、合资或联合来取代传统的市场方式是一种有效的方法。国内学者陈超（2003）以猪肉行业为例，提出加工企业与上游农户进行垂直整合并与之结成战略联盟从而提高供应链效率。成德宁

(2012)认为整合农业产业链对企业绩效有着重要影响。上述研究都得出相似的结论即农业产业链成员的合作有助于提高产业链效率。

第二节 中药产业创新发展研究现状

新中国成立以来,我国中药产业坚持走创新发展道路,但如何把中药产业现有的比较优势转化为竞争优势,如何在传承基础上通过中药产业创新实现中药产业现代化和国际化,仍然是理论界和实践界关注的重要课题。纵观中药产业的发展历程,国内学者的研究各有侧重,主要集中在中药产业发展和竞争力、中药现代化、标准化和国际化、中药产业区域发展以及中药产业链四个方面。全面回顾中药产业创新及其发展相关的文献,对把握中药产业前沿具有重要意义,同时也有利于在前人研究基础上提出新的研究成果。

一、中药产业发展和竞争力

中医药作为我国的传统医学具备先天的发展优势,对中药产业竞争力进行分析是衡量产业发展潜力和未来前景的重要环节。施建勇(2002)从中药产业经济的角度对中药产业的发展概况进行了研究,分析了中药的资源经济、中药科研、企业竞争特点和市场营销策略,从产业层面研究了中药产业的结构、关联、布局,并对中药产业进行了定位。周飞跃(2005)以中药产业为研究对象,分析产业竞争力提升战略管理过程中的难点问题,促进了一般战略管理理论与产业竞争力理论相融合,提供了一个有关中药产业竞争力提升战略的假设、事实、方法技巧的综合性分析框架。陈士林(2008)认为中药资源是中药产业发展的基础,通过筛选适合中药鉴定的 DNA 条形码序列,建立中药 DNA 条形码鉴定数据库,使得传统中药鉴定方法取得有力补充和革命性突破,对推动中药鉴定数字化、标准化、国际化具有重要意义。屈援(2009)基于 SCP 分析角度,认为产业创新是产业竞争力提升的核心环节,提出以专利制度和技术标准建设来推动中药产业创新能力的提升。郝刚(2011)分析了我国中药产业的国际竞争力,基于衡量国际竞争力的指标对中药产业进行了 SCP 分析,提出了符合我国中药及中药产业发展特点的产业政策,从制度制定上促进产业的发展。王永炎(2012)从基本药物制度的角度强调中药品种的疗效,提出中药产业的发展,品种是关键,但要促进品种乃至整个产业发展,还需要制度、企业、团队和人才建设等学科和产业基础的支撑。段金廒(2015)基于循环经济理论探索了中药资源循环利用策略与产业发展模式,以期推进中药资源经济产业发展模式和生产方式的变革,实现中药产业与生态系统相互促进,协调发展。万颖和章辉美(2015)对我国中药产业竞争力的地区间差异进行了实证分析,结果表明,中药产业竞争力呈现区域差异明显的态势,这与各地区资源条件和产业发展外部环境密切关联。因而,促进中药产业竞争力提升,要从政策入手,深入挖掘各地区中药资源优势,提升中药工业附加值,促进产业快速发展。李慧等(2016)研究我国中药专利申请及授权数量的变化对中药产业发展的影响,强调通过促进技术创新,提升审查能力,完善配套措施来提升中药专利质量,最终提高我国中药产业的竞争力。

二、中药现代化、标准化和国际化

中药标准化是中药现代化和国际化的基础和先决条件,对中药产业发展具有重要作用。王广平(2010)提出中药产业的技术标准要基于中医药基础理论指导,进而促进中药生产和中药临床的合理用药,推进中药产业健康发展。董玲等(2017)从国家战略层面出发,提出基于全程质量控制理念的中药标准化体系建设,对中药产业全过程进行科学研究,建立各环节的标准操作规程,构建中药产业链全面质量管理体系,为中药产业的标准化提供系统参考。王鑫等(2018)对中药标准西化、临床标准化研究不足等问题进行研究,提出坚持中医理论对中药标准化的指导,突显中医药特色,加强临床用药标准化研究等措施,解决中药标准化问题。

中药现代化过程就是将传统中医药的优势、特色与现代科学技术相结合,以适应当代社会发展需求的过程。肖小河(2011)提出以临床需求为导向,从科研立项、人才培养、新药评审及配套的相关政策法规和组织机构等方面促进中医药转化的医学研究,推动中药现代化走进临床。张伯礼(2015)通过回顾近 20 年中医药现代化研究取得的主要成果,提出中医药现代化需要遵循传承与创新并重原则,利用现代科技成果和多学科交融为中药现代化研究提供有力保障,坚持传承创新,协同共进,保障中医药事业健康可持续发展。程翼宇(2016)倡议大力推进中药数字制药技术的广泛应用,通过制药过程高度信息化和多学科集群创新,创建中药智能制造技术,为中药现代化及技术升级提供新动能。姜程曦(2018)等从中药材、中药饮片、中药提取物、中药制剂四个方面对中药现代化进行阐述,强调企业应加强与高校、政府等多方的合作,推进中药现代化、标准化和国际化进程。同时,“一带一路”倡议为中医药国际化带来重要机遇,世界各国和地区中医药团体间的交流与合作快速增长,中药影响力不断提高,但中药国际化中仍面临诸多困境。冯夏红(2012)

认为当前中药国际市场的份额很低，文化差异是阻碍我国中药走向国际市场的深层因素之一，因此需要在文化传播、产品、渠道和促销等方面制定有针对性的营销策略。刘昌孝(2016)认为中药国际化之路应加强国际间合作，充分利用互联网优势，建立国际认可的统一药物标准规范体系，创制具有自主知识产权的中药并以治疗药物身份进入国际医药市场，提高中药品牌国际竞争力。

三、中药产业区域发展

各地区区位优势的不同使得中药产业发展的特色也不尽相同。张桐(2006)探讨了我国中药产业区域化发展的必要性，提出中药产业区域化发展的“科技引领+集群超越”战略构想和相应的对策。李全新(2006)从中药材种植业在中药产业链中的重要性和发展规模角度，提出了西部地区发展中药材种植业的优势和应遵循的原则。于海等(2004)运用因子分析和聚类分析方法对我国中成药工业的技术创新能力进行了区域间比较研究，对中成药工业技术创新能力进行评价，为全国中药产业发展提供参考。杨敬宇等(2013)从中药产业集群发展的角度，从区域中药产业发展空间布局出发，认为中药产业区域集群是发展县域现代中药产业的组织导向，提出实现现代中药产业地域性集聚发展的政策建议。冉懋雄(2015)以道地药材与中药区划、贵州中药材产业与区域经济发展为重点，提出区域经济发展与中药区划、中药材规范化生产与GAP基地建设都要以政府为引导，质量为核心，市场为导向，科技为支撑，实现中药材产业的可持续发展。王晶(2017)从中药产业区域品牌入手，认为中药产品表现出了很强的质量区域性，发展与培育中药产业区域品牌对中药产业市场竞争力的提升具有重要意义，并提出依赖自然资源和在自然资源的基础上形成产业集群两种中药产业区域品牌构建模式。

四、中药产业链研究

产业链是各个产业部门之间基于一定的技术经济关联，并依据特定的逻辑关系和时空布局关系客观形成的链条式关联关系形态。产业链的建设是实现中药产业价值和增值的重要途径。刘盈等(2014)从国民经济行业划分、三次产业分类、要素密集度产业划分等角度对中药产业链结构复杂性进行分析，认为结构复杂是中药产业链的天然特性，是导致各产业环节发展不平衡及产业链运行不协调的主要原因。李全新(2007)在分析中药材产业链的运行结构、特征及其对中药材原料的影响的基础上，结合中药产业所处的经济环境，提出中药产业应走循环经济之路，依靠技术进步加强产业链各环节的协调性。闫希军(2005)提出加强产业链管理，通过应用现代质量控制技术，提高中药产品质量水平和市场竞争力，进而提高现代中药产业链整体的运行效率。黄璐琦(2010)认为制定并完善产业链发展政策是中药产业不断壮大的有力保障，应在国家产业政策支持下，促进产业链各环节的技术研发，满足民众需求，培育新的经济增长点。杨明等(2010)在对中药产业结构进行剖析的基础上，提出充分利用国家政策优化中药产业链，让各产业部门在产业链的各环节上发挥出最大作用，实现中药产业的可持续发展。李化(2015)认为中药产业链上各环节盈利能力、抗风险能力和竞争激烈程度有所不同，主要是因为产品链中的中药材、中药饮片和中成药三种主要产品的市场发展程度、价格预期以及政府的干预力度不同导致的。因此，促进中药产业的健康发展，需要加快中药材、中药饮片和中成药行业的发展。丰志培(2015)运用产业链理论，研究亳州中药产业链空间特征，在指出产业链问题的基础上，提出构建完整产业链、培育升级产业链等策略，以及"集群化""一核多点""点轴"空间布局。

综上，国内学者从不同的角度对中药产业创新和发展方向进行了探索，丰富了创新视角下我国制造业升级的理论研究，也使得中药产业创新理论体系日趋完善。创新是中药产业升级的核心动力，对中药产业发展具有重要作用。但当前我国中药产业仍面临着"传承不足、创新不够"困境的制约，产业链各环节存在诸多难题，迫切需要通过产业升级促进产业高质量发展。现有研究成果多从产业链某一环节或从技术创新、产品创新某一角度对中药产业进行研究，而以传承创新为背景，从全产业链的视角系统研究中药产业创新发展路径的文献尚不多见。本书在已有研究基础上依据创新和产业创新、产业链、供应链、农业产业链等管理理论，对中药农业、中药工业、中药商业、中药全产业链、中药产业集群等方面进行分析，全面系统地探讨中药产业发展现状、存在的问题及产业链各环节创新发展路径，破解产业发展难题，提高产业整体技术水平，进而提出中药产业创新发展路径和政策建议。

第三章　中药产业发展概述

第一节　中药产业分类与产业链

据推算，中医药起源于5000年前的新石器时代，历史上传说的“伏羲制九针”“神农尝百草”就是原始社会中医药活动的标志；约在4000年前的殷墟甲骨文中就曾有动植物药的记载；秦汉时期《黄帝内经》和《神农本草经》的出现是中医中药理论体系形成的重要标志；明代李时珍的《本草纲目》是中国五千年来中医药理论和实践的结晶。

广义上说，中药产业指在国民经济中从事以中医药理论为基础和指导的医药及保健产品的生产、经营、研究及其相关经济活动的集合。据统计，2018年我国中药材总产值达到2379.6亿元，中医药工业总产值约9000亿元。但是中药作为成熟产业的历史并不长，近代以前的中药和中医密不可分，中药一直从属于中医。在没有商品经济的社会，中药难以形成产业，多数是家庭作坊式的手工业。随着近现代工商业的发展，中药逐步形成一个产业（丰志培，2013）。

一、中药产业的分类

（一）三次产业分类（克拉克分类）

从三次产业分类来看，可以把中药分为中药农业、中药工业和中药第三产业。

中药农业指从事中药材采集、捕猎、栽培、养殖以及对野生药材的引种、驯化、抚育管理和粗加工（在产地由中药种植户进行的简单清洗、分拣和晾晒等）等活动的相关产业，中药农业历史悠久。狭义的中药工业仅指中药饮片加工和中成药制造(含人工合成中药,如人工牛黄、人工麝香)等医药制造业,广义的中药工业还包括以中药材为原料进行中药相关产品生产的相关产业,如中药提取物、中药保健品、食品饮料、化妆品、生物农药、中药兽药等。围绕中药工业还有众多的关联产业,如中药药用辅料、药用包装材料和中药制药机械产业等。中药及其相关产品的市场流通即为中药商业,它和中药知识业等产业构成了中药第三产业。

(二) 其他分类

按《全部经济活动的国际标准产业分类索引》(ISIC)的分类方法,中药材的生产为资源产业,属于农业范畴;饮片加工与中成药生产属于制造业;中药产品的营销属于批发、零售业。

按资源集约分类法,中药材生产属于自然资源、劳动密集型产业;中药材加工制造属于技术、资本密集型产业;中药第三产业属于人才和管理密集产业,其中中药新产品研发属于高新技术产业。

按《国民经济行业分类与代码》(GB/T 4754－2017)的分类方法,中药种植(017)属于农业(01),中药养殖则属于畜牧业(03);中药饮片加工(273)与中成药生产(274)属于医药制造业(27),中药相关产品制造则分属于制造业里面不同的三位数产业,如食品制造业、饮料制造业等;中药第三产业则分属于服务业中的不同的两位数产业中,如医药及医疗器材批发(515)属于批发业(51),医药及医疗器材专门零售(525)属于零售业(52)。因此对广义的中药产业进行统计是比较困难的。

二、中药产业的技术经济特点

中药产业围绕对中药及其相关产品的各种需求进行分工和合作,通过一系列活动将各种资源进行组合,产生能满足人们需求的产品和服务,中药产业有其自身的技术经济特点。

(一) 中药产业高度依赖稳定的资源供给

中药材从来源上分为野生和家种(养)品种。根据第三次中药资源普查统计,我国现有的中药资源种类(现有 12807 种中药资源,其中药用植物 11146 种,药用动物 1581 种,药用矿物 80 种)比较丰富。但是,生态环境的恶化使得相当数量的野生种质资源正在迅速退化、减少甚至消失,过度采挖使野生资源迅速减少,加之需求的快速增长,野生中药材已经远远不能满足中药产业的需求,大宗中药材品种主要依靠家种(养),因此中药材规范化种植(养殖)变得尤为重要。中药材作为主要原料,其产量、质量和价格的稳定制约着中药产业的发展,因此中药产业是典型的高度依赖稳定资源供给的产业(丰志培,2009)。

(二) 中药的质量评价较难

中药产品质量高度依赖于中药材的质量,但无论是中药材、饮片还是中成药,它们的质量评价都比较困难,中药的质量标准体系还不够完善,质量检测方法及控制技术亟待提高。质量评价存在许多难题,如中药的有效成分不明确,目前建立的鉴别或含量测定方法大部分只是针对其指标性成分进行控制,即使达到要求,也不能说明其质量稳定可靠、成分一致。一些中药的国家质量标准不完善,如缺乏专属性鉴别方法,单含量测定存在弊端,可能出现某种中成药的复方制剂未投入某种药材,但按国家质量标准检测成药仍然是合格的情况。中药的质量监控需要贯穿全过程,中药材的质量主要靠种植过程予以控制,应该按照 GAP 标准生产;饮片加工、提取物生产和成药制造按照 GMP 标准生产;国家正在不断完善质量标准,《中国药典》2015 版在对中药的质量评价上有明显改进(李广乾,2015)。

(三) 中药产业既是传统产业又是高技术产业

无论是从中医药的发展历史,还是从大部分中药生产应用所遵循的基本理论、炮制加工工艺、组方特点来看,中药产业都是典型的传统产业。另一方面,从利用现代技术改造传统产业来看,中药产业是在继承基础上进行创新的高技术产业,无论是中药农业、工业还是第三产业都与高技术密不可分。国家出台的战略性新兴产业规划也将中药产业作为生物产业的一种列入新兴产业。

(四) 中药产业具有国际竞争力

中医药具有独特的理论体系和丰富临床实践,是中华文明的瑰宝,理论内涵博大精深,玄妙幽远。经过五千多年实践凝练而成的经典名方,构成中药产业独特的竞争优势来源。同时,中药更以其毒副作用小、标本兼治而著称。近年来随着人类疾病谱的改变和回归自然的潮流,中药更加显示出强大生命力,这使中药产业成为我国既具有自主知识产权,又具有国际竞争力的少数产业之一。

三、中药产业链

各产业相互之间以供给与需求、投入与产出为连接纽带的技术和经济联系称为产业关联,产业依据前、后向的关联关系组成的一种网络结构称为产业链。中药产业链是个复杂的立体网链结构。从垂直角度看,是一个从上游的中药材种植(养殖)业、中药工业、中药商业直至下游中药相关产品使用者形成的产业价值链条,如

图 3-1 所示。图 3-1 中的中药相关产品生产是指按照非药品管理的中药材制成品，如中药保健品（按食品管理的保健茶和保健酒等，按非药品管理的外用保健品如化妆品和洗涤用品等）、食品添加剂和调味品等。

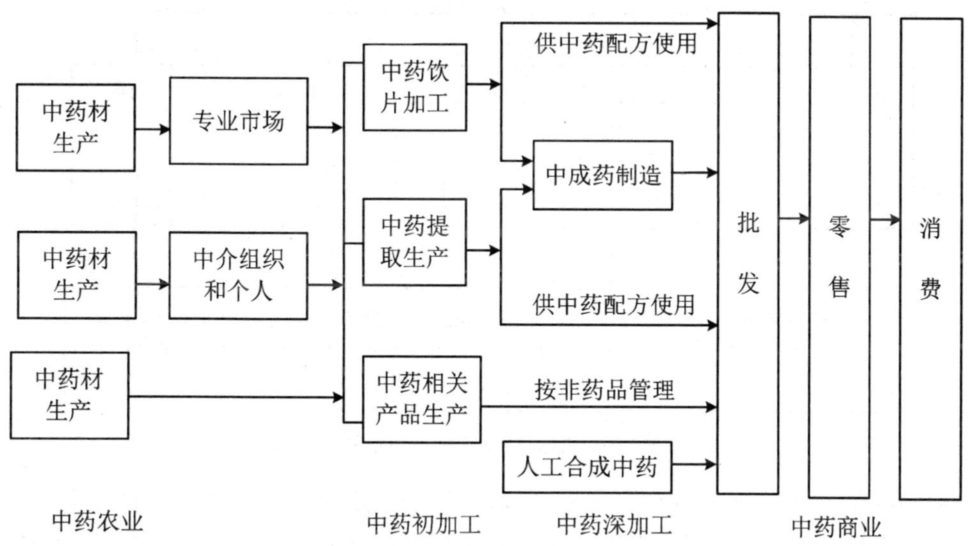

图 3-1　中药产业链的基本构成

从产业关联的角度看，围绕中药产业的上下游链条中的各个子产业又有许多关联产业。如果以中药加工制造业（初加工和深加工）为核心产业，其前向关联产业有中药材采收、种植（养殖）、药用辅料、药用包装材料、中药制药机械产业；后向关联产业（市场）有医疗市场、OTC 市场、中药兽药市场、保健食品市场、食品添加剂和调味品市场等；服务和技术关联产业有新药研发、工业设计、药检服务、医药教育、环境保护、信息服务等。类似地，如果以中药农业、中药商业为核心产业，也可以进一步分析其关联产业，具体见图 3-2。

第二节　我国中药产业发展总体概况

一、我国中药产业发展现状

我国的中药产业在建国初期以前店后厂式的作坊式的手工业为主，到 1978 年

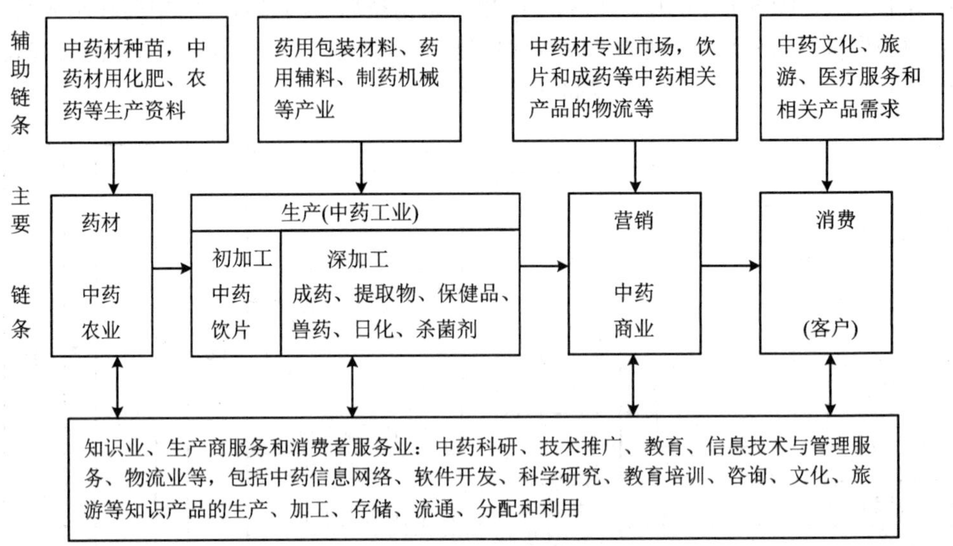

图 3-2　中药及其关联产业示意图

逐步发展到小规模工业生产。改革开放以来，特别是 20 世纪 90 年代后保持较快增长，中药产业已发展成为以中药农业为基础、中药工业为主体、中药商业为纽带、中药知识产业为动力的较为完整的产业链，是国民经济中具有独特竞争优势和广阔市场前景的产业（黄明安，2016）。以下将对我国中药产业发展的基本现状予以介绍。

（一）中药农业领域

我国从 20 世纪 50 年代末开始对中药材开展种植，进入 21 世纪后种植规模逐步扩大，从 2007 年的 96.1 万公顷，增长到 2018 年的 239.2 万公顷，现有常用中药材 600 多种，其中 300 多种已实现人工种养，中药材种植面积和总产值见表 3-1。现有国家级中药材专业批发市场 17 个，承担了 90%的药材流通量。

表 3-1　我国中药材种植面积和产值表

年份	中药材种植面积（千公顷）	中药材总产值可比价格（亿元）
2007	961	356
2008	1194	383
2009	1181	494.4
2010	1242	429.2

续表

年份	中药材种植面积 (千公顷)	中药材总产值 可比价格(亿元)
2011	1385	726.1
2012	1560	891.1
2013	1822	1146
2014	1985	1357.8
2015	2044	1522.1
2016	2236(1932)	1657.9
2017	2161	1784.5
2018	2392	2379.6

注:2016 年数据与年鉴数据不一致,括号内为 2018 年鉴数据。

数据来源:《中国农村统计年鉴(2008～2019)》。

中药材规范化和规模化生产处于起步阶段。由于中药材及其种植过程的质量控制具有特殊性,加之药材生产方式主要以小农种植为主,中药材生产规范一直难以确定。随着国际市场对天然药物质量要求以及中药材贸易的需要,我国于 2003 年 9 月正式颁布《中药材生产质量管理规范(试行)》(简称 GAP)。GAP 从产地生态环境、品种来源及鉴定、种质、种苗繁育、栽培与采收、病虫害防治、中药材质量控制及评价情况等方面对中药材的种植予以规范(高伟,2012)。产业化经营对中药材规范化和规模化生产起着重要作用。

(二) 中药材加工制造业

1. 中药工业已初具规模

我国中药工业逐步按照 GMP 标准生产,中药饮片炮制加工由前店后厂式的家庭手工作坊形成了一个新的产业即现代化的中药饮片工业;中药剂型从丸、散、膏、汤等发展到针、片、水、粉等;中药制作从手工生产到工厂生产,形成了中成药制造产业。截至 2015 年,中成药产业内有 2088 家 GMP 制药企业,100 多种剂型,品种达 1.4 万余个,有 6 万个药品批准文号。中医药工业总产值保持中高速增长,由 2012 年的 5156 亿元增长到 2017 年的 8442 亿元(年均复合增长率超过 10%),约占我国医药工业总产值的三分之一,与化学药、生物药呈三足鼎立之势,中药制造业的发展取得了长足的进步,在整体医药工业中的市场地位不断地加强(表 3-2)。

表 3-2 中药制造业企业与医药工业规模以上企业主营业务收入比较情况

<table>
<tr><th colspan="2"></th><th>2006 年</th><th>2016 年</th><th>年复合增长率</th></tr>
<tr><td colspan="2">医药工业规模以上企业</td><td>5345.7 亿元</td><td>29635.9 亿元</td><td>18.68%</td></tr>
<tr><td rowspan="2">中药制造业规模以上企业</td><td>中药饮片加工企业</td><td>190.2 亿元</td><td>1956.4 亿元</td><td>26.25%</td></tr>
<tr><td>中成药制造企业</td><td>1140.1 亿元</td><td>6697.1 亿元</td><td>19.37%</td></tr>
<tr><td colspan="2">中药制造业企业主营业务收入占医药工业主营业务收入的比重</td><td>24.89%</td><td>29.20%</td><td>——</td></tr>
</table>

数据来源:工业和信息化部。

2. 中药工业企业科技创新提高

随着中药饮片工业规范化、现代化程度提升,饮片生产已由手工操作发展到半机械化、机械化生产,中药饮片的生产、技术、管理水平逐步提高,质量不断提升,基本满足了市场及医疗用药的需求。中成药工业集团化、品牌化进程加速,企业研发投入持续增加,围绕"大品种、大企业、大市场"培育,重点扶持了一批拥有自主知识产权、具有国际竞争力的大型企业,产业集中度逐步提高,涌现出复方丹参滴丸、血塞通等年产值过 20 亿的中成药品种,新药的国际注册取得突破,创造了显著的社会效益和经济效益。2017 年,首个国家级中药材质量监督检验中心在亳州设立并运行,实行严格的中药材质量监控,辐射范围覆盖全国,检验能力包括 85%以上中药材品种,集中药材产品质量检测、检测技术研发、标准制定修订、技术服务、质量预警等功能于一体,有利于进一步加强中药行业质量控制水平。

3. 中药产业集聚发展加快

近年来,我国中药产业集聚发展加快,不同企业间通过资源共享、知识溢出等途径带动了整个产业竞争力水平的提升。安徽亳州拥有全国最大的中药饮片产业集群,中药饮片年生产能力超 100 万吨、占全国的 30%,拥有 GMP 认证企业 190 家,全国中医药百强企业已有 57 家落户亳州市。河北安国现代中药工业园区产业聚集优势和完善的基础设施条件,吸引了北京同仁堂、广东一方药业、天津红日药业、中国中药等 9 家上市企业相继进驻,一大批民营企业也相继扩大规模、落地达产。2018 年园区主营业务收入完成 540 亿元,成为区域经济发展的主战场、主阵地。河南禹州被批准为"全国中药饮片配送中心",4 种道地药材取得国家原产地域地理标志保护,被农业部批准为全国唯一的中药材加工示范基地。江苏泰州入列首批中医药健康旅游示范区,建设了中国医药城,500 多家知名企业落户,400 多项国际一流医药创新成果落地。

(三)中药产业对外贸易情况

随着各国对中医中药认识的加深,中医药得到越来越多国家的认可,近年来,我国中药对外贸易总体保持平稳发展态势如表 3-3 所示。

表 3-3　2008～2018 年我国中药产业贸易及竞争指数统计

年份	出口总额(*X*)(亿美元)	进口总额(*M*)(亿美元)	贸易竞争指数 *TC*
2008	13.09	4.43	0.49
2009	14.6	5.4	0.46
2010	19.44	6.88	0.48
2011	23.3	7.2	0.53
2012	24.99	8.73	0.48
2013	31.38	10.8	0.49
2014	35.92	10.38	0.55
2015	37.7	10.25	0.57
2016	34.26	11.74	0.49
2017	36.40	15.57	0.40
2018	39.09	18.59	0.36

2018 年中药类商品进出口额达到 57.68 亿美元，同比增长 10.99%，其中，进口 18.59 亿美元，同比增长 19.38%；出口 39.09 亿美元，同比增长 7.39%，中药产品贸易顺差达到 20.5 亿美元(数据来自中国医药保健品进出口商会)。为衡量我国中药产业在国际市场中的竞争情况，表 3-3 列出了近年来我国中药产业对外贸易额并计算了产业贸易竞争力指数 $TC(TC=(X-M)/(X+M))$。从表 3-3 可以看出，我国中药产业在国际贸易中具有一定的比较优势，但贸易竞争指数却呈下降趋势。

目前，我国中药已出口至欧美日韩等 118 个国家和地区，主要产品为提取物、中成药、中药材及饮片、保健品，如表 3-4 所示。美国已成为我国中药出口第一市场。

表 3-4　2017 年我国中药类商品进出口分类统计

商品分类	进出口			进口			出口		
	金额(亿美元)	同比(%)	占比(%)	金额(亿美元)	同比(%)	占比(%)	金额(亿美元)	同比(%)	占比(%)
中药类	51.97	8.25	100	15.57	26.06	100	36.40	2.07	100
提取物	26.16	6.83	50.34	6.06	16.04	38.9	20.10	4.33	55.22

续表

商品分类	进出口			进口			出口		
	金额（亿美元）	同比（%）	占比（%）	金额（亿美元）	同比（%）	占比（%）	金额（亿美元）	同比（%）	占比（%）
中成药	6.18	12.99	11.89	3.68	14.37	23.6	2.50	11.03	6.87
中药材及饮片	14.00	2.47	26.94	2.61	29.69	16.76	11.39	−2.23	31.29
保健品	5.63	28.21	10.83	3.23	69.51	20.74	2.41	−3.35	6.62

综上所述，目前我国中药产业的贸易竞争优势主要体现在中药材上，单就中成药来说，竞争力较弱。究其原因，中医药理论作为一门完整的医学体系，与以西方医药学为代表的现代医学有着本质区别，中医药尚未被国际社会广泛接受。从中成药出口的地理分布看，以东南亚、香港、韩国和日本这些受中国传统文化影响的地区为主，而出口到北美和欧盟的则主要是以植物药的形式即中药材和提取物为主。我国仍然是全球最大的中药生产和销售国家。

（四）中药知识业

围绕中药农业和中药工业及其相关产业，我国在中药教育、科研和技术推广等行业也取得蓬勃发展。目前，我国医教协同深化中医药教育改革初显成效，中医专业学位独立设置，评选出国医大师 90 名、全国知名中医 100 名，中医学术流派传承成效显著。已建立起以 40 个国家中医临床研究基地为重点平台的临床科研体系，中医药防治传染病和慢性病的临床科研网络逐步完善，取得了一大批科研成果，部分已转化为临床诊疗标准规范、关键技术和一批拥有自主知识产权的中药新药，其中 117 项获得国家科技奖励，取得了显著的社会效益和经济效益。

二、我国中药产业发展中存在的问题

尽管我国中药产业保持良好的发展势头，但成为现代意义上的产业的时间并不长，在发展过程中仍存在一些问题。

（一）中药材规范化和规模化种植处于起步阶段

随着中药及其相关产品的快速发展，以及中药材的出口，对中药材需求也在不断增加，中药材资源面临着如何适度开发和保护问题，具体而言，有以下几点需要加强：① 要进一步加强中药野生濒危资源的保护和中药资源的收集整理。② 全国大宗药材和优势品种的种植区划需要进一步完善。中药材讲究生产的道地性，在发展中药材生产时,必须有效地、科学地控制规模,防止盲目引种导致无序生产影响中药材的质量。③ 中药材生产技术研究与推广尚需进一步深化,如良种繁育、药材道地性研究、规范化种植技术体系研究、农业技术推广体系建设等。④ 中药生产方式仍以小农分散化种植为主,组织程度低,中药材生产过程的质量控制难度大,GAP 模式难以大面积推广。⑤ 预防中药材种植面积出现较大波动的同时,也要保证中药材质量的稳定和提高。

(二) 中药制造业市场集中度低

随着中药产业的快速发展,中药制造企业数量不断增多,但中药制造业市场相当分散,中药行业长期处于"多、小、散、乱"的模式中,不利于行业的整体发展和健康运行。我国中药制造企业规模普遍较小,规模小、规范程度较低的企业与大型现代化企业并存,总体呈金字塔分布,产业资源利用效率不高,严重制约了中药制造业的良性发展和竞争力的提升。

(三) 中药产业链整合能力低

1. 处于产业链低端

国际天然药物市场的壮大及其对中药类产品的接纳为中药产业带来了机遇。长期以来,我国中药产业主要以满足国内市场需求为主,国际市场占有率低,出口的主要是初级产品,处于产业链的低端。在国际贸易中,中成药制造和中药相关产品开发与日、韩和欧盟相比没有竞争优势,这与我国全球最大的中药生产和消费国的地位不相匹配。

2. 产业链延伸能力差

不仅整个中药产业处于"微笑曲线"的底端,链条的向上(研发)、向下(服务、贸易、物流)延伸能力差,而且在具有比较优势的中药材种植(养殖)和中药饮片业等子产业也处于"微笑曲线"的底端,在中药材种植(养殖)的上游良种选育和良种繁育技术、野生驯化等方面也没有形成较强的竞争力。

(四) 产业创新能力不足

从产业创新视角看,无论是中药农业、工业、商业和知识业领域的问题,还是产业组织、产业链上所存在的问题都可以归结为产业创新能力不足。具体表现为在优秀中医药资源上,保护、发掘与深度开发不足,即继承与创新不足;在中医药理论创新、标准创新上亟待加强;在农业、工业领域的技术创新、管理创新仍很薄弱;产业链整合能力差可以归结为产业融合创新能力差等。这些问题都可以通过产业创新来加以解决。

第三节　安徽省中药产业的基本情况

一、安徽省中药产业发展现状

（一）中药材资源丰富

安徽省地处华东腹地，是长江淮河两大气候带的过渡地区，地形地貌多样，从北向南依次为淮北平原、江淮丘陵、皖南低山丘陵和皖西大别山区。以淮河为界，北为暖温带，南为亚热带，药材资源极为丰富。已查明中药材品种达 3854 种，其中植物类药材 3180 种，动物类药材 526 种，矿物类药材 92 种，其他类 56 种，居华东地区首位。全国共列出的珍稀名贵中药材 34 种中，安徽省就占有 16 种。安徽中医药历史文化悠久，有“北华佗南新安”之称，影响极其深远。

（二）优势产区已经形成，基地建设初见成效

安徽省有常用大宗道地药材 300 余种，2018 年全省中药材种植面积达到 8.522 万公顷，目前已经形成了以亳州、阜阳为主的皖北家种中药材种植生产区域，以六安、安庆为主的皖西大别山特色中药材生产区域，以黄山、宣城、池州、芜湖、铜陵等地为主的皖南山区中药材生产区域。为全面推进中药材种植规范化、规模化和品牌化建设，加快中药产业转型升级，2016 年省卫计委、省经信委联合省农委、省商务厅、省林业厅以及省中医药管理局共同组织开展“十大皖药”产业示范基地遴选建设工作。通过第三方专业机构评审、专家评审和现场答辩、多部门审定，共确定了霍山石斛、灵芝、亳白芍、黄精、茯苓、宣木瓜、菊花、丹皮、断血流和桔梗 10 个道地皖药品种和 12 个产业示范基地以及 28 家建设单位。据统计，2017 年安徽省 28 家产业示范基地建设单位均注册有企业自有商标品牌，并涌现出了一批知名商标和品牌。“药信”“广印堂”“何云峙”3 个注册商标被认定为中国“驰名商标”。2019 年又新增天麻、太子参、前胡、葛根、百蕊草 5 个道地皖药品种，增加 15 个产业示范基地，34 家产业示范基地建设单位，铜陵牡丹、歙县贡菊、霍山石斛、宣城木瓜、宁国前胡、漫水河百合、金寨天麻、金寨茯苓、九华黄精等获得国家地理标志产品证书。通过第四次全国中药资源普查，全省建立了中药种质资源保存和鉴定规范，促进了中药材生产的规范化和标准化。中药材种植的主要情况见表 3-5。

表 3-5　安徽中药材种植面积、产量和产值表

年份	中药材种植面积（千公顷）	中药材产量（万吨）	中药材产值（百万元）
2007	54.8	28.96	1979.63
2008	54.27	28.09	2129.99
2009	55.07	34.12	2133.63
2010	64.03	35.63	2317.37
2011	74.43	40.36	3138.54
2012	81.65	45.77	3581.77
2013	84.92	48.86	3813.45
2014	87.52	52.26	4223.53
2015	90.76	—	4680.76
2016	93.58	—	4794.95
2017	96.58	—	5336.91
2018	85.22	—	3329.38

亳州市是全国著名的中药材种植和流通集散地，中药材贸易量居全国首位，居中国四大药都之首，药材常年种植面积稳定在 5.5 万公顷以上。截至 2019 年 9 月，亳州市中药材种植面积 95.7 万亩，《中国药典》中冠以“亳”字的中药有亳芍、亳菊、亳花粉、亳桑皮等 4 种。

（三）中药加工体系已建立，产业链条基本完善

安徽省中药材加工生产具有一定的基础，中药工业企业数在全省医药制造业中占比较高。从中药工业内部结构看，主要是以中药饮片制造为主，具有饮片生产资质的企业有 195 家，包括仅从事中药饮片生产的 179 家、从事中药饮片和中成药制造的 10 家、从事中药饮片、中成药和其他化学生物药品生产的 6 家。具有中成药生产资质的企业有 90 家，包括上述仅从事中成药制造 27 家、从事中药饮片和中成药制造 10 家、从事中成药和其他化学生物药品生产 47 家、从事中药饮片、中成药和其他化学生物药品生产 6 家，具体情况见表 3-6。

表 3-6　安徽省医药生产企业生产范围一览表

序号	生产范围	企业数	所占百分比%	累计百分比%
1	中药饮片	179	47.7	47.7
2	中成药	27	7.2	54.9
3	中药饮片、中成药	10	2.7	57.6
4	中药饮片、其他生物和化学药	2	0.5	58.1
5	中成药、其他生物和化学药	47	12.5	70.6
6	中药饮片、中成药、其他化学和生物药	6	1.6	72.2
7	其他化学和生物药	104	27.8	100.0
8	合计	375	100.0	

2018年亳州市中药材交易额743.2亿元，其中中药材专业市场年交易额近400亿元。中药材电子商务发展迅速，拥有药通网等5家知名电子商务平台，正在探索建设中药材大宗及期货交易市场。全国(亳州)中药材交易会暨国际(亳州)中医药博览会已成为国际综合性品牌会展，中医药相关产业蓬勃发展。

安徽省中成药工业具有一定基础，剂型较全，历史上曾经有一些名优产品以及芜湖张恒春药业公司、安庆余良卿制药厂、泗县孟仁寿制药厂和黄山同德仁制药厂等历史悠久的中成药生产企业。芜湖张恒春、合肥神鹿双鹤、丰原药业、淮北金蟾、宣城精方等企业已成为国内知名品牌。

以亳州为代表的中药服务业更是发展迅猛。中国(亳州)中药材交易中心目前是全球最大的中药材集散中心和价格形成中心、国内规模最大的中药材专业市场，中药材营销网络遍及全国，中药物流业、中药信息服务(拥有中华药材网和药通网两家中药专业信息网站)和会展业(全国中药材交易会)处于全国前列。目前，亳州已建成6大市场，试点建立“统一票据、统一质检、统一仓储、统一核算、统一包装、统一管理”的大型交易平台。

二、安徽省中药产业存在的主要问题

从发展现状上看，安徽中药产业在资源、种植、流通和中药初加工方面具有一定优势，但在中药材种质资源的保护和开发、生产组织方式、产业链延伸和生产服务体系建设等方面还存在一些薄弱环节。总体上看安徽省中药材产业大而不强，优势尚未充分发挥，有待进一步提升。

(一)野生资源保护乏力,种子、种苗不规范

目前对名贵的野生中药资源尚未建立有效保护机制,掠夺式的采集导致安徽的一些野生道地药材或名贵药材品种濒临灭绝,如野生白术、霍山石斛、短萼黄连、天麻、凹叶厚朴等。另一方面,随着中药材的需求不断增加,大宗品种和常用药材虽然主要依靠种植已是必然选择,但实际上在主产区很少有中药材种子、种苗专业化、现代化的生产供应企业,种子基本上仍为自繁自用状态,加之部分地区盲目引种,导致生产过程中品种混杂、种性退化现象十分严重。

(二)生产方式较为落后,组织合作比较松散

中药材种植以小农生产方式为主,规范化和规模化种植仍处于起步阶段。由于药农缺乏有效的约束,在经济利益的驱动下,盲目引种的无序生产和不合理的种植过程导致药材农药残留、重金属超标、道地性不能保障、有效成分低等,影响了药材品质。企业的种植基地与农户的联系以生产合同为主,管理模式尚处于粗放阶段。

(三)产业链延伸能力差,转化增值水平低

安徽中药材资源优势尚没有转化为产业优势。中药企业规模普遍较小,2015年中药企业年均产值不到2亿元,其中超过10亿元的不到10家。产品主要为初级产品,附加值低。从产业内部结构看,中药饮片工业企业占中药工业企业数的75%,中成药工业发展相对滞后,产业链条短。从产品结构看,主要为初级产品,附加值低,与中药材资源大省的地位不相匹配。

(四)生产性服务业发展滞后,产业支撑体系尚不完善

中药材产业从种植到加工需要有科技服务业、信息服务业、金融(含保险)业、物流业、商务服务业等生产性服务业的支持。目前上述生产性服务业发展相对滞后,主要表现在:

1. 科技支撑薄弱

与近几年国家对农业投资相比,对中药材的科技投入十分有限,特别是种植阶段的生产技术难题长期未能解决,栽培、育种人才缺乏,基层技术推广体系十分薄弱。

2. 标准不完善,质量评价难

中药材、饮片和中成药都存在这一问题。对进入市场的绝大部分中药材缺乏明确的质量评价标准,没有质量检控的专门机构,难以实行流通环节的市场准入制

度。对于饮片和中成药没有建立一套科学的品质指标体系，缺乏专属的鉴别方法，单含量测定存在弊端，如中药的有效成分的测定等。目前建立的鉴别或含量测定方法大部分只是针对其指标性成分进行控制，即使达到要求，也不能代表其质量稳定、成分一致。质量评价难不仅直接制约着中药产业在国内的发展，也制约其走向世界。如果难以有效地评价中药材的质量，企业就没有动力去采用优质中药材原料，中药材的规范化生产也将无法推进。中药饮片和中成药的质量如果难以评价，必然会出现“劣币驱逐良币”现象，最终制约产业发展。

3. 市场波动性大，配套产业亟待完善

中药产业链条长、环节多，易导致“长鞭效应”，加之中药材生产目前仍以小农方式为主，“蛛网效应”明显，中药材生产的产量、价格和质量的波动性都较大。目前，信息服务业、金融业、物流业和商务服务等中药生产性服务业发展相对滞后，例如作为拥有全国最大药材交易市场的亳州，对中药材供求和价格信息的指导性仍比较弱，尚没有建立完善的风险对冲机制；中药材种植业保险也没有开展，中药物流标准几乎空白；配套产业不健全，难以支撑中药产业的优化升级。

第四章　中药产业创新历史演进

自新中国成立以来，针对中药产业创新过程中出现的创新基础薄弱、创新地位不明确以及中药产业规范化、标准化欠缺等问题，国家出台了一系列促进中药产业创新和中药现代化的扶持政策，我国中药产业坚持走自主创新道路并取得长足发展。中药产业创新基础逐步夯实，创新核心地位逐渐明确，中药产业现代化体系正在全面建立，产业创新成果日渐丰硕，在此过程中既有值得借鉴的经验，也有深刻的教训。因此，本章运用历史与逻辑相结合的研究方法，回顾新中国成立以来中药产业创新历程并对其特点、启示进行总结，为进一步推动中药产业传承创新发展提供历史借鉴。

第一节　中药产业自主创新的历程

Freeman(1997)认为产业创新包括技术创新、产品创新、流程创新、管理创新和营销创新等，产业创新是中观层面的概念。产业创新是一个系统，包括产学研等创新主体之间的相互联系、与创新环境的联系。基于此，从中观产业角度出发，遵循历史和逻辑相结合的思路，按照中药产业创新的政策规制(政)—产业基础(产)—科技成果(学研)这一脉络，可以将新中国成立以来我国中药产业创新历程分为四个阶段。

一、中药产业创新基础奠定(1949～1977年)

这一时期是中医药产业的积累时期。尽管在20世纪50年代初有取消中医药的论调，但在中央政府支持下，中医药产业在继承基础上取得了一定的发展。

（一）继承发展，奠定基础

这一阶段国家制定了一系列相关政策，党和国家领导人对中医药发展做出了许多重要批示，纠正了当时某些对中医中药的错误认识，确立了中医药在医药界的地位，推动了中医药理论的继承和发展。1950 年的第一届全国卫生大会上提出了高度重视中药产业自主创新的两个理论问题：一是中医药理论的继承与发展；二是重视运用西医研究中医的经验，研究中药药理。1954 年 11 月，成立了中医研究院，作为国家级的中医药研究机构进行中医药理论研究，为中药产业自主创新提供理论支持。在中医药理论发展的顶层设计上，我国于 1956 年出台了第一个科学技术战略性规划，即《1956～1967 年科学技术发展规划纲要》，提出了 57 项全国性、长远性的科学技术任务，并将掌握和发展中医的理论和经验作为医药卫生领域的五项任务之一（房耘耘，2010）。1963 年国家批准了新的科学技术发展规划即《1963～1972 年科学技术发展规划》，着重强调了中医药理论的继承与发展。

（二）规范产业发展，创新成果崭露

中药产业发展方面，国家成立了管理机构并制定了相关产业政策以规范中药产业的发展。中共中央批转了中央文委《关于改进中医工作问题的报告》、中央财委批转了《关于中药材经营问题的报告》，国家成立了由卫生部等六个部委组成的中药管理委员会以加强对中药生产经营的管理。1955 年成立的中国药材公司，改变了过去中药分散经营的局面。在一些重点区域建立了中药制药厂，开展中药加工、提炼以及剂型改进工作。随着中药专业管理体制和生产经营机构的建立，中成药的生产逐渐实现了厂店分离。1955 年，我国在大中型城市相继建立了中成药加工厂和饮片切制厂，这不仅为我国中药产业规模化、工业化发展奠定了基础，也是中药工业发展的雏形（任德权，2000）。在培养中医药科技创新人才方面，成立了第一批中医院校。同时，我国科研人员在中医药理论指导下发明了抗疟药——青蒿素，挽救了全世界无数人的生命。

（三）理论指导规范产业发展，人才培养奠基中药创新

这一时期中药产业的发展成果表现在以下三个方面：① 中医药理论的继承与发展。系统的中医药理论指导是进行中药自主创新的根基，这一时期国家在政策层面上出台了一系列中医药科技政策，强调了中医药理论的基础性地位，并运用现代科学理论系统整理和发掘中医药理论精髓，为中药产业自主创新提供理论源泉。② 规范了中药产业发展，生产方式由手工作坊模式逐渐向规模化方向发展，为中药产业的自主创新提供了载体。③ 注重中医药创新人才的培养。我国大多数省

会城市在这一时期成立了中医药院校，在各医科大学也开办了中药专业，培养了一大批中医药科技人才，为今后自主产业创新奠定了人才基础。

二、中药产业创新核心地位确立（1978～1990 年）

（一）科技项目带动，创新地位确立

1978 年全国科学大会的召开为包括中医药在内的科技发展开辟了新道路。这一时期国家陆续出台了一些科技纲要，确定了一些中药研究项目，逐步确立了中药产业创新的核心地位。如《1978～1985 年全国科学技术发展纲要》将“中西医结合研究针麻原理”作为国家重点研究项目；1982 年国家科委将这一研究项目和病毒性肝炎、癌病的防治及新型中西药物开发确定为“六五”攻关项目；20 世纪 80 年代末我国制定的《国家中长期科学技术发展纲要》在中药产业创新发展方面，重点强调要充分利用和发展我国宝贵的传统医药和丰富的药物资源，加强对民族医药学的研究，第一次将中药产业创新作为国家的长期发展战略和发展重点，从顶层设计上确定了中药产业创新的核心地位。

（二）中药产业格局基本形成

这一时期构建了较为完整的中药产业体系。1978 年，国务院决定成立国家医药管理总局，并恢复中国药材公司建制。中药材生产发展迅速，紧缺的野生植物药材开始试种、护管和大面积栽培取得稳步发展，中药材种植面积和产量上升较快。中药饮片工业初具规模，1983 年，国务院批准把中药饮片工业按照工业标准衡量并作为一个独立的生产环节进行单独核算，支持了 44 个重点饮片厂进行技术改造。从 1984 年起，每年召开中药饮片生产及质量会议，逐步完善饮片炮制方法和质量标准，加强培训饮片专业人才。从 1986 年起实行免税 5 年的政策，中药饮片逐步走向规范化、规模化的工业生产阶段。中成药工业也取得较快发展，国家决定将 56 家中成药厂作为重点加以扶持，中成药工业体系逐步形成。中成药逐渐转向现代工业生产，沸腾干燥工艺、加压罐逆流提取新工艺等新技术采用，实现了中药提取机械化和自动化，加快了技术创新步伐。

（三）依托中药资源普查，产业创新步伐加快

中药科技的基础性研究主要体现在中药资源生物多样性及可持续利用研究。1982 年我国就制定了对全国中药资源的系统调查计划，1988 年完成了第三次中药资源普查，并注重对中药种质资源保护的研究工作，特别是栽培道地药材的研究

(王广基,2002)。这一时期我国也开始关注药品的质量标准,20 世纪 80 年代开始进行中药材道地性系统研究,1986 年,原国家中医药管理局首次确定了“中药道地药材研究”课题。中药质量的研究还涉及中药质量检测方法的研究,20 世纪 80 年代初期,中药学研究主要集中在中药的本草考证及药材的鉴定研究,通常以原植物性状、显微及理化等方法进行鉴定以此来鉴定各类中药的正伪品,后期现代仪器分析得到了发展。中药药理研究开始得以重视,数理统计方法研究中药药性理论开始了新尝试。20 世纪 80 年代,我国科研人员还从千层塔中研发出新药石杉碱甲。

三、中药产业现代化体系建设探索(1991～2001 年)

(一) 政策引领,开启中药现代化之旅

随着市场经济体制的建立和改革开放进程的加快,中药国际化趋势明显,此时我国中药产业创新面临着中药现代化这一现实问题,中药现代化的本质是将传统中药的特色和优势与现代科技完美结合,遵循现代科学规律对中药进行理论、技术、产品和管理等全方位的创新,使之符合社会发展需求。这个时期国家相继出台了《中华人民共和国科学技术十年规划和八五计划纲要(1991～2000)》《中共中央、国务院关于卫生改革与发展的决定》《全国科技发展九五计划和到 2010 年远景目标纲要》《中药品种保护条例》等相关政策文件,这些文件对加强重大疾病的中西医防治研究、实现中医药现代化、中药的标准化等一系列问题给出了明确的导向,强调用现代科技研究中医药,即中医药要走现代化的创新道路。一批中药现代化研究项目,如中药现代化研究与产业化开发、中药复方药物标准化研究、中药现代化关键问题的基础研究等成为“九五”科技攻关项目。上述项目的实施为中药现代化体系的建立奠定了基础。

(二) 洋为中用,中药产业现代化取得突破

以产业政策为导向,运用了现代制药工业的先进理念和方法,加强了中药产业和产品结构的调整。在中药材生产方面,加强优质、道地药材生产基地建设,支持中药农业重点项目。加速中药工业发展,提高中药现代化水平。重点确保中药饮片生产,并有计划发展中成药和中药保健品生产。在思想上破除中成药工业不能运用现代工业生产方式的观念,逐步对全国重点中成药企业进行技术改造,产业主导型工艺创新不断推进,剂型从丸、散、膏、汤等发展到针、片、水、粉等,使之达到国际先进制药水平,逐步实施 GMP 制度,全面推行中成药工业现代化;按照国际标准研制并生产出了复方丹参滴丸、通心络胶囊、地奥心血康、银杏灵、血脂康胶囊、

桂枝茯苓胶囊、康莱特注射液、疏血通注射液、舒血宁注射液等一批适应国内外市场需求的现代中药新产品。

（三）继承创新，中药科技现代化成果显著

国家继续进行中药科技、教育体制改革，增加投入改善条件，为中药现代化提供智力支持。在中医药科研机构建设方面，截至1995年底全国共成立中医药科研机构170所，大多数省市都建立了中医药研究院，为中药基础和应用研究提供了良好的条件。在中药材资源研究方面，国家组织相关部门开展了"常用中药材品种整理和质量研究"，对黄芪、党参等200多种常用中药材，从本草考证、资源调查、形状研究、显微研究、成分与药理等多方面进行了系统整理研究。在道地中药材研究上，学者从本草学、种质、栽培管理、生态气候等多方面，运用现代科学理论和方法对全国数百种道地药材进行了研究，这些研究对指导道地中药材生产和使用有着重要的作用（谢宗万，1995）。中药品质鉴定已经发展完善成为"四大鉴定法"：基源鉴定、性状鉴定、显微鉴定和理化鉴定，色谱法、光谱法、X射线衍射法等先进的鉴别方法得到了运用。中药基础研究也取得了较大的进展，"九五"期间，国家重大研究课题"71种常用中药质量标准研究"，系统地从化学成分、药理、质量标准等方面研究和整理了常见中药成分和质量标准。单味中药及天然药物的药效研究和临床试验，特别是在新药研究方面，取得了较好的临床效果。例如，治疗肠道感染的黄连素、抗血栓药毛冬青甲素等新药的研制成功并获准批量生产，体外培育牛黄获得国家一类新药证书。在复方中药化学成分的研究上提出了中药复方霰弹理论和中药复方天然组合化学库与多靶作用机制等；中药药理学方面，在血清化学与血清药理学协同研究方面进行了有益的尝试（罗国安，2000）。

四、中药产业现代化体系全面建设（2002年至今）

（一）创新驱动，中药产业成为战略性产业

为加强中药产业科技进步和技术创新，构筑现代中药创新体系，2002年国务院转发由科技部等八个部门制定的《中药现代化发展纲要（2002～2010）》，这是中药科技现代化的第一部纲领性文件，也标志着我国正式开启全面建设中药产业现代化体系时代。随后陆续出台了一系列政策文件，如2010年《中药现代化科技产业基地发展规划（2010～2020）》、2015年《关于加快推进中药材现代物流体系建设指导意见》、2016年《中医药发展战略规划纲要（2016～2030年）》、2017年《"十三五"中医药科技创新专项规划》等。这些政策文件从不同角度对我国中药产业创新

提出了具体而明确的实施意见，将中医药科技的继承和创新、形成具有比较优势的现代中药产业体系贯穿其中，强调创新在现代中药产业中的地位和作用（李冬雪，2014）。2019 年 10 月 25 日第一次以党中央国务院的名义召开了全国中医药大会，出台了《中共中央 国务院关于促进中医药传承创新发展的意见》，将中医药发展上升到一个前所未有的新高度。这些政策的颁布实施标志着中药产业已经被确定为国家战略性产业。

（二）增量提质，中药产业现代化快速推进

这一时期中药产业在质和量上都取得较快发展。在国家中药产业政策的引导下，中成药和中药饮片被确定为我国中药产业的主体。随着 GAP、GMP、GSP、GLP、GCP（简称“GXP”）等在中药材种植、生产、流通、科研领域的运用，中药产业管理更加规范，规模化、集约化程度进一步提高。中药企业通过兼并重组，已经形成一批规模较大、现代化程度较高、具有较强创新能力的企业，国有企业如广药集团、上药集团等，民营企业如天士力、步长药业等，2013 年企业年销售收入均超过 100 亿元。同时，超过 10 亿元的大品种也不断涌现，中药产业集中度逐渐提高。2005 年中医药工业总产值首次超过 1000 亿元；2018 年达到约 9000 亿元，占我国医药工业总产值近三分之一，成为生物医药产业的重要组成部分。中药产业创新能力明显提升，中医药领域专利申请量及授权量明显增长；超微粉碎、动态逆流和超临界萃取、膜和吸附分离、超滤等现代工艺，真空、喷雾、微波和冷冻等干燥方法，控释、缓释、透皮、靶向等制剂技术和新设备不断引入生产，生产过程的信息化、自动化水平逐步提高。这一时期，随着中国加入世界贸易组织和对外开放程度的提高，一些跨国制药企业也关注并进入了中药产业。

（三）跃升发展，中药创新体系初步形成

这一时期，随着国家“现代中药产业发展专项”“重大新药创制”“973 中医理论专项”“国家重点研发计划中医药现代化研究重点专项”等一批重大专项陆续实施，中医药领域的论文、经费、研发人员和专利授权量迅速增长，基础研究、新药研发、质控体系、科技平台等方面成绩显著，涌现出一批标志性成果。如中药基础研究领域提出了“组分中药”“中成药二次开发”“现代中药复方释药系统”等理论。研制出一大批现代中药产品，如注射用三氧化二砷、丹参多酚酸盐、血栓通注射液，扶正化瘀胶囊、芪苈强心胶囊、唐草片、松栀丸、盐酸关附甲素等。过程分析技术（PAT）逐步应用于生产，各种色谱、波谱分析技术也得到了广泛应用，指纹图谱被引入中药质量控制中；一大批中药工程（技术）中心、重点实验室、孵化基地、产学研联盟等创新平台建成（向佳，2011）。

同时，创新格局发生转变，逐步由“政府主导”向“政府引导”转变、由“科研院所主持”向“企业主体”转变；初步形成了政府以政策和项目导向、高校以基础研究、科研院所以应用基础研究、企业以应用研究为侧重点的政产学研多方协同的中药创新体系。

第二节　中药产业创新的特点与形式

一、中药产业创新的特点

随着中药产业创新的基础理论研究全面深入，生产规范化、标准化程度不断提高，中药产业与现代科技结合日益紧密，国家中药创新体系初步形成，中药产业创新能力明显提高。纵观中药产业创新的历程，呈现出以下特点。

（一）重视中药产业创新的基础理论研究

运用中医药理论开展科技创新是中药产业创新的根基。我国传统中医药理论体系源远流长、积淀深厚，但自从西学东渐以来，多次面临存废之争的尴尬境地。中药理论基础研究比较薄弱，主要表现在：中医药基础理论创新难度大、研究周期长，研究人才较为匮乏；中医药基础研究条件相对滞后，研究基地数量少、不够成熟。针对这些问题，我国在中药产业自主创新过程中，高度重视中药基础理论研究和相关条件建设。

我国的中药基础理论研究主要从以下三个方面开展：① 中医药创新人才的培育。新中国成立之后相继成立了一批中医院校和科研院所，中医药人才培育的体制机制已经形成。② 开展中药资源研究。中药资源是防治疾病的重要物质基础，也是我国医药学宝库的重要组成部分，中药资源状况直接关系着中药科技自主创新的实施。我国先后开展了四次中药资源普查，以及中药资源可持续利用研究。③ 中药药理研究。传统的中医药理论是以朴素的哲学思想为指导，以传统经验为基础而建立起来的，这与现代医学讲究以结构分析为基本研究方法存在着明显差别；中药本身也存在配方的复杂性，现阶段在中药的物质基础、药效、作用机理等方面研究还不够精准，有些问题目前还很难通过现代科学理论加以说明，这无疑会制约中药的科技创新。因而新中国成立以来，特别是改革开放后，我国政府高度重视中药的药理研究。国家财政支持建立了多个国家级中医药临床研究基地和重点实验室从事药理学研究。

(二) 中药产业现代化是产业创新的方向

随着科技进步和消费者需求的变化，规范化、现代化既是中药产业适应内外部环境要求的必然选择，也是产业创新的必然发展方向。新中国成立后，我国成立了中药管理委员会，使中药材生产和经营逐步规范化、有序化，同时引导饮片和成药实现工业化生产。“九五”时期，中药复方药标准化及中药现代化问题成为国家科技主攻方向，同时现代化的中药鉴别方法也被引进了中药生产领域。21 世纪初，GXP 系列标准在中药诸领域广泛运用，现代科技手段和方法逐步引入到中药的质量控制和生产过程中，优质中药材基地建设、创新药物产业化、创新平台建设均取得重要进展。1985 年以来，有近 3000 个中药新药不断上市，中药特别是中成药的现代化和国际化取得长足的进步。

在中药产业现代化过程中，纵观一些典型的产品创新历程，呈现出以下特点：第一，从中药研发看，可以分为还原与整体分析两类，前者以青蒿素、紫杉醇为代表进行有效成分(单体)研究，尽管其意义重大，但这种模式难以复制。后者主要是对中药(包括单味药和复方)的有效部位和有效组分等进行研究，目前绝大多数中药创新均遵循这一模式，基于“系统-系统(S2S)”的复方研究、组分研究为主要发展方向。如复方丹参滴丸、扶正化瘀胶囊、桂枝茯苓丸等。第二，从中药国际化看，做到“两个基本讲清”，开展循证医学研究是解决问题的关键。《美国植物药产业指南》比《欧盟传统草药指令》门槛要低，可以不必讲清物质基础，但仍需要通过随机、双盲临床试验讲清药效和机理。目前，地奥心血康在欧盟注册，复方丹参滴丸、血脂康、扶正化瘀胶囊、康莱特注射液等九个中药获得美国 FDA 新药临床研究申请；使中药材进入国外药典则有助于国际化，如丹参是我国第一个进入美国药典的中药(黄心，2015)。像对芪苈强心胶囊等中药的研究发表了标志性循证医学研究论文一样，血栓通注射液、注射用丹参多酚酸盐等中药做到了“两个基本讲清”，通过文献、临床数据积累推进国际化进程。第三，从市场需求角度看，大品种中药研发是有效途径。需求是产业创新系统的动力，如张伯礼院士领衔运用“中成药二次开发”技术，成功探索出了通过中药大品种开发实现中药产业创新发展的路径。第四，从创新体系建设看，我国已初步形成了以创新型企业为主导、科研院所和高校参与的产学研协同的中药创新模式。

(三) 中药产业创新与产业政策的推进密不可分

随着经济体制的转轨，政策对产业创新的支持形式在发生变化，在不同阶段侧重点是不同的，但国家的一系列政策贯穿全过程，都为中药产业创新指明了方向，创造了条件。

1. 改革开放前阶段，计划主导

产业政策确保了中医药这一瑰宝的留存至今，巩固了中医药的历史地位。在产业发展上，国家经营，引导中药材生产和中药工业生产向规范化和规模化转变；在科技体制上，政府主导科研资源，为创新奠定了基础。

2. 改革开放后三个阶段，推进市场化

产业发展上，国家政策引导，经历了中药工业体系形成—中药规范化和标准化生产—中药产业竞争力和创新能力明显提升三个阶段，企业的市场主体地位逐步确立。从科技体制上，国家分别进行了三轮科技体制改革（刘志迎，2014），中药产业的创新格局发生了转变，企业的创新热情得以激发。在调控手段上，逐步从直接主导中药生产、研发，向通过项目支持、财税杠杆、政策制度等间接介入转变。如国家对中药现代化发展予以价格优惠和税收政策，给生产经营优质和具有自主知识产权的中药产品制定特殊的价格政策，使产品结构发生了战略性调整；对引进先进技术和工艺予以税收优惠，企业工艺和装备水平发生了质的飞跃。国家鼓励中药企业和高附加值产品进入国际市场，并积极完善中药注册审评办法，对国家重点支持的中药创新产品按程序给予特殊审批，并优先将其纳入国家基本用药和医疗保险用药目录。

二、中药产业创新的形式

中药产业作为一个产业链条，是一个产业系统，包括四个子产业，每个子产业自身也形成一个产业链，链上又有很多企业，从而构成一个立体的链网结构。产业创新又表现为多种形式，中药产业系统和产业创新形式就构成产业创新的创新形式，就有 4X 的二维矩阵，如图 4-1 所示。

（一）理论创新

在中医药产业创新中，理论创新很重要，大致可以分为中药知识业的技术创新和产品创新（图 4-1 中的 41、42）。理论创新指在继承原有中医药理论基础上，根据现代社会需求和现代科学技术发展中医药科学理论。实际上，中医药理论创新一直没有停止过，20 世纪 20 年代，麻黄、当归的中药药理研究标志着运用现代科技进行理论创新的开始。20 世纪 60 年代，开始结合中医药理论研究中药和方剂，研究一些方剂的现代药理作用。近年来，人们更加重视单味药及其有效成分的研究，中药复方药理、中成药药理、中药药动学、中药不良反应等方面进行研究。中药药理的研究方法和手段现也从器官水平发展到细胞水平、分子水平及基因表达等。

这些研究在继承的基础上，吸收现代科学成果，促进了中医药科学理论发展与创新，为技术创新提供必要的科学理论基础。

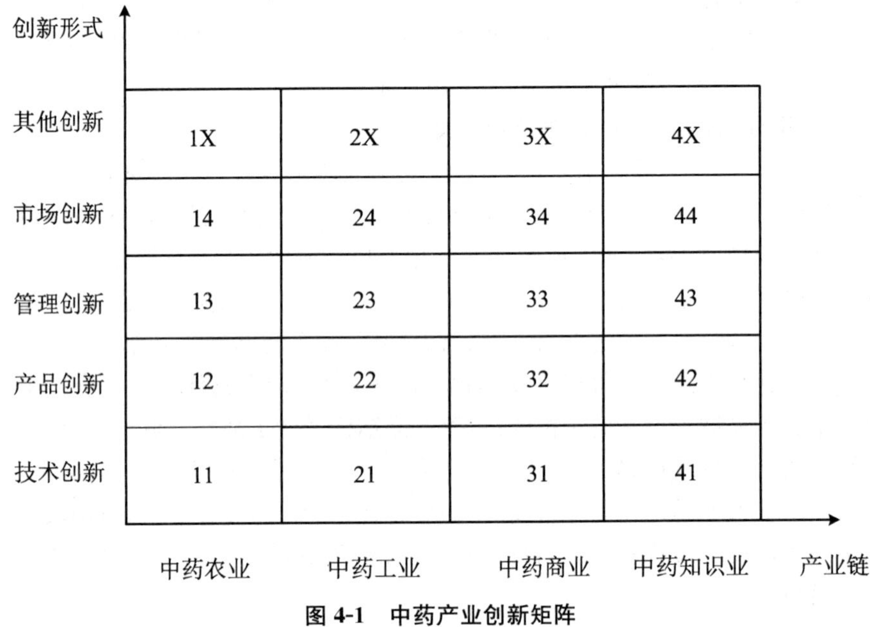

图 4-1　中药产业创新矩阵

（二）技术创新和产品创新

技术创新贯穿于中药产业各子产业，涉及面较宽，如果纯从技术的角度来看，产业创新最少包括六个方面：原料、材料和燃料技术，核心技术和关键技术，产品构架创新和零部件技术，标准锁定和主导设计，产业共性技术，产业主导型工艺。中药产业技术创新很多时候表现为产品创新，但产品创新不一定表现为技术创新。图 4-1 中的 11 可以表现为采用分子生物学技术、基因技术和中药材种源的创新，而“绿色中药”则属于 12；中药工业领域的技术创新最多，如人工智能、超临界萃取技术、中药指纹图谱技术等；而中药新产品则属于 22(或 21)，也存在没有技术创新的情况，如仅发现一种药物新的临床用途。中药商业的技术创新和产品创新不多见，主要表现为市场创新和管理创新。图 4-1 中的 41、42 可以表现为理论创新，也可以表现为中药科研采用的基因芯片、高通量筛选技术，42 也可以表现为软件开发(服务于中药科研、生产和流通等)、中药产业咨询业(如 GSP、GMP 等认证的咨询)等。

作为中药产业技术创新中标准锁定即中药产业的标准创新，是中药现代化和国际化的必然选择。由于中医药具有独特的不同于西方医药学的一整套理论体系，因此标准创新难度很大，既要符合中医药理论，又要能够被国际医药主流市场认可。在实施中药材生产的GAP规范、中药饮片和中成药生产的GMP规范基础上，必须制定一整套从中药农业到工业的产业标准体系，包括中药材的绿色标准，中药材和中药产品的质量控制、安全评价、临床应用和生产操作的标准。中药产业的标准创新可能会带来市场创新，如果我国中医药的复方标准能够被国际承认，中药的复方制剂就能开辟新的国际市场，中医药的最大优势——辨证施治、复方治疗就能够发挥作用。

（三）管理创新和市场创新

从广义上说，管理创新（含组织创新）和市场创新都是一种制度创新。通过管理创新和市场创新，中药各子产业实现了产业创新。如在中药农业、中药工业和中药商业领域分别实施GAP、GMP、GSP、中药农户与市场的新的制度安排、中药四个子产业的产业重组、战略联盟、信息化与电子商务和开辟新业务和新市场等创新。而由于这种创新，则有可能通过需求产生新的产业，如GAP、GMP、GSP认证咨询业（本身是属于42）；农户与市场的新的制度安排则可能产生中药农业的一些中介行业；四个子产业内部子产业或者各子产业之间的产业融合，形成新产业，如中药农业与知识业的融合可能产生中药农业科技服务业等。

（四）其他创新

其他创新是指可能存在的，除了上述之外的创新形式。

第三节　中药产业创新的启示

纵观中药产业创新历程，我国的中药产业已经成为国家战略性产业，中药科技的基础理论建设取得明显进展，中药产业现代化成为中药产业创新的发展方向，取得这些成果的同时中药产业创新的过程中也有着深刻教训。

中药产业创新的争议和分歧主要表现为“传承与创新”“传统与现代”两对矛盾。

从理论上看，科学与实用似乎存在矛盾。近代以来，要求“废医存药”、质疑中医药科学性的论调始终存在，这涉及科技哲学的领域，包括对科学的定义，以及如何正确认识中医药理论体系的自洽性、与现代医学理论体系区别、与现代医学理论的对话等。另一方面，中医药理论如何根据天(自然环境)、人(人类体质、疾病谱、市场需求等)等现实变化进行创新值得研究。笔者认为，要坚持真理的实践性标准，无论是中药还是西药的创新，安全性、有效性和可控性应是共同追求的标准。

从中药新药创制和产业化来看，由于标准缺失或不完善，其参照系仍是现代医学体系，因此“中药西化(制)”饱受争议。如在中药药理实验中，动物实验模型与中医的“证”的机理的一致性值得商榷；基于还原论思维一味追求中药的物质基础与中医药辨证施治、多组分协同的矛盾；在中药产业化过程中，中药安全性的评价体系尚未完全建立，使得诸如中药(材)的重金属、中药注射液的安全、中药的毒性这些问题长期困扰中药产业的发展。

从政策和管理看，探索出一条符合中医药发展规律的管理制度任重道远。按照西药的标准去管理中药是否合理？反过来，片面强调保密而不按照专利制度去保护知识产权是否合理？现实中的医药分开管理是否割裂了中医中药的天然联系？中医药应该走什么样的国际化道路？这些都值得学者共同探讨。

这些矛盾的存在，说明我国的中药产业无论是从理论研究、产业发展还是政策规制方面都需要进一步完善，自主创新道路还很漫长。基于此，结合前文的分析，作者认为以下三个方面应继续坚持。

一、坚持中医药基础理论研究对自主创新的引领

坚持中医药基础理论对创新的引领作用，就是巩固中医药理论在产业创新中的基础地位，发挥中医药理论对产业创新的预见和指导作用。

加强中医药的基础理论研究，需要在整理发掘中医药文献这一“基本内核”上下功夫，中医药的“基本内核”既是我国中药进行自主创新的优势所在，也是捷径所在；如依据中医脉络学说，开发了通心络、参松养心、芪苈强心胶囊等一系列国家新药；“废医存药”、脱离中医药理论指导去简单地模仿西药，最终将丧失中医中药原有的优势。同时，要吸收现代科技和文化成果这一“合理内核”，否则中医药基础理论最终将被逐步边缘化，直至萎缩。

二、坚持中药产业现代化的产业创新方向

一直以来，中药产业创新都面临着两个问题：① 如何运用现代科学和人文理论认识，理解和研究中医药；② 如何运用现代科技去规范、提升中药产业。前者需要中医药基础理论创新，后者需要产业创新，两者共同之处在于都需要通过中药产业现代化来解决，而中药产业现代化的本质是科技创新。

坚持中药产业现代化的自主创新方向，从产业层面看，新中国成立以来一直着力解决规范化和标准化的问题，通过建立 GXP 系列标准来规范产业各环节的发展并取得明显成效；但由于中药本身的复杂性和基础性研究的薄弱，中药的标准化问题仍相对滞后。因此，未来必须制定一整套从研发、生产、质量控制直至安全评价、临床应用的标准体系。从企业层面看，关键是形成适合企业的创新模式。近年来，一些中药企业在实践中形成了一些具有代表性的模式：① 理论创新为先导的模式。以以岭、步长为代表，以中医药理论创新（如脉络学说、脑心同治理论等）为先导，临床为基点，中西集合的思路进行重点产品的科技创新。② “二次开发”模式。以经典名方、院内制剂、名老中医验方等经过长期临床检验、疗效确切的中药为基础，实施产业化开发。如天士力的复方丹参滴丸、广州药业的消渴丸、北京双鹭药业的三氧化二砷注射液、云南白药集团的云南白药等。③ 构筑平台、联合开发模式。如以广药、上药为代表，构筑研发平台、加强国际合作，如广药的国家工程中心、广药研究院的建设，上药与张江集团的合作等模式进行科技创新。④ 研发服务外包的兴起。随着研发分工的专业化，CRO（合同研究组织）、CRAO（合同注册组织）应运而生。在未来大数据时代，基于互联网思维的新创新模式也会不断涌现。

三、坚持国家政策对中药产业创新的支持

坚持国家政策对中药产业创新的支持，必须把握好“自主”的原则，包括过程和结果两个方面的自主，获得自主掌控核心技术的创新能力，拥有自主知识产权，当然自主并不代表故步自封。

从创新能力看，政府通过在人才培养、科技项目、产业发展、财税制度等诸方面的扶持，中药产业从新中国成立初期的幼小产业成长为战略性产业。政府整合科技资源，设立重大科技专项对中药领域的基础性、前沿性科学实现科技攻关，有助于迅速提高创新水平。但作为竞争性行业，政府对中药产业创新支持的侧重点应有所转移，应通过制定有利于中药企业科技创新的优惠政策，激活企业创新积极性，最终目标是建立以中医药为特色、企业为创新主体、产学研协同、具有自主创新能力的中药创新体系。

中药产业的历史教训主要存在于自主知识产权方面。一些中药科技成果和名优产品被国外企业申请了专利，如青蒿素专利的教训，日本和韩国分别在“六神丸”“牛黄清心丸”基础上开发出“救心丸”和“牛黄清心液”等；日韩一些企业从我国进口优质中药材，再次加工包装后占据国际市场。在目前开放经济条件下，我国应进一步研究制定全方位的中药知识产权保护制度，同时要研究制定充分体现中医药理论的中药新药注册制度。

第五章　中药农业创新发展

从第三章对中药产业发展现状的分析可以看出，目前中药农业正处于稳步发展阶段。随着中药材需求的不断增加、中药及其相关产品的快速发展以及国际市场对天然药物质量要求的不断提高，中药材资源的适度开发和保护面临着中药材质量提升、中药材道地性研究、规范化种植技术研究、中药材生产组织方式优化等挑战。总的来说，中药材种植的规范化和规模化水平还需进一步提升。

中药材从来源看分为野生和家种（养），大宗品种和常用药材主要靠种植（养殖）（野生品种不作为研究范围）提供。中药农业作为中药产业链的源头为中药产业的发展提供物质基础，但中药材为特定季节生产，农业弱质性突出，加之中药材生产以小农方式为主，“蛛网效应”明显，中药材生产的产量、价格和质量的波动性较大，具体表现为以下两个方面：① 从生产上看，中药材规范化种植与 GAP 生产基地建设处于起步阶段。中药材的道地性决定在发展中药材生产时，必须合理完善种植区划，科学有效地控制规模，而由于药农缺乏有效的组织约束，在经济利益的驱动下，盲目引种的无序生产和不合理的种植过程也影响了中药材质量。因此中药材质量控制难度大，像中药材的以次充好、农药残留、重金属超标、药材道地性不能保障、药材有效成分低、中成药由于原药材问题而发生的中毒事件等问题仍然存在。② 从交易上看，由于中药材生产的周期性，交易相当一部分是短期、分散的一次性交易，加之广大农民自身的文化水平和组织化程度不高，对市场信息和风险把握不够，中药材生产经常出现较大起伏，给种植农户带来了生产决策和销售上的困难。因此势必影响到下游加工企业原材料的供应和契约履行，带来了原料数量、质量和价格上的不确定性。由此看来，中药农业的规模化、组织化水平不高，进而导致的中药材质量控制难是制约产业发展的关键因素。因此，本章将主要从组织创新的角度研究中药农业创新，而技术创新的相关内容则放到第八章进行讨论。

按照我国现行相关法规，中药材到最终消费者必须经过初加工（作为食品和保健品的部分药材除外）。中药材初加工（主要指中药材饮片生产、提取物和中药材相关产品生产）是产业链中关键的节点环节。

中药材初加工企业是典型的高度依赖稳定资源供给的厂商，稳定可靠的中药材原料的供给很大程度上影响企业的绩效。因此一些中药材加工企业为了保障货源，降低价格和质量风险，与其上游供货商（农户或者中介组织）之间签订合同的现象越来越普遍，或者采用建立基地（基地与农户的链接存在从松散到紧密等多种方式）等方式。中药材初加工企业在与上游供货商（农户或者中介组织）合作中表现出从市场交易、混合模式到纵向一体化等各种形式，本书将这种产业链成员的组织合作形式界定为中药农业产业组织模式，见图 5-1。

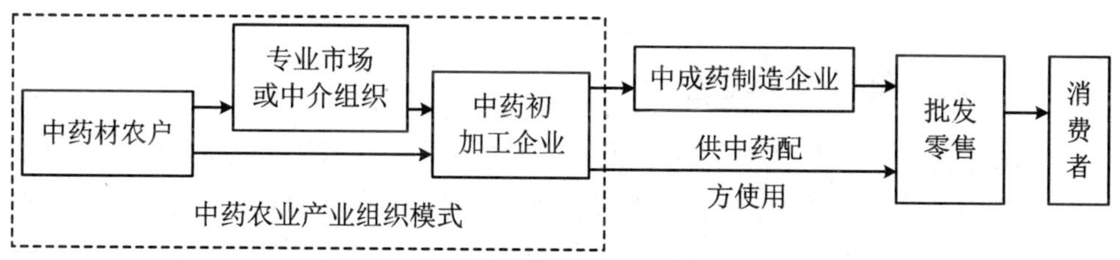

图 5-1　中药产业链简单结构图

目前有关农业组织模式的研究成果很多，但主要从农户角度出发。本书结合中药产业实际，从农户、企业两个视角研究中药农业产业组织模式及其创新策略。根据以上研究目的，本章的研究内容主要分为四部分：① 依据农业产业组织理论、组织创新理论明确中药农业组织创新的内涵；结合中药农业实际，明确现行中药农业组织模式。② 有学者在农业产业链管理理论的相关研究中表明产业链成员之间的合作和流程整合能提高产业链效率，并对链条上成员的绩效产生影响。组织创新的本质是制度创新，制度经济学表明一定的制度结构对应一定的绩效。为了明确何种中药农业组织模式有利于提高企业绩效、提高产业链效率，找到中药农业组织创新的方向，本书将对组织模式对企业组织绩效的作用机制和路径以及不同的中药材产业组织模式与初加工企业组织绩效之间的关系进行分析。③ 企业和农户在选择某一产业组织模式时还可能受到内外部环境的约束，因此还要找出制约企业和农户选择组织模式的关键因素，指导制定中药农业组织创新策略。④ 在以上研究的基础上，探讨推动中药农业组织创新的策略。

第一节　中药农业组织创新与组织模式

一、中药农业组织创新

（一）农业组织创新理论

新制度经济学认为，在经济增长或发展函数中，决定经济增长或发展的不仅是劳动力、资本和技术等外生变量，也包括组织、制度等内生变量（许开录，2011）。组织创新理论最早是在 1912 年由熊彼特提出的，他认为“创新”主要包括产品的创新、技术的创新、市场的创新、新材料的发现以及组织形式的创新 5 个方面。作为经济增长的一种内生生产要素，组织创新能够促进专业化分工与协作，提高产业集中度，发挥规模经济效应，促进技术进步和有效竞争，使经济更有质量、更有效率地发展。组织创新一般分为组织内部创新和创造新组织两种形式。组织内部创新指将原有组织内部通过流程再造、制度改革等行为提高组织的核心竞争力；创造新组织指生产主体为了适应新环境，通过改变经济增长或发展函数的自变量、创新生产要素的组合方式来建立一个新的、高效的生产组织体系。

目前国内外学者对农业组织创新理论的研究成果颇为丰富。农业组织创新受到技术、社会、政策及制度等多个因素共同推动（王云峰，2018）。市场化是农业组织模式创新的根本动力，专业化是农业组织模式创新的核心，机械化、自动化、信息化和智能化是农业组织模式创新的手段（谢来位，2019）。农业组织创新路径包括“纵向创新”和“横向创新”。纵向创新指通过细化社会分工，以要素融合完善和优化纵向产业链，达到降低各经营主体之间的交易费用、提高整个产业链的资源配置效率的目的；横向创新指生产主体通过合理的方式适度扩大经营规模，发挥要素规模优势，从而提高农业生产效率和规模收益（蔡海龙，2013）。农业组织模式创新主要利用现代化的技术、规模化的经营以及企业化的管理来实现（王红梅，2014），其创新过程具有市场化、专业化、社会化等特征（赵佳，2015）。

（二）中药农业组织创新的内涵

中药农业属于生产中药材的特殊农业范畴，根据前人在农业组织创新理论研究的相关观点，本研究认为中药农业组织创新的内涵可作如下解释：

一方面，中药农业的组织创新有利于推进中药农业组织在横向、纵向一体化的过程中适度扩大生产经营规模、深化社会分工。横向上针对松散型、半紧密型中药农业产业组织模式，通过创造新组织将零散的种植户以及规模较小的合作社联合起来，纵向上通过签订合作契约，建立“企业＋农户”“企业＋合作社＋农户”等合作形式，加强分工协作，从碎片化经营向适度规模经营转变，降低生产与交易之间的成本，提高中药材种植的标准化、集约化水平，实现产业链的配套和价值链的延伸。

另一方面，中药农业的组织创新能够促进中药农业进行现代化改造，实现经济增长从规模速度型向质量效率型转变。例如，推动传统的紧密型中药农业产业组织模式从依靠传统生产要素投入转向依靠现代科技、人才的方向转变，通过应用现代科技技术，提高中药材生产质量管理水平，拓宽中药材销售渠道，强化主体间的信息共享等；鼓励中药农业产业组织模式拓宽生产关系网络，加强与第三方服务组织的交流合作，如将中药材的仓储运输外包，不仅能够提高中药材物流质量的管理水平，而且有利于整合组织资源，提高组织运行效率。

中药农业生产经营规模的扩大以及社会分工的深化需要高水平的技术和管理水平作为支撑，组织化与专业化在一定的条件下相互影响、相互替补，发挥技术、人才等生产要素的优势，从而提高中药农业的生产效率和规模收益。

二、中药农业产业组织模式的主要类型及其比较分析

推动中药农业组织创新，首先要了解中药农业产业组织模式的现状。本书借鉴国内学者对农业产业组织模式的界定，结合中药产业实际，划分中药农业产业组织模式的主要类型，并对不同类型的中药农业产业组织模式进行比较分析。

（一）农业产业组织模式

目前对农业产业组织模式的划分没有统一标准，不同的研究者根据研究目的和研究层面（宏观、中观还是微观层面）的不同，提出了各自的划分标准。农业产业组织模式与纵向协调（垂直协作）、农业产业化经营和农业产业链管理有着紧密的联系。

1. 纵向协调

一般认为纵向协调（垂直协作）外延包括从生产到营销各纵向环节协调运行的所有方式。这些联系方式包括市场交易、契约、合作社和一体化等各种形式。即纵向协调包括最松散的纯粹市场交易到最紧密的一体化经营等一系列形式。

2. 农业产业化(经营)组织模式

从20世纪90年代初我国农业产业化经营开始实践以来,学术界对其组织运行方式和组织模式进行了详细研究。国内学者对农业产业化组织模式划分的角度,不尽一致,但也有交叉,大致分为以下三类:① 从市场和企业的角度划分。牛若峰和夏英(1997、1999、2000)将农业产业化组织模式划分为公司企业组织模式、合作社模式和合同模式。② 根据由谁做"龙头"和参与者主体结构来划分,农业产业化组织模式有专业市场带动型、主导产业带动型、现代农业综合开发区带动型、"龙头"企业带动型、中介组织带动型(牛若峰,1997;陈吉元,1996;丁力,1997;胡晓辉、汪雷,1998)。而根据牛若峰、夏英(2000)提出的判断某一经营实体是否是农业产业化经营的三条标准即参与体是否具有共同的交易利益、组织模式的稳定性、维系的制度和一体化运营约束机制来看,一些组织模式并不是真正的产业化组织模式,如专业市场与农户之间仅仅是一种交易关系,并不满足上述标准。③ 根据是否完全一体化,可以将农业产业化组织模式划分为完全的纵向一体化公司型模式(产权联结,股份制和股份合作制)和不完全的纵向一体化合同型模式两种(夏英,2002;王爱群,2007;李瑜,2007)。

3. 农业产业链组织形式

农业产业链管理是供应链管理理论在农业中的应用,王凯、韩纪琴(2002)分析了农业产业化经营与农业产业链管理的区别与联系,认为后者强调管理手段的应用,注重产业链效率的提高。农业产业链是具体的不同农产品链的集合体,农业产业链管理就是分别对不同的农产品链在产业间的物流链、信息链、价值链、组织链等方面进行管理,即侧重对农业产业链中的人、财、物以及信息、技术等要素进行管理。围绕某一类农产品建立起的农业产业链组织,可以是紧密的,也可以是松散的。

综上所述,纵向协调、农业产业化(经营)组织模式和农业产业链组织形式三个概念的共同点是揭示农业产业链成员之间的组织合作形式。但从涵盖范围上看,纵向协调涵盖范围最广,而农业产业化(经营)组织模式和农业产业链组织形式对模式的划分类似,但不包括纯粹的市场交易。上述概念从合作形式划分的层面上看,侧重于从农业产业整体即宏观或中观层面进行界定与划分,难以归纳出具体农产品生产和流通组织模式的特点(吕美晔,2008)。因此,基于上述分析,本书提出了农业产业组织模式的概念,将其界定为农业产业链成员之间的组织合作形式。在对中药农业产业组织模式划分上借鉴农业产业化(经营)组织模式和纵向协调的研究成果,并根据中药材产品的特征予以界定。

（二）中药农业产业组织模式的主要类型

1. 从企业视角

（1）中药材初加工企业中药材来源形式

从企业视角看，中药农业产业组织模式为中药材初加工企业与上游供应商的组织合作形式，并将企业原料来源方式作为划分中药农业产业组织模式的依据。目前，我国中药材种植和加工均呈现规模偏小、专业化程度比较低的特点，企业加工药材的种类较多，且企业的中药材来源形式多样，药材来源大致可分为10种具体形式，见表5-1。

表5-1　中药材初加工企业原料来源方式

序号	中药材原料来源方式
①	从中药材流通市场购进
②	零散的中药材种植农户（不固定）
③	相对固定的一些小型中药材种植户
④	相对固定的几个大型种植户
⑤	农户自发组成的中药材合作组织
⑥	政府指导成立的中药材合作组织
⑦	相对固定的中药材流通组织或个人（经纪人）
⑧	自己的种植基地（由农户管理）
⑨	自己的种植基地（先租农户土地，再雇用农户种植，由公司管理）
⑩	自己的种植基地（农户和公司都持有基地的股份或农户没有股份）

（2）中药材来源形式的分类与特征

在表5-1中，①②③可以归为一类，即与市场交易相类似；④⑤⑥⑦⑧归为一类，主要采用合同交易，为不完全纵向一体化形式，属于混合治理模式；⑨⑩归为一类，即公司企业组织模式，属于完全纵向一体化公司型模式。在上述分类基础上，进一步分析三类来源形式的主要特征，见表5-2。

表 5-2　不同原料来源形式的交易特征

分类	形式	交易特征
市场交易	①②③	交易前双方一般没有约定，企业对中药材生产过程难以控制，一次性或多次买断交易
合同交易	④	与农户只约定数量和质量，价格参照市场交易，交易关系不稳定，双方不是利益共同体，生产过程不易介入
	⑤⑥⑦	与协会、合作社和中介组织的交易关系较稳定，是长期和重复交易，具有一般紧密的利益关系，对中药材生产过程介入程度仍较低
	⑧	交易关系较稳定，双方是利益共同体，可以对中药材生产过程予以介入，但对农户的管理有难度
纵向一体化	⑨⑩	双方是完全的利益共同体，关系持久稳定，双方均有投入，企业易于对农户管理以及对中药材生产过程控制

在市场交易模式下企业主要通过市场交易的方式与上游相链接。主要有以下几种方式：① 中药材流通市场，即专业市场带动型，主要指区域性中药材交易市场，对周边的中药材种植和加工具有较强的辐射功能，如亳州市中药材交易市场；② 零散的且不固定中药材种植农户；③ 相对固定的几个小型中药材种植户（部分也采取口头约定），上述两种原料来源方式通常是中药材种植区的初加工企业会采用，如果中药材种植区域远离市场或初加工企业，种植户一般会借助中介组织或个人出售药材。

在合同交易模式（不完全纵向一体化）下企业主要通过合同交易的方式从农户和中介组织处获取中药材原料。具体有以下几种方式：④ 相对固定的几个大型种植户，主要采用销售合同的方式链接；⑤ 农户自发组成的中药材合作组织；⑥ 政府引导成立的中药材合作组织，这些组织主要指中药材协会和中药材专业合作社，企业通过与专业合作组织合作降低交易成本，这种链接方式多存在于专业合作组织发展较好的地区；⑦ 相对固定的中药材流通组织或个人（经纪人），即从事中药材买卖的组织和个人，俗称“药材贩子”，这种方式主要以销售合同方式链接；⑧ 自己的种植基地（由农户管理），这种形式主要以生产合同方式维系，和形式④相比，企业与农户合作更加紧密。

完全纵向一体化（公司企业）模式采用基地形式，分为两种：⑨ 反租倒包，农户成为企业雇用的种植员工，在企业统一管理下从事中药材种植生产；⑩ 农户和公司都持有基地的股份或农户没有股份。这两种模式，企业完全掌握基地的管理，中药材的种植俨然成为企业内部活动。

2. 从农户视角

从农户视角看，中药农业产业组织模式为药农与下游中药材需求方的组织合作形式，因此将药农的药材销售方式作为划分中药农业产业组织模式的依据。

药农药材销售渠道主要有以下几种形式：① 中药材交易市场或集市；② 相对固定的流通中介（药材收购企业和个人）；③ 合作社或中药材协会等专业合作组织；④ 中药材加工企业。根据交易特征按照合作形式的紧密程度将上述销售方式划分为：市场交易、合同交易和纵向一体化交易三类，具体见表 5-3。

表 5-3　药农产业组织模式与分类

分类	形式	交易特征
市场交易	①	交易前双方一般没有约定，购买方不介入中药材生产过程，一次性或多次买断交易
合同交易	②	与药农约定数量和质量，价格参照市场，以口头合同为主，交易关系不稳定
	③	交易关系较稳定，是长期和重复交易，药农接受合作组织提供的市场信息和技术指导，并通过组织销售药材，但没有或很少有借助组织购买生产资料，仍属销售合同范畴
	④	约定数量和质量和价格，交易关系稳定，药农一般是大户，但加工企业对生产过程介入程度很低，仍属于销售合同范畴
纵向一体化	⑤	药农将土地租赁给企业种植药材，企业组织生产，药农提供劳动力受雇于企业并获得要素（土地和劳动力）收入

市场交易，主要通过中药材专业市场和集贸市场出售中药材，买卖双方不签订任何协议，交易前不约定数量、质量，价格随行就市，农户出售给出价最高者，价格具有很大不确定性。

合同交易，药农与下游（相对固定的流通中介、专业合作组织和企业）双方对中药材销售的数量、质量和价格等达成口头或书面协议。专业合作组织会提供一些市场信息和技术指导，会对外联系销售，成为加入组织的农户与购买方的中介；加工企业与农户之间的协作所占比例很小，仅限于种植大户。由于下游对生产过程仍然很少介入，农户仍具有很大自主权，所以上述合同本质上是销售合同。而生产合同在中药材种植行业很少出现。

纵向一体化，从农户角度看，由于不涉及种植的决策问题，所以在此不作详细分析。

（三）中药农业产业组织模式的具体界定

产业链成员之间的组织合作形式以要素（商品）的流动为纽带，如企业通过和农户签订合同购买中药材，也可以同时为农户提供良种、技术服务、资本等生产要素介入到生产过程，农户除自己种植出售中药材外，也可以通过提供土地、劳动力等要素与企业合作从事中药材种植。这种要素流动需要通过一定的组织形式来维系，按照相应的制度来运行，而这种组织形式呈现出从松散到紧密的不同类型。

中药初加工企业的产业组织模式是根据原料要素的来源来划分的，药农的产业组织模式是根据销售渠道来划分的，两者产业组织模式都可以分为市场交易、合同交易以及纵向一体化三种类型，具体到单一企业或农户不外乎有两种情况：① 完全单纯的三种形式中的一种；② 有两种或三种来源形式。在第一种情况下，采用市场交易、合同交易和纵向一体化来描述其组织模式是可行的；而更多情况的是第二种，即企业原料来源分属不同形式，农户也具有多样化的销售渠道，此时很难采用上述分类予以界定。基于此，本书将中药农业产业组织模式分类为：

（1）松散型产业组织模式。初加工企业原料来源形式或农户的销售渠道为以下两类的：① 单纯的市场交易；② 以市场交易为主，兼有其他形式的。

（2）半紧密型产业组织模式。初加工企业原料来源形式或农户的销售渠道为以下两类的：① 单纯的合同交易；② 以合同交易为主，兼有其他形式的。

（3）紧密型产业组织模式。初加工企业原料来源形式或农户的销售渠道为以下两类的：① 单纯的纵向一体化；② 以纵向一体化为主，兼有其他形式的。

在相关研究基础上，本书提出中药农业产业组织模式的上述分类，有其理论和现实的合理性：首先，产业组织模式划分与产品特征和目前的产业现状具有一定的联系。一方面，中药材种植以小农生产方式为主，组织化、规模化程度低，进而使中药材销售呈现分散性以及渠道多样性的特点。另一方面，我国中药材加工的规模偏小、专业化程度较低，加工药材的种类较多；同时种植环节也同样存在规模偏小和专业化程度低的情况，另外药材的种植还有道地性的特点，即一些药材只能在特定区域种植，最后必然导致企业的中药材来源形式多样化。其次，将众多原材料来源形式（或中药材销售方式）分为市场交易、合同交易和纵向一体化三种类别，便于比较不同形式的交易特征；但并没有简单地将上述分类直接作为中药材产业组织模式。最后，将中药材来源形式（或中药材销售方式）作为划分中药农业产业组织模式的依据，是因为要素流动的形式实质上体现的是一种组织形式和制度安排。

（四）不同中药农业产业组织模式的比较分析

1. 松散型

中药农业产业链成员之间合作的紧密程度低。以市场交易为主，交易的灵活性较高，谈判和监督成本小，但交易稳定性差，中药材供应的数量和价格的不确定性较大；企业基本不介入生产过程，难以对药材的种植过程予以监控，其质量的可靠性较低。由于目前中药材种植以小农分散化的生产方式为主，组织化程度低，企业和药农交易成本也很高，因此企业或农户选择松散型产业组织模式具有一定的普遍性和现实性。

2. 半紧密型

中药农业产业链成员之间合作的紧密程度较高。以合同交易为主，产业链成员之间交易的稳定性增强；企业逐步介入生产过程，药材供应的数量、质量和价格的不确定性明显减少，但企业交易成本上升。中药农业产业链主体选择这种模式受到各主体内外部因素的制约，如企业与种植大户的合作取决于企业加工的品种和种植大户种植的品种及规模；企业或农户与合作组织的合作取决于该类组织的发展程度；企业介入生产过程、建立基地等还受到自身能力的制约。

3. 紧密型

中药农业产业链成员之间合作的紧密程度很高，将药材种植直接纳入到企业内部活动中。企业高度介入生产过程，药材来源数量和质量稳定性好，可控性强，但企业对药材生产将投入较多的成本。采用这种模式对企业自身能力要求最高，因此目前该模式尚不是主流模式，我国中药初加工企业的药材原料来源于紧密型自建基地仅占很少部分，特别是来源于 GAP 认证基地的更少，其原因在于目前的中药初加工企业存在“小而全”和“大而全”的现象，加工的品种一般都在几十种，每个品种都去建立基地肯定是不现实的。这一点与中成药制造企业的原料品种相对较少是不同的。

从以上述分析来看，三种模式各有优缺点。中药产业的健康发展离不开高度稳定的资源供给，而资源的稳定供给则需要中药农业产业链成员之间通过良好合作来实现。随着国家对中药材质量标准的完善以及对中药产业的规范，中药农业产业链主体应根据发展趋势，积极开展组织模式创新，探索适合自身发展的中药材产业组织模式。

第二节　中药农业组织模式与组织绩效关系研究

本节将中药农业产业组织模式划分为松散型、半紧密型和紧密型三种模式，能够较好地揭示中药农业组织主体之间合作的紧密程度。组织创新的本质是制度创新，制度经济学表明一定的制度结构对应着一定的绩效。那么不同产业组织模式下，中药材初加工企业的组织绩效如何呢？本节以安徽省为例，对不同产业组织模式对企业组织绩效的影响进行实证调查，揭示产业组织模式及相关因素对企业组织绩效的影响方向和程度，识别有助于提高企业组织绩效及产业链效率的产业组织模式，明确中药农业组织创新的方向。

一、分析框架

在进行调查方案设计和实证分析之前，本节将围绕所研究的关键内容，依据农业产业链管理理论、新制度经济学理论、企业绩效理论、产业组织理论、古典和新古典企业理论、交易成本理论、企业能力理论等，提出关于中药农业组织绩效评价研究的逻辑框架。

借鉴产业组织 SCP 分析范式和罗必良(1999、2004)的分析思路，将技术、制度和环境因素置于影响组织绩效的统一框架内，提出一个企业与上游供应商的产业组织模式(R)—企业内部行为(C)—企业组织绩效(P)的分析框架，见图 5-2。

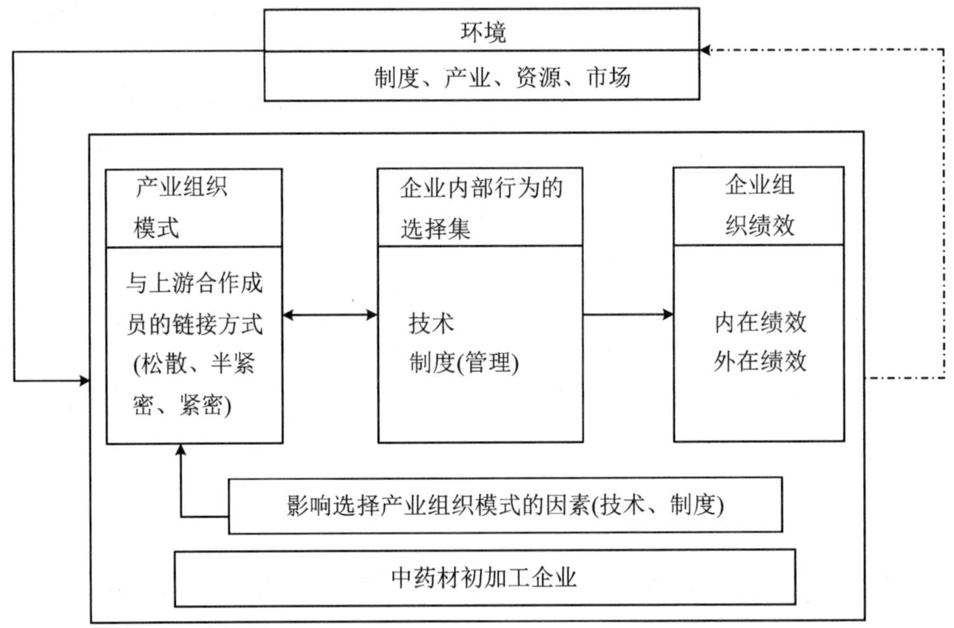

图 5-2　分析框架

企业绩效理论表明，企业的绩效由企业内在效率、外在效率和创新效率构成，本节不考虑创新效率。企业的生产经营活动是企业生产要素组合并转化的结果，而这种活动既受到物质条件的制约也受到社会条件的制约。前者来源于资源的稀缺及技术手段的有限性，即生产和技术的范畴；后者源于人的动机及关系上的冲突，即交易和制度的范畴。

技术和制度因素构成企业效率的基础，从内在效率看，企业绩效不仅取决于生产资源的投入及组合(资本、劳动、技术等)等技术因素，还取决于组织内部的制度和管理水平(交易、内部组织、治理机制等)等制度因素；而企业的绩效是内在效率和外在效率的和谐统一，企业的内在效率能否最终实现，不仅取决于企业内部活动，还与企业的外部交易活动和环境相关，即与组织之间的制度安排(即产业组织模式)与交易环境(外部制度环境、产业资源环境及其市场环境)有关。产业组织模式本身内含的激励与约束机制是决定企业选择何种组织形式的内因，而交易环境则是其外因。企业在内外因作用下会选择与不同交易环境匹配不同的产业组织形式，进而使组织之间的交易主体表现出不同的行为倾向，最终形成组织经济绩效的差异(罗必良，1999、2004)。

综上所述，一个经济组织的绩效受到技术、制度(内外部组织机制)和环境因素等变量的影响。进一步，这些因素之间的相互关系如何？图 5-2 揭示了在环境约束下中药材初加工企业的产业组织模式选择、企业行为选择集和企业的组织绩效之间的相互关系。从逻辑上看，必须首先理清中药材初加工企业所处的整体外部环境，即样本省份中药产业发展的总体情况，这部分内容已经在本书第三章第三节予以阐述。下一步，本节将研究中药农业产业组织模式对企业组织绩效的作用机制，从而研究确定不同组织模式与企业组织绩效之间的关系。最后，如果不同的产业组织模式下企业组织绩效有差异，就需要进一步研究影响企业与农户选择产业组织模式的因素。

二、中药农业产业组织模式对企业组织绩效的作用机制

(一) 中药农业产业组织模式与企业组织绩效的分析模型

在上述基础上，假定单个企业的目标是追求其绩效最大化，通过分析影响企业组织绩效的因素可以揭示中药农业产业组织模式对企业组织绩效的作用机制。可将图 5-2 转化成式 5-1。

$$\begin{cases} \max P(L, K, Ma) \\ \text{s.t.} \quad p = F_R[C(T, Mn) \mid L, K, Ma] \\ R = f(x_1, x_2, x_n) \end{cases} \tag{5-1}$$

式(5-1)中，R 代表产业组织模式，C 代表了经济组织内部可采用的行为选择集，P 代表一个企业组织的绩效。P 是劳动、资本和原材料投入(分别用 L、K 和 Ma 表示)的一个函数。F 是对应于制度结构 R(广义的制度结构包括制度环境和组织制度安排，这里仅指后者即产业组织模式)的一个生产函数，即企业的组织绩效是在

一定投入下，受组织模式 R 影响的企业行为 C 的一个函数。

R、C、P 三者的相互关系是：组织模式 R 影响着企业组织内部行为选择集 C(C 对 R 也有影响)，C 进一步影响企业组织绩效 P。C 必须与 R 相容，否则会导致某种组织形式极高的运作代价。此外，C 的选择会影响到劳动及其他生产要素的投入行为，从而决定着企业内在效率的高低，C 的选择还必须与环境相容，从而实现内部效率与外部效率的统一，它是由组织内部的技术和制度决定的。而 R 作为企业选择的一种制度安排，又受到企业内部行为 C 和外部环境等一系列因素的影响。本节关注 R 与 P 的关系，同时也关注 R 对 P 的作用机制和路径，而 C 则是两者的中介变量。

（二）中药农业产业组织模式对企业组织绩效的作用机制

1. 产业组织模式与企业组织绩效

对企业组织绩效的测度既考虑到内在效率，又考虑到外在效率；既考虑到企业行为结果的效率，又考虑行为过程的效率，采用了企业财务与运营业绩、顾客满意、合作效率和组织过程效率四个测度指标。

从技术角度看，采取何种产业组织模式将影响产业链的效率。Ellram(1996)认为，由于供应链成员的合作，相互之间的信任和承诺促进企业之间的联系，使成员共享信息，优化了流程，降低了供应链交易中的总成本。这种合作能够提高彼此的市场竞争优势(Monczka et al，1993)，从而实现供应链成员企业的质量、客户满意度和业绩的改善和提高。从中药材初加工企业对原材料高度依赖的特性上看，产业组织模式的选择将直接影响企业生产原材料供给数量、质量和价格的稳定性，进而影响企业组织绩效。

从制度上看，交易成本理论提供了一个解释。无论是何种产业组织模式，不同的交易类型均隐藏着不同的契约风险，制约企业的事前专用性投资和事后交易绩效，为降低这种风险，需要选择不同的治理结构或制度安排。因此针对不同类型的交易就对应着不同的治理机构，这种治理结构可以使合约运行的成本降至最低(Williamson，1985)。

2. 产业组织模式、企业行为与企业组织绩效

企业绩效理论表明企业行为选择集从技术和制度两个维度决定了企业的组织绩效。企业不仅体现了一种生产关系，也存在一种交易关系，技术与制度结构作为企业生产和交易基础，是决定其生产成本和交易成本及效率的根本性因素。技术指参与企业生产的各种要素的自然属性及其组合关系方面。本节将企业的技术能力纳入影响企业效率的因素。制度是一套用以支配人的行为及相互关系的规则，本质上是人与人之间关系的某种“契约形式”或“契约关系”。本节拟用整合能力和

质量管理来作为制度因素的替代变量。

产业组织模式通过企业行为这个中介变量影响企业的组织绩效。从农业产业链管理理论的角度看，产业组织模式反映了企业对产业链的外部整合(节点企业之间的整合)能力，企业行为(技术和管理)代表内部整合能力，两者之间具有相互关系(Cristina et al，2003)。当企业选择一种产业组织模式(外部制度)时，其内部必然有与这个模式相适应的能力和机制，即有其技术和制度的基础。而随着企业内部整合能力的提高，将进一步推动其外部整合。

三、中药材产业组织模式与初加工企业组织绩效的实证分析

(一) 数据来源

本节采取实地调查的方法收集数据。鉴于安徽中药产业在种植、初加工等方面的代表性以及数据的易得性，具体选取安徽省中药材初加工全样本企业作为调查对象，本节所指的中药初加工企业是指以中药材为主要原料，从事中药材初加工的医药企业和部分从事中药材相关产品生产的非医药企业。调查采用了当面访谈的方法。共发放调查问卷 145 份，有效问卷 135 份，有效率 93.10%。

(二) 问卷设计

笔者参照相关文献资料，根据研究的目标和特点，设计了专门的调查问卷，并经过专家咨询、预调研确定最终调查方案。问卷分为三个部分：

第一部分为企业基本资料，包括企业的经营范围、企业规模、农业产业化龙头企业级别、GMP 认证情况等。

第二部分为中药材初加工企业组织模式选择。通过企业中药材原料来源的主要形式来确定其组织模式类型。

第三部分为企业组织绩效及其影响因素。企业组织绩效题项主要采用财务与运营指标(FI)、客户满意度(CS)、合作效率(CE)和组织过程效率(PE)四类指标测度。企业组织绩效影响因素又分为企业技术与整合能力、质量管理措施和中药材产业组织模式三类因素。

问卷大部分问题的设计采用李克特 5 分制量表法，1 分表示完全不赞同，5 分表示完全赞同。

(三) 实证分析

根据上文的分析框架和作用机制，要研究中药农业产业组织模式与企业组织

绩效之间的关系，必须将 *RCP* 进一步细化，在式(5-1)基础上，提出一个实证模型，给出变量之间的作用机制和路径，进而根据调查数据进行实证分析。

图 5-3 表示的是中药材产业组织模式、中药材初加工企业技术与整合能力、中药材初加工企业质量管理措施和企业组织绩效之间相互关系的模型框架。该模型有待检验，若与调研数据拟合不理想，则需要修正。上述变量不能直接观测，称为潜变量，必须通过相应的显变量进行测度；箭头表示因素之间的相互关系，箭头指向表示一个因素对另一个因素存在正向或负向的相关影响，因素之间影响关系以及影响的程度将通过结构方程模型进行检验。根据图 5-3，提出以下研究假说见表 5-4。

表 5-4　中药材初加工企业组织绩效实证模型的相关假说

序号	假说内容	预计方向
H1	产业组织模式紧密程度越高越有利于提高企业组织绩效	正向
H2	产业组织模式与企业的技术与整合能力存在相互影响	正向
H3	产业组织模式对企业的质量管理措施产生影响	正向
H4	企业的技术与整合能力越强将会提高企业的质量管理水平	正向
H5	企业的质量管理措施对提高企业组织绩效产生影响	正向
H6	技术与整合能力越强将会提高企业组织绩效	正向

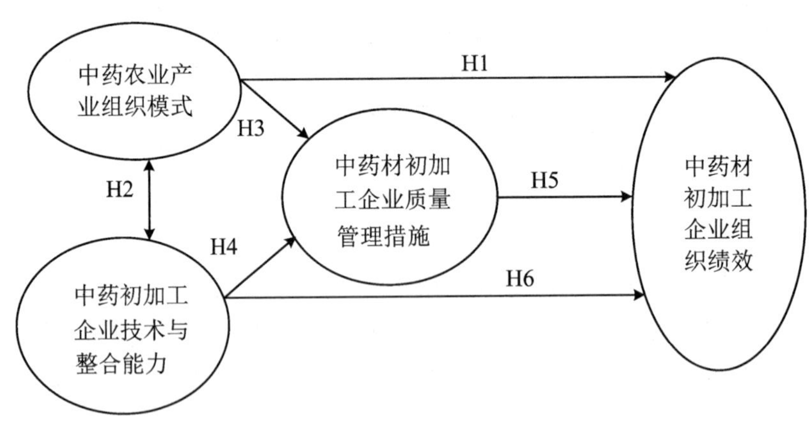

图 5-3　中药材初加工企业组织绩效实证模型

1. 研究方法

选用结构方程模型(SEM)对该模型进行检验。结构方程模型整合了因素分析和路径分析，可以同时处理多个潜变量，容许潜变量由多个观察指标变项构成，允许自变量和因变量存在测量误差，应用路径图使多变量之间的复杂关系一目了然，

SEM 除了可以计算变量的直接效应外，还能推导出间接效应和总效应，表达中介变量的作用。

2. 变量解释与测度

(1) 企业组织绩效(OP)

基于研究目标和内容，本节使用企业组织绩效的概念，而不是企业绩效。此处不仅考察企业绩效，还研究企业在选择不同产业组织模式时，企业与上游供应商之间的组织合作效率以及这种组织合作关系对企业内外部绩效的影响。企业组织绩效既考虑企业内部结果和过程的绩效，又考虑企业作为一个组织与产业链成员之间进行组织合作的效率以及企业经营活动成果最终实现程度的绩效，即内在绩效和外在绩效的统一。根据理论框架并综合考虑前人研究成果，从业绩和效率两个角度提出四个方面的指标：业绩指标即财务运营指标(FI)、客户满意度(CS)、效率指标即合作效率(CE，这里指与供应商的合作)和组织过程效率(PE)。

表 5-5　企业组织绩效指标

潜变量	财务经营(FI)	客户满意度(CS)	合作效率(CE)	过程效率(PE)
外显指标	销售额平均增长率(FI1)	客户对企业产品质量的满意度(CS1)	供应商提供的中药材质量是可靠(CE1)	企业能保持最低的库存成本(PE1)
	市场份额平均增长率(FI2)	客户对企业供货及时性的满意度(CS2)	供应商能及时提供所需中药材原料(CE2)	企业能保持最低的物流成本(PE2)
	利润份额平均增长率(FI3)	客户对企业供货准确性的满意度(CS3)	供应商能准确提供所需中药材原料(CE3)	企业的产品损耗能降低到最小(PE3)
		客户对企业产品价格水平的满意度(CS4)	企业与供应商都能够履行各自责任和承诺(CE4)	
			通过与供应商良好合作能够增加企业效益(CE5)	

(2) 企业组织绩效影响因素

根据前述理论框架，参考前人的研究，本节从技术和制度两个维度，将影响组织绩效的因素归为中药材产业组织模式和中药材初加工企业行为选择集两类。其中，中药材初加工企业行为选择集又分为技术与整合能力和质量管理措施。

① 中药材产业组织模式。中药材产业组织模式(OM)分为松散型、半紧密型

和紧密型三类。将其原料来源于松散型具体形式的比例加总，根据其数值所落区间赋值为松散型的取值；同理，半紧密型的赋值类似。但样本中紧密型模式尚未出现，故取值为前两类。中药材产业组织模式分为松散（OM1）和半紧密（OM2）两个外显指标。

② 企业行为选择集。从技术和制度两个维度进行测量，本节将企业的技术能力、整合能力、质量管理纳入企业行为选择集。

a. 技术与整合能力。衡量技术与整合能力（TI）的具体指标为：技术能力（TL）、内部整合（IC）、外部协作能力与信息共享（EC）、柔性管理与客户响应（FR）。从企业效率理论和产业链管理理论看，上述因素直接对企业组织绩效的四个指标产生影响，TL 和 IC 反映的是企业的技术与内部整合能力，EC 和 FR 反映的是企业的外部整合能力。TL 影响企业的内在效率，EC、FR 直接影响企业的合作效率、组织过程效率和顾客满意，进而影响企业的财务和经营绩效。从产业链角度看，这些指标中既有反映影响企业与供应商的合作效率的因素，也有度量影响企业内部效率和客户满意度的指标，体现了技术与制度分析相结合、综合考虑影响内在效率和外在效率因素的思路。

表 5-6 技术与整合能力指标

潜变量	技术 （TL）	内部整合 （IC）	外协共享 （EC）	柔性管理客户响应 （FR）
外显指标	企业拥有企业技术中心等级（TL1）	各部门都能建立一致的目标并为之努力（IC1）	能够与供应商对长期整体目标达成共识（EC1）	遇到环境变化能动态调整与供应商的合作关系（FR1）
	企业生产的机械化联动水平（TL2）	企业各部门间存在非正式的协作（IC2）	共同与供应商分享想法、信息或资源（EC2）	环境变化时企业与供应商的业务流程能根据对方要求予以调整（FR2）
	企业研究和开发费用占销售收入比重（TL3） 企业的信息化水平（TL4） 企业的信息系统的使用水平（TL5）	各部门共同协作降低总成本而非部门内部成本（IC3）	有明确和具体的程序与规章制度来协调与供应商合作关系（EC3）	对客户要求给予积极响应（FR3） 经常调查和评价客户的满意度（FR4）

b. 质量管理措施。质量管理措施（QM）是企业行为的一种，较多地体现了制

度因素是影响企业绩效的原因，相关实证表明企业质量管理与企业绩效之间存在显著的关系（韩纪琴、王凯，2008）。

作为资源依赖型加工企业，中药材加工企业需要从源头加强对供应商的质量管理；同时制药企业还必须遵循 GMP 要求，实施从原料供应、生产和销售全过程的管理，且需建立追溯机制；还包括实施全员质量管理。笔者借鉴前人的研究成果（Sarayoh et al，1989），并根据中药行业的 GMP 要求，将指标分为四大类：① 管理层参与管理的程度（MIQ），主要从企业高层管理对质量管理的目标、组织机构、GMP 执行和管理理念等方面测度企业质量管理水平；② 员工参与质量管理（SPQ），主要是测度中层及以下人员的质量管理情况，从接受培训和考核、监督执行、参与质量改进和生产全过程追溯几个方面来衡量；③ 企业对供应商的管理（ESM），具体提出从企业供应商选择理念，按质论价和药材道地性保障三个方面予以测度；④ 过程管理（PQM）。

表 5-7　质量管理措施指标

<table>
<tr><th>潜变量</th><th>管理层参与质量管理（MIQ）</th><th>对供应商的质量管理（ESM）</th><th>员工参与质量管理（SPQ）</th><th>过程管理（PQM）</th></tr>
<tr><td rowspan="4">外显指标</td><td>建立了长期质量目标（MIQ1）</td><td>质量与价格两方面，企业选择供应商更看重质量（ESM1）</td><td>从事药品生产的各级人员按照 GMP 规范要求进行培训和考核（SPQ1）</td><td rowspan="2">企业 QA 部门经常对各部门实施 GMP 情况进行监督（PQM1）</td></tr>
<tr><td>通过了 GMP 认证并得到很好贯彻（MIQ2）</td><td>质量等级不同的中药材，企业支付不同的价格（ESM2）</td><td>企业生产和质量管理人员经常检查车间操作（SPQ2）</td></tr>
<tr><td rowspan="2">建立与 QA 相适应的组织机构，各级机构和人员的职责明确（MIQ3）</td><td>生产使用的中药材，按质量标准购入，其产地保持相对稳定（ESM3）</td><td>企业各级人员积极参与质量改进过程（SPQ3）</td><td rowspan="2">企业定期对 GMP 实施进行全面自查并予以纠正（PQM2）</td></tr>
<tr><td>对供应商中药材种植（贮藏、运输）过程提供技术服务、指导和监督（ESM4）</td><td>企业可以追溯药材的供应、生产过程和销售去向，并有完整记录（SPQ4）</td></tr>
</table>

（3）产业组织模式、企业技术与整合能力、质量管理措施之间相互关系

从农业产业链管理理论的角度看，中药农业产业组织模式反映了企业对产业

链的外部整合能力，技术与整合能力代表内部整合能力，两者之间有一定的相互关系。一方面，企业的技术与整合能力是企业选择与产业链成员合作模式的基础；另一方面，产业链成员之间的合作又对企业的技术与整合能力的提高产生了促进作用。

中药农业产业组织模式与质量管理措施之间的关系，一方面，是质量管理措施作为企业行为选择集的测量变量与产业组织模式之间的关系；另一方面，依据交易成本理论，当中药材的一些质量特性难以度量时，信息不对称就会产生机会主义，为减少信息成本，企业可能会选择紧密合作的形式，就必然会要求企业提高质量管理的水平。相关实证研究也表明两者存在上述关系（韩纪琴等，2008；王瑜等，2008）。

企业技术与整合能力对质量管理措施的影响作用：① 企业的技术水平是企业进行质量管理的基础。技术水平不仅是产品质量保障的重要条件也是质量管理的基础，如当在中药饮片加工中采用自动化装置时，生产过程的质量管理就是可控的。企业的技术能力还影响企业员工的质量管理。② 企业的整合能力中的外部协作和信息共享、柔性管理反映的是与供应商进行合作的能力，而这些与质量管理措施中的对供应商的管理是密切相关的；顾客响应也影响质量管理措施，如对产品销售过程的追溯等。

上述分析对应于表 5-4 中 H2、H3 和 H4。

3. 结构方程模型检验与结果分析

(1) 假设模型的检验

根据上述分析，组织模式通过松散型和半紧密型两个外显指标值来度量。技术与整合能力潜变量的四个层面 TL、IC、EC 和 FR、质量管理措施潜变量的四个层面 MIQ、SPQ、ESM 和 PQM、企业组织绩效潜变量的四个层面 FI、CS、CE 和 PE，分别用各自问题项的均值代入模型。分析结果如表 5-8 所示，从中可知，模型拟合度良好，因而可以根据分析结果进行验证性因素分析。

表 5-8　结构方程验证性分析结果

拟合优度指标	指标结果	理想值	说明
Chi-square	101.145	—	
df	71	—	
Chi-square/df	1.425	<2	理想
RMR	0.027	<0.05	理想
GFI	0.906	>0.8～0.9	理想
AGFI	0.861	>0.8～0.9	理想

续表

拟合优度指标	指标结果	理想值	说明
IFI	0.978	＞0.9	理想
TLI	0.972	＞0.9	理想
CFI	0.978	＞0.9	理想
RMSEA	0.056	＜0.05～0.08	理想
P	0.011	＜0.05	理想
路径	Estimate	Standardized Estimate	C.R.（*t*-value）
QM＜−*TI*	0.521	0.394	2.259**
QM＜−*OM*	0.268	0.505	3.063***
OP＜−*OM*	0.175	0.305	2.006**
OP＜−*QM*	0.259	0.240	1.807*
OP＜−*TI*	0.610	0.427	2.489**
TI↔*OM*	0.632	0.873	5.851***

注：(1) *、**和***分别表示在0.1、0.05和0.01的显著性水平上是显著。

(2) 非标准回归系数表示自变量改变一个单位，因变量或中间变量的改变量；标准化回归系数则表示自变量改变一个标准差时，因变量或中间变量的改变量。

(2) 假设检验结果与分析

通过结构方程模型的分析，对前文提出的假说进行验证，结果如表5-9所示。

表5-9　中药材初加工企业组织绩效模型假设检验结果

序号	假说内容	路径系数	*t*-value	结果
H1	产业组织模式紧密程度越高越有利于提高企业组织绩效	0.305	2.006**	成立
H2	产业组织模式与企业技术与整合能力存在相互正影响	0.873	5.851***	成立
H3	产业组织模式对企业的质量管理措施产生正影响	0.505	3.063***	成立
H4	企业的技术与整合能力越强将会提高企业的质量管理水平	0.394	2.259**	成立
H5	企业的质量管理措施对提高企业组织绩效有正影响	0.240	1.807*	成立
H6	技术与整合能力越强将会提高企业组织绩效	0.427	2.489**	成立

从结构方程模型运行的结果,可以对各个潜变量之间的直接影响与间接影响进行路径分析。具体分析结果见表5-10。

表5-10　中药材初加工企业组织绩效模型路径分析结果

路径	路径系数	影响
产业组织模式→企业组织绩效		
OM→ OP	0.305	直接影响
OM→ QM→ OP	0.505 * 0.240=0.121	间接影响
	0.305+0.121=0.426	总影响
技术与整合能力→企业组织绩效		
TI→ OP	0.427	直接影响
TI→ QM→ OP	0.394 * 0.240=0.095	间接影响
	0.427+0.095=0.522	总影响
质量管理措施→企业组织绩效 QM→ OP	0.240	直接影响
产业组织模式→质量管理措施 OM→ QM	0.505	直接影响
技术与整合能力→质量管理措施 TI→QM	0.394	直接影响
产业组织模式↔技术与整合能力 OM ↔ TI	0.873	直接影响

通过检验结果表明,本节提出的假设均得到较好地验证。

四、小结

通过上述研究,结合本节的研究目的,我们可以得出以下几点结论:

(1) 中药材产业组织模式对企业组织绩效有正影响,影响系数为0.426,包括直接影响和间接影响。研究结果表明,提高产业组织模式的紧密程度,有助于提高企业组织绩效,这与中药材初加工企业对资源的高度依赖特性相关。也就是说,中药农业组织创新要朝着中药材供应链上游和企业之间建立更紧密组织模式的方向进行。

(2) 技术与整合能力对企业组织绩效有正影响,总影响系数为0.522。本节将企业的技术与整合能力分为技术水平、内部整合能力、外部整合能力、柔性管理和客户响应四个方面,结合具体题项可以得出,企业的技术水平越高、内部目标趋于一致，外部协作与信息共享能力越强、柔性管理和客户响应的水平越高时，有助于提高企业组织绩效。

（3）质量管理措施对企业组织绩效的影响方向与预期一致，但影响系数仅为0.24，且只在10%水平上表现显著。可能的解释是对于制药企业而言，借用双因素理论，质量管理措施对企业组织绩效的影响属于“保健因素”而不是“激励因素”。这是由药品质量的特殊性决定的，药品只有“合格”与“不合格”的区别，企业质量管理措施必须保障药品合格，这是最低要求，对提高企业组织绩效的影响不大，但如不能保障质量，对企业的危害就是毁灭性的。

（4）中药材产业组织模式、中药材初加工企业的技术与整合能力以及质量管理措施三者之间的关系也得到较好验证，其中中药材产业组织模式与企业的技术与整合之间的相互关系影响最大，标准化路径系数达到0.873，与预期一致。当中药材初加工企业选择一种产业组织模式时，企业内部必然有与这个模式相适应的能力。而企业内部技术和整合能力的提高，有助于企业采用紧密程度较高的产业组织模式，进一步推动其外部整合。产业组织模式和技术与整合对质量管理措施的影响系数分别为0.505和0.394，与预期一致。这表明随着产业组织模式紧密程度和技术与整合能力的提高，有利于促进企业改善质量管理，进而间接影响企业组织绩效。

第三节　中药农业组织模式选择的影响因素分析

上一节的研究表明选择紧密程度高的中药农业产业组织模式有助于提高中药材初加工企业的组织绩效。那么企业和药农是否会选择紧密程度高的模式呢？其选择行为受到哪些因素的影响？本节以安徽省为例，分别从企业、农户两个视角对上述问题做出回答，找出制约企业和农户组织模式选择的关键因素，识别哪些因素是可控的，哪些是不可控的，哪些是短期可以改变，哪些是短期无法改变的。对这些问题的回答对于中药农业组织创新策略的制定具有指导意义。

一、基于企业视角的实证分析

（一）文献综述

根据本章第二节的研究框架，产业组织模式选择动因的理论基础，包括环境因素理论、古典和新古典企业理论、企业能力理论和交易成本理论。其中交易成本因素已经被广泛用来分析农产品供应链垂直协作问题(Frank,1992),交易成本可分为三类:信息成本、谈判成本和监督成本;而选择产业组织模式的影响因素还与产品类别特点和生产者的特征有关(郭红东,2005);产业组织模式从本质上看是企业与产业链成员合作的一种组织制度安排,它必然受到环境特性的影响,经济组织的环境至少包括制度环境、资源环境和市场环境三个方面(靳相木,1996)。企业选择产业组织模式受到多种因素的影响,笔者基于上述分析和本章第二节的研究,提出以下假说:中药材初加工企业产业组织模式选择主要受到环境、企业特征和交易成本的影响。

(二) 模型解释与变量说明

基于上述分析,将影响因素归结为三个方面,建立以下实证模型

$$R_i = F(E_i, EF_i, TC_i) + e_i \tag{5-2}$$

式中,R 为中药初加工企业选择的产业组织模式,R 是 E、EF 和 TC 的函数;即将解释变量分为环境(E)、企业特征(EF)和交易成本(TC)三大类,其中每大类变量又分别选取若干具体的、可测度的变量为替代变量,e_i为随机扰动项。

企业的选择行为总是受到内外环境的影响。这里的环境(E)主要指外部环境,用外部制度、资源和市场特性、不确定性和地区虚拟变量来衡量。外部制度用当地政府对中药材农业产业化政策支持力度(X_1)衡量。由于中药材初加工企业大多建在道地药材产区或者中药材市场发达的地方,资源和市场特性是度量企业所在地资源和市场的成熟度,指本地流通市场中本地药材和非本地药材的可获性,用企业所需中药材原料可以从本地药材流通市场获得比例(X_2)衡量。不确定性主要指供应商的不确定性,分别用两个替代变量:企业认为供应商提供的原材料质量具有可靠性(X_3)、企业生产受到供应商供货及时性的影响(X_4)。考虑到亳州市的样本比较多,且亳州市是中药材资源和市场非常发达的地区,为了与其他地区比较研究,故设置地区虚拟变量(X_5)。

企业特征(EF)拟用企业规模(X_6)、资产专用性、原材料产品特征、对原材料控制愿望来衡量。资产专用性(X_7)用企业现有主要资产是否可以改变生产用途,可以转产的程度来衡量。原材料产品特征在问卷设计时是用企业所需中药材其种植过程对质量的影响和企业衡量中药材原料质量主要采用什么手段两个问题项来度量,但通过样本数据初步分析效果并不明显,故没有纳入模型。其原因在于大多企业都认为中药材原料其种植过程对企业原料质量是有影响的(方差很小),中药材原料质量衡量手段大多采用有经验的采购人员予以判断,同时辅助以仪器分析(方差很小)。对原材料控制愿望也没有纳入模型,问卷设计时是用企业建立自己的稳

定原料来源基地必要性程度衡量，大多企业都认为很有必要，但深度访谈表明有愿望并不代表去行动，因为中药材初加工企业加工品种很多，不太现实每个品种去建立自己的基地。

Williamson(1985)将交易成本分为三类：信息成本、谈判成本和监督成本。信息成本指企业对原材料价格变动与市场信息的可获性，分别用企业每个采购季价格波动幅度(X_8)、对所需中药材产量和价格波动可以预知或及时获得(X_9)来度量。谈判成本用供应商有提价要求(X_{10})、供应商提价幅度(X_{11})作为观测变量。监督成本在问卷中用对供应商中药材种植过程提供过技术服务、指导和监督的程度替代，初步数据分析表明不显著，故没有纳入模型，其原因在于目前与上游的产业组织模式仍处于松散和半紧密模式，中药饮片企业对种植过程的介入程度比较浅。变量特征具体说明和预计对因变量的可能影响方向见表 5-11。

表 5-11　变量特征说明及预计对因变量的可能影响方向

变量名		赋值定义	均值	方差	预计影响方向
因变量	中药饮片企业产业组织模式选择(Y)	松散＝0;半紧密＝1	0.40	0.49	
环境变量	X_1	完全没有＝1;有但是落实难度大＝2;支持一般＝3;支持较大＝4,支持很大＝5	3.64	1.14	＋
	X_2	0～0.2＝1;0.2～0.4＝2;0.4～0.6＝3;0.6～0.8＝4;08～1.0＝5	3.06	1.19	－
	X_3	完全不赞同＝1;不赞同＝2;基本赞同＝3;赞同＝4;完全赞同＝5	3.72	0.92	?
	X_4	同 X_3	3.09	0.94	＋
	X_5	其他地区＝0;亳州地区＝1	0.57	0.49	?
企业特征	X_6	3000 万元以下＝1;3001 万～1 亿元＝2;1 亿元以上～3 亿元＝3;3 亿元以上＝4	1.78	0.72	?
	X_7	不能转产＝1;能转产，但损失很大＝2;能转产，损失较大＝3;能转产，损失较小＝4;完全可以转产＝5	2.22	1.38	－

续表

交易成本	X_8	10%以下=1;10%~30%=2;30%以上=3	1.84	0.61	+
	X_9	很难=1;较难=2;一般=3;容易=4;很容易=5	3.31	1.01	?
	X_{10}	很少有=1;有时有=2;经常有=3	2.02	0.62	−
	X_{11}	10%以下=1;10%~30%=2;30%以上=3	1.63	0.63	−

(三) 计量经济模型估计结果

中药农业产业组织模式选择作为因变量,选择松散模式为0,选择半紧密模式为1。本书采用二元Logistic回归分析模型。

运用SPSS 16.0统计软件对135个企业全样本数据进行回归处理。在处理过程中,采用Wald向后筛选法,最后给出5种计量估计结果。从模型计量结果看,所有模型整体检验显著,不同统计模型的计量结果相似并稳定。本文主要列出了将全部变量纳入模型进行计量的结果(模型一)和全部变量都显著的模型计量结果(模型二),见表5-12。计量估计结果大部分与理论分析一致。根据模型计量结果,将影响中药饮片企业产业组织模式选择的主要因素、显著性和影响程度归纳如下:

表5-12　中药材初加工企业产业组织模式选择影响因素

解释变量	模型一		模型二		
	系数(*B*)	Wald值	系数(*B*)	Wald值	Exp(*B*)
常数项	−8.764	1.840	−14.521***	7.226	0.000
X_1(产业化政策支持力度)	2.373**	6.064	1.413**	5.761	4.108
X_2(从本地药材流通市场获得比例)	−1.404**	5.326	−1.379**	6.183	0.252
X_3(供应商供货质量具有可靠性)	2.306**	4.355	1.100**	3.508	3.005
X_4(供应商供货及时性的影响)	−1.835*	3.788	———	———	———
X_5(地区变量)	−4.974*	2.837	———	———	———
X_6(企业规模)	3.243**	5.069	1.376*	2.830	3.960
X_7(资产专用性)	−2.589***	7.174	−1.250**	6.289	0.286

续表

解释变量	模型一		模型二		
	系数(B)	Wald 值	系数(B)	Wald 值	Exp(B)
X_8(采购季价格波动幅度)	3.539**	5.088	2.145**	4.304	8.543
X_9(产量和价格波动可获性)	1.080	2.365	1.483**	6.326	4.407
X_{10}(供应商有提价要求)	−0.998	1.372	———	———	———
X_{11}(供应商提价幅度)	−2.111*	3.004	———	———	———
预测准确率	86.3%		80.4%		
−2 对数似然值	33.075		40.327		
卡方检验值	35.235***		27.983***		
Nagelkerke 的 R^2	0.676		0.572		

注:***、**和*分别代表在1%、5%和10%水平上显著。

首先,中药材初加工企业所处的环境因素对其选择行为有较大影响。从多数模型的计量结果看,除供货商即时性影响在10%水平显著,其余都在5%水平显著。当地政府的中药材产业化政策支持力度呈正影响,且Wald值和Exp(B)都较大,说明政府的中药材产业化扶持力度越大,中药材加工企业越倾向选择半紧密形式(合同交易)。从本地药材流通市场获得比例影响与理论预期一致,系数为负。即当地资源丰富且市场越成熟,企业则选择松散型组织模式,这也是企业的理性选择,有利于降低企业的风险。企业供应商供货质量具有可靠性在理论预期上不能确定其系数符号,因为供应商与中药饮片企业的链接可以是松散的也可以是半紧密的,企业可以认为两种类型供应商的供货质量都具有可靠性。而实证分析表明,呈现正影响,即认为供货商质量越可靠的企业越愿意采用半紧密形式,最可能的解释是企业认为通过合同能进一步确保供货的质量,呈现出正反馈的作用。但供应商供货及时性的影响系数与理论预期不一致,理论上当企业认为生产受到供应商供货及时性的影响时,应该采用半紧密模式。实证结果系数为负,可能的解释是企业愿意通过松散模式来规避不确定性,一定程度上市场交易的及时性能降低企业风险,但在模型二中该系数不显著。地区虚拟变量在最终模型中不显著,但在大多模型中在10%水平上显著,其系数为负,说明在资源和市场成熟度相对较高的亳州,在其他条件不变的情况下,企业倾向选择市场交易。而其他地区由于没有这样的资源和市场条件更倾向通过半紧密模式来保证中药材供应。

其次,企业特征对企业的选择行为存在影响。企业规模因素在5%水平上显著,即规模越大的企业越愿意采用半紧密型模式,即采用稳定的原料来源形式,深度调查也表明小企业源于企业加工品种的多变性和市场交易途径的灵活性等因素更愿意采用松散型产业组织模式。资产专用性影响与预期一致，且 Wald 值较大。即资产专用性越大(变量赋值越小)的企业越愿意采用半紧密型模式。

最后，交易成本因素对企业的选择行为影响不尽相同。信息成本因素在所有模型中 Wald 值和 Exp(B)都较大，并在 5%水平显著。价格波动幅度呈正影响，与预期一致。即当企业每个采购季价格波动幅度大时，企业选择半紧密模式，从而通过合同锁定波动降低风险。值得注意的是，当企业信息可获性强时，企业选择半紧密模式。即当企业拥有充分信息时，试图通过合同来固定这种信息优势。谈判成本因素的两个观测变量在模型二中不显著，但在模型一中，供应商提价幅度在 10%水平上显著，且两个变量系数为负。可能的解释是在其他条件不变的情况下，当供应商违约增多时，企业希望通过用市场交易来规避风险，还与样本中相当数量的企业是在资源丰富且市场成熟的地区有关。

二、基于农户视角的实证分析

(一) 文献综述

我国中药材生产以小农方式为主，中药产业链中种植环节和加工环节一直缺乏紧密合作，大多数是以市场交易为主的松散型合作模式。这样的生产和交易形式使得在中药材产业化过程中存在着以下两对矛盾：中药材种植中的小农生产方式、生产的周期性、交易的分散性与中药材加工业对药材数量、质量和价格稳定性要求之间的矛盾；药农生产决策和销售波动之间的矛盾。这两对矛盾的存在给中药材种植农户和加工企业带来了不良影响，阻碍中药产业的健康发展，而这些问题必须通过种植、加工等阶段的密切协作才能解决。前文研究也表明紧密程度高的中药农业产业组织模式有助于提高产业链效率。那么药农是否愿意选择紧密型的产业组织模式呢?

国内外众多学者从交易成本、资产专用性、生产者特征等角度，对产业组织模式及其选择的影响因素进行了研究，取得了丰硕成果，产品涉及食品、畜禽、花卉、水果和蔬菜等农产品。Ward(1997)发现产业组织模式的选择与产品类别的特点有关。因此，本节从中药材种植农户的角度，研究种植环节中药农业产业组织模式的选择意愿及其影响因素。

(二) 数据来源

安徽省亳州市是闻名全国的“中华药都”，中药材常年种植面积约 5.5 万公顷

(以地市为单位衡量面积最大),中药材专业市场交易额居全国首位,拥有全国最大的中药饮片集群。选择亳州市作为考察对象,具有很好的代表性。本研究于2012年7～8月在药材种植集中的亳州谯城区选择十八里镇、十九里镇、华佗镇、魏岗镇、五马镇、谯东镇6个镇对药农进行了抽样调查,调查涉及药农当前的生产方式、销售形式,以及对紧密垂直协作方式的态度和意愿,共发放问卷270份(其中无效问卷10份,反租倒包形式12份),种植农户有效问卷248份,其中十八里镇34份、十九里镇47份、华佗镇43份、魏岗镇41份、五马镇45份、谯东镇38份,问卷有效率91.85%。

(三)药农产业组织模式的具体分析

1. 药农选择产业组织模式的情况

基于本章第一节的分析,药农选择的产业组织模式主要有三种形式:市场交易、合同交易和纵向一体化交易(反租倒包为对比仍然列出,但不计入占种植户比例)。根据本次调查,药农采用市场交易的方式占相当大的比例,达到83%;仅有17%的药农通过合同方式交易。具体情况见表5-13。

表5-13　中药材种植户选择产业组织模式的情况

分类	形式	交易特征	户数	比例(%)
市场交易	形式①	交易前双方一般没有约定,购买方不介入中药材生产过程,一次性或买断交易	206	83
合同交易	形式②	与药农约定数量和质量,价格参照市场,以口头合同为主,交易关系不稳定	18	7.3
	形式③	交易关系较稳定,是长期和重复交易,药农接受合作组织提供的市场信息和技术指导,并通过组织销售药材,但没有或很少有借助组织购买生产资料,仍属销售合同范畴	20	8.1
	形式④	约定数量和质量和价格,交易关系稳定,药农一般是大户,但加工企业对生产过程介入程度很低,仍属于销售合同范畴	4	1.6
纵向一体化	形式⑤	农户将土地租赁给企业种植药材,企业组织生产,农户提供劳动力受雇于企业并获得要素(土地和劳动力)收入	12	—

2. 产业组织模式与生产要素获取

生产要素的获取在一定程度上反映了生产的社会化程度。药材种植的生产要素如土地、劳动力基本上都是自给自足。药材种苗药农自繁的占60.5%,从种苗市场自购的占 34.7%，其余途径(苗圃场、上门推销、其他农户培育)的仅占 4.8%。化肥、农药均从普通农资市场直接采购，无药材专用肥和农药。对于种植所需资金，有 94.4%的农户来源于自有资金，通过其他方式(民间和银行贷款)的仅占 5.6%。对于种植技术方面，农户通过读书、看报、电视、网络和个人经验总结占 62.1%，邻里交流占 30.6%，其他形式(政府、合作组织和相对固定的流通中介)培训的占 7.3%。统计结果表明，不同产业组织模式的农户在上述生产要素的获取方面并无差异性，其原因在于：① 要素市场的发育尚不健全，与药材种植相关的上游产业发展不成熟，因此在种苗、化肥和农药获取方面农户的选择是一致的；② 产业组织模式上，市场交易为特征的松散型协作占主导，因此药材种植的下游对种植过程介入很少，药农的技术、资金来源单一；③ 生产方式上仍以小农方式为主，种植规模偏小，要素获取的社会化程度较低。

3. 产业组织模式与种植规模

由于中药材的种植和采收不一定在同一个年度完成，故以 2009～2011 年的平均种植面积作为每户种植面积数。从调查结果来看，调查有效样本 248 户中平均种植面积为 0.31 hm^2，其中 0.2 hm^2 以下 56 户，占 22.6%；0.2～0.4 hm^2 的 124 户，占 50%；0.4 hm^2 以上的 68 户，占 27.4%。如果按照产业组织模式分类，具体分类见表 5-14。采用市场、合同交易的农户平均种植面积分别为 0.30、0.34 hm^2，统计检验结果表明两者并无显著差异。

表 5-14 不同产业组织模式与药材种植规模

产业组织模式	0.2 hm^2 以下		0.2～0.4 hm^2		0.4 hm^2 以上	
	农户数	占比(%)	农户数	占比(%)	农户数	占比(%)
市场交易	50	24.27	104	50.49	52	25.24
合同交易	6	14.28	20	47.62	16	38.10

4. 产业组织模式与种植收益

考虑到药材种植和采收的周期性特点，种植收益以近 3 年每公顷中药材年纯收入的平均值衡量。从每公顷中药材年纯收入看：样本户每公顷纯收入均值为 2659.5 元，远高于当地近三年主要种植品种小麦的均收益(445.5 元)；从分布看，集中在 1000.5～4999.5 元，占样本总数的 66.1%；1000.5 元以下占到 21.8%；4999.5 元以上的相对较少占 12.1%。采用市场交易的每公顷纯收入均值为 2521.2 元，低于采用合同交易的 3336.9 元；但合同交易的每公顷纯收入标准差略大于市场交易，具体见表 5-15。

结果表明，合同交易的农户平均每公顷药材纯收入大，紧密型产业组织模式有利于增加药农种植收益。

表 5-15　不同产业组织模式与种植收益

产业组织模式	每公顷纯收入		均值 t 检验
	均值(元)	标准差	
市场交易	2521.2	144.87	−2.195**
合同交易	3336.9	153.39	

5. 产业组织模式选择原因分析

目前在中药材种植环节，市场交易主要特征是以松散型产业组织模式为主导，根据实地调查与分析研究，主要原因为：① 从生产方式上，中药材种植仍以传统的小农方式为主，从要素获取、种植规模上看，均表现为生产社会化程度较低。② 从专业合作组织看，调查表明，样本中选择市场交易的 206 农户中有 32%没有听说过，45.7%回答当地没有，其余 22.4%则认为不需要合作组织，合作组织发展相对滞后或所起作用有限。③ 从下游看，中药材初加工企业选择松散型产业组织模式的比例较高，选择较紧密模式还受到环境、企业特征和交易成本三类因素的影响。④ 从所处地域看，亳州市是全国著名的中药材流通市场，因此市场交易适应了小规模农户交易灵活的要求。

（四）药农对产业组织模式的选择意愿的实证分析

1. 药农产业组织模式的选择意愿

在 248 户被调查药农中，对将来是否愿意选择合同交易的回答分为以下 3 种情况：① 有 64 户药农明确表示将来不愿意采用合同交易，占样本的 25.8%，其中绝大多数是目前采用市场交易的农户。② 有 56 户药农表示中立，即视情况而定，占样本的 22.6%；根据调研数据分析，目前已经签订合同的 12 户药农，由于药材采收的周期性，自签订合同以来尚未进行交易，因此需要等合同执行后才能决定将来是否继续签订合同；而目前采用市场交易的 44 户药农采取中立态度，由于存在模仿效应，农户会根据周围农户的合同执行效果再做决定，另一方面还要考虑自身是否有能力签订合同。③ 有 128 户药农表示肯定愿意采用合同交易，为 51.6%，远远高于目前已经采用合同生产方式的样本数。前文已经从药农种植规模、专业合作组织发展、中药材加工企业、所处地域四个方面分析了产业组织模式选择原因。部分农户愿意采用而实际没有采用合同交易的主要原因在于：17%的农户认为同流通中介（形式②）进行合同交易的稳定性不高，42.7%的农户表示当地没有专业合作组织（形式③），40.3%表示因为种植规模小，难以与中药材加工企业（形式④）签订合同（企业倾向于与种植大户签订合同）。表 5-16 显示了药农目前选择的产业组织模式与选择意愿的情况。

表 5-16　药农产业组织模式选择和意愿

产业组织模式	将来是否愿意采用合同交易			合计
	不愿意	中立	愿意	
市场交易	60	44	102	206
合同交易	4	12	26	42
合计	64	56	128	248

2. 模型分析

(1) 变量设计与说明

为深入分析影响药农采用产业组织模式意愿的因素,将药农的选择合同交易的意愿作为被解释变量。以往的研究一般将选择意愿作为二元分类,而在调查中发现药农的选择表现为不愿意、中立、愿意三种情况。由于因变量为非连续有序变量,故本文采用有序 Logistic 回归分析模型。y 的取值:"不愿意"取值为 1,"中立"为 2,"愿意"为 3。有序 Logistic 模型采用的是累积概率分布函数,具体形式为

$$P(y \geqslant j \mid x) = \frac{1}{1 + \exp(-a_j + \sum_{i=1}^{n} \beta_i x_i)} \tag{5-3}$$

式(5-3)中,$P(y \geqslant j \mid x)$表示药农不同选择愿意的累积概率,x_i表示影响其选择的因素;β为待估计参数。研究表明,农产品销售方式的选择会受到农户特征、家庭特征和生产特征等因素影响。借鉴已有研究,笔者将解释变量分为三类:第一类是户主特征,包括户主年龄(x_1)、户主受教育程度(x_2)。第二类是家庭特征,反映家庭拥有的社会资本情况,包括家庭规模(x_3)、家中是否有人担任村干部(x_4)。第三类是生产特征,反映农户的生产规模、生产的专业化和社会化程度、人力资本和社会资本等情况,包括七个变量。考虑药材采收的周期性,用近三年药材种植面积的平均值来衡量种植规模(x_5)。种植专业化程度(x_6)主要反映药材收入是否是家庭主要收入来源,考察近三年药材纯收入占家庭纯收入的比重比较合理,但连续三年的家庭纯收入数据不易获得(农户通常不能给出准确数值);家庭收入来源多元化影响农户的产业组织模式选择意愿,根据调查数据的可获性,本节采用家庭是否以药材种植收入为主来衡量其种植专业化程度。种植年限(x_7),该变量与农户经验、农户的资产专用性密切相关,种植年限越长,经验越丰富,越会形成稳定的销售办法,有可能减少对签订合同的意愿。但另一方面,药材生产周期长,资产专用性高,需要有稳定的交易对象以降低风险,因此种植年限预期作用方向不明确。要素获取包括种苗获取(x_8)、技术获取难易度(x_9)、价格信息获取的难易程度(x_{10})、销售风险态度(是否担心药材卖不出去 x_{11})四个变量(资金来源主要是自有资金,方差很小不作为解释变量),从要素获取社会化程度、风险偏好两个方面既反映了农户

的生产特征，又反映了农户拥有的人力资本、社会资本对其意愿选择的影响，具体见表 5-17。

表 5-17　各变量的定义、描述性统计及其预期作用方向

变量名		取值说明	均值	标准差	预期作用方向
户主特征	x_1	1＝21～30 岁；2＝31～40 岁；3＝41～50 岁；4＝51～60 岁；5＝61 岁及以上	4.258	1.192	＋/－
	x_2	1＝没受过正规教育；2＝小学；3＝初中；4＝高中或中专；5＝大专及以上	2.331	0.879	＋
家庭特征	x_3	按家庭人口数计算	5.202	2.255	＋/－
	x_4	0＝否；1＝是	0.194	0.396	＋
生产特征	x_5	近 3 年药材种植面积的平均值	4.597	2.710	＋
	x_6	0＝否；1＝是	0.432	0.497	＋
	x_7	1＝2 年及以下；2＝3～5 年；3＝6～10 年；4＝10 年以上	3.355	0.962	＋/－
	x_8	自繁＝0；非自繁＝1	0.395	0.490	＋
	x_9	1＝非常容易；2＝比较容易；3＝一般；4＝比较困难；5＝非常困难	3.484	0.849	＋
	x_{10}	1＝非常容易；2＝比较容易；3＝一般；4＝比较困难；5＝非常困难	1.903	0.904	＋
	x_{11}	1＝非常不担心；2＝不担心；3＝无所谓；4＝担心；5＝非常担心	2.314	1.060	＋

（2）计量结果与分析

运用 SPSS17.0 软件对样本数据进行回归处理，回归结果见表 5-18。

表 5-18　药农产业组织模式选择意愿影响因素有序 Logistic 模型回归结果

解释变量	系数(B)	标准误	Wald 值
常数 1(y＝1)	3.659***	1.440	6.462
常数 2(y＝2)	5.655***	1.485	14.502
户主年龄(x_1)	－0.009	0.151	0.004
户主受教育水平(x_2)	0.517***	0.205	6.350
家庭规模(x_3)	－0.091	0.076	1.460
是否有人担任村干部(x_4)	1.056**	0.474	4.962

续表

解释变量	系数(*B*)	标准误	Wald 值
种植规模(x_5)	0.099	0.066	2.235
种植的专业化程度(x_6)	4.732***	0.540	76.657
种植年限(x_7)	0.240	0.178	1.829
种苗来源(x_8)	−1.110***	0.360	9.527
技术获取难易度(x_9)	0.145	0.188	0.595
价格信息获取难易度(x_{10})	0.556***	0.211	6.985
销售风险态度(x_{11})	0.372**	0.172	4.705
−2log	303.534		
χ^2值	203.058***		
Nagelkerke R^2	0.641		

从模型回归结果看,x_1、x_3、x_5、x_7、x_9等变量的回归参数不显著,说明上述变量对药农参加合同交易方式的意愿影响很小。具体结果分析如下:① 户主特征的影响。户主的受教育程度在1%水平上显著,表明受教育水平越高越容易接受新事物,愿意采用合同交易,但是年龄因素的影响并不显著。② 家庭特征的影响。是否有人担任村干部在5%水平上显著,说明担任村干部的家庭拥有相对多的社会资本,具有人际关系优势,使得家庭能获得更多的市场、政策、法律信息;这些优势使药农更有能力寻求合同交易对象,从而签订合同的意愿强。但家庭规模的大小对选择意愿没有显著影响,且系数为负值,可能因为人口规模大的家庭,其人均耕地较少(第二轮土地承包政策的原因),更多的是依靠非农就业收入,对药材种植收入的依赖程度较低。③ 生产特征的影响。种植的专业化程度在1%水平显著,说明专业化水平越高越愿意采用合同交易,这与已有研究结果是一致的。从要素获取上看,种苗来源变量在1%水平显著,从理论上看生产的商品化程度越高农户越会采用合同交易,但该变量与预期的作用方向相反,可能的解释是种苗自繁是传统的生产方式,而这一类农户风险承受能力弱,基于风险规避的考虑,愿意采用合同交易;价格信息获取也在1%水平上显著,说明农户为减少搜寻价格信息的成本,更加愿意采用合同交易。药材销售风险的态度在5%水平上显著,即风险承受小的药农越愿意采用合同交易来减少不确定性。

种植规模、种植年限、技术获取难易度均没有显著性。尽管种植规模是影响农户能否和企业签订合同的重要因素,但在模型中不显著,这与描述性统计中,药材种植面积总体偏小、采用市场交易和合同交易的药农其种植规模无明显差异的特征是相符的，但回归结果中该变量的符号为正值与预期一致，当农户间的种植规模有明显差异时可能会成为显著变量。农户的种植年限变量不显著，但符号为正值，说明药材种植周期长的特点所致的资产专用性因素占主导。技术获取难易度没有显著性，亳州的药材种植历史悠久，技术获取并不困难，这与上文的描述性统计一致。

三、小结

本章从企业和种植户两个视角，分别运用二元和有序 Logistic 对中药材产业组织模式的影响因素进行了实证分析。

（一）企业模型

实证分析结果表明，企业所在地的环境因素，即产业化政策、资源和市场特性、外部供应商特性和区域因素对其选择产业组织模式有较大影响。值得注意的是，当企业认为供应商质量和供货及时性越确定时，越愿意选择半紧密模式，显示企业在现阶段维持稳定原料来源的主要方式是合同方式，这与实际情况相符。企业特征中企业规模和资产专用性特征影响也较显著，但其余许多重要的特征影响均不明显，这是因为我国中药初加工企业尚处于初步规范阶段。而交易成本中，信息成本影响显著，其余方面因素的影响并不明显。因此，初加工企业会基于环境、企业特征和交易成本的影响选择与企业现阶段相适应、适合企业自身发展的产业组织模式。

（二）农户模型

药农主要选择市场交易这种松散的产业组织模式，而以合同交易为主要特征的较为紧密的产业组织模式尚未广泛采用。不同类型产业组织模式的药农，在要素获取、种植规模上无明显差异，但在收益上紧密型优于松散型。农户选择松散型产业组织模式与中药材生产的小农方式、合作组织发展滞后、加工企业产业组织模式选择和调查区域有关。药农在合同交易选择意愿上呈现积极态度，有序 Logistic 的结果显示，户主的受教育程度、是否有人担任村干部、种植的专业化程度、种苗来源、价格信息获取难易度、销售风险态度是影响药农选择合同交易意愿的重要因素。受教育程度越高、家中有人担任村干部、专业化程度越高、种苗为自繁的、价格信息获取越难、销售风险规避的药材种植户更愿意采用合同交易。

第四节　中药农业组织创新策略

目前中药农业产业组织有松散型、半紧密型和紧密型三种模式，采用这种分类较好地揭示了中药材初加工企业与上游供应商之间合作的紧密程度。本章第二节中药农业组织模式与组织绩效关系的研究结果显示产业组织模式紧密程度高的企业的组织绩效较高，即中药农业组织创新要使中药材供应链上游和企业之间建立更加紧密的组织模式。本章第三节中中药农业组织模式选择影响因素的研究表明，中药材初加工企业选择产业组织模式受到环境因素、企业特征和交易成本等不同程度的影响。规模越大的企业越愿意倾向于紧密的产业组织模式，环境因素中企业会在政府对中药材产业化扶持力度大、供货商质量可靠或资源和市场成熟度相对较低时选择较紧密的组织模式。同时药农在选择组织模式时也受个体特征、合作组织发展情况、加工企业产业组织模式选择等众多因素影响。综上分析，本节以中药农业组织创新内涵为基础，提出有利于中药农业产业链成员之间建立更加紧密组织模式的创新策略，同时针对中药材初加工企业和种植户选择产业组织模式的影响因素提出相应政策建议。

一、中药农业组织创新的路径

按照前文分析企业组织绩效时技术与制度分析相结合、综合考虑影响内在效率和外在效率因素的思路，提出以下中药农业组织创新可行的路径：一方面在制度维度，通过创新横向、纵向经济合作组织结构，将同类或不同类型中药农业产业组织通过合作、兼并、重组、控股等方式实现要素融合，将分散农户的小生产转变为社会化大生产的组织形式，推动组织间的资源共享、优势互补以及市场互惠（外在效率），实现中药农业组织模式创新的规模经济、范围经济以及协同效应（姜长云，2013）。另一方面，在技术维度，通过创新中药农业组织的商业模式，完善中药农业组织功能，提高中药农业组织的生产和经营管理水平（内在效率）。

（一）创新横向经济合作组织结构

以产业链上游中药材种植为例，为了改善中药材种植“一家一户”的小农经济状态，很多地区由政府引导或药农自发组织成立了中药材种植合作社。传统的中药材种植合作社统一生产管理、共同拓展销售渠道，在一定程度上提高了中药材种植的组织化程度，但其资产规模小、生产标准化程度低，各合作社分散经营，功能单一、综合性服务功能不强，发展局限性较大。针对这些制约因素，可以将同类或不同类型合作社联合起来实现"大合作、大生产"。通过组织创新，一方面可以将生产相似产品或提供相似服务的合作社联合起来，采取"大社帮小社、强社帮弱社"的方式，提高标准化生产水平；另一方面可以将提供中药材种苗、化肥、农业机械等生产要素的合作社联合起来，开展服务和资本合作，优化资源配置，提高合作社的经营利润。

再者一些规模较大的、在中药农业产业链中发挥主导作用的中药材加工企业（龙头企业），以这类中药材加工企业为核心的中药农业产业组织，强调对组织内物流、信息流、资金流等方面管理手段的应用，注重组织运转效率的提高。面对多元化的市场环境，中药材加工企业可以通过与生产性服务企业合作，开展横向一体化组织创新，借助第三方企业的业务优势，完成自身资源的整合，将资源集中于的核心业务，达到快速响应市场需求、降低运营风险的目的。以中药材加工企业的物流管理为例，将传统的自营物流转为第三方外包物流，利用第三方物流企业的专业性提高中药材采购、运输、存储和包装等业务的标准化水平，如此不仅减少了企业的物流资产配置，还利用集约化的物流服务达到提高中药材物流质量管理水平、降低物流成本、提高物流效率的目的。

（二）创新纵向经济合作组织结构

纵向经济合作能够有效实现上下游生产活动的资源互补，随着中药农业产业化经营的纵向推进，目前中药农业已经形成了"企业＋合作社＋农户""企业＋基地＋农户"等纵向一体化组织模式，但这些经济合作组织模式还存在一些发展局限性：从组织内部来看，组织主体间利益机制松散。在不完全纵向一体化的组织模式下，企业根据需求与农户签订合同，并按合同价格向农户收购产品，农户则按照合同要求进行生产。此模式能够确保企业生产原料的来源，农户将中药材采收后直接销售给企业，也降低了中药材的交易成本和市场风险。但是在市场经济波动以及各种监督规范不完善的情况下，企业与农户双方都存在机会主义倾向，如有违约行为，难以继续形成利益共同体。从组织外部来看，组织核心竞争能力低。虽然目前在中药农业产业化纵向发展态势下，部分中药材生产主体已经实现了一定程度的规模化经营。从整体上看，中药农业产业组织模式的集约化、规模化、标准化程度依然处在一个较低的水平。核心企业受制于自身规模的制约，融资和抗风险能力差，在实践中对合作组织的领导能力不足，难以发挥一体化组织的协同优势。

通过组织创新，继续推动中药农业产业组织模式往纵深方向发展，鼓励以龙头企业为中心，联合上游药农、合作社以及下游营销、科研、推广、融资等涉农服务组织，推动中药农业产业组织模式由松散型利益机制转变为紧密型利益机制，全产业链模式发展，提高中药农业产业组织发展的竞争能力和抗风险能力。

（三）创新中药农业组织的商业模式

中药农业组织的创新发展应结合本地资源禀赋，通过组织创新实现中药农业产业链的延伸和三次产业融合发展，引导科技、金融、信息、文化等与中药农业深度融合，创新中药农业组织的商业模式，探索发展中药农业发展和产业化经营的新思路，推动中药农业组织多功能发展。

1. 生产模式的创新

推进现代信息技术在中药农业生产中的应用，发展“智慧中药农业”。结合物联网技术，通过物联网系统的温度传感器、湿度传感器、pH 传感器、光传感器等设备，对中药材生长发育情况进行识别对比，评估土壤水分、肥力、温度等信息，根据中药材种植规范的要求，打破自然条件限制，实现种植环境智能调控。同时还可以将中药材种植过程的相关信息搜集整合起来，建立质量追溯体系，方便中药材的质量管理。

2. 销售模式的创新

发展中药材电子商务，依据中药材质量追溯体系，搭建产销对接平台，整合上游中药农业生产组织，与中药饮片、中成药生产企业等下游需求端完美对接，形成中药材供求两端信息闭环，缩减交易成本，创新中药农业组织经营的商业模式。还可以利用期货市场开展中药材套期保值交易，规避市场价格波动风险。

3. 服务模式的创新

随着消费观念的升级，人们对中药材的需求除了安全有效之外，还上升到与中药产业体验和互动层面。中药农业组织的商业模式创新应以市场需求为导向，以区域资源禀赋为基础，拓展中药农业休闲旅游项目，以观光休闲、健康养老、高科技现代农业为特色，丰富中药农业组织功能，提高中药农业产业化经营的附加值。

二、中药农业组织模式创新的建议

根据本章第三节中药农业组织模式选择影响因素的研究结果，下面主要从改善中药农业产业组织内部环境、促进有利于组织创新的外部环境建设两个方面提出有利于中药农业组织模式创新的建议。

（一）改善中药农业产业组织内部环境

1. 促进中药材初加工企业与药农的紧密合作

首先，应大力发展中药材专业合作组织。前文分析了初加工企业较少选择与专业合作组织合作的原因，即在于该类组织自身发展尚处于起步阶段。通过政府引导农户成立专业合作组织，如中药材种植协会、销售合作社等，提高药农的组织程度，降低企业与药农之间的交易成本。

其次，密切初加工企业与药农的合作关系。公司与农户之间合作关系的建立有一定条件，即企业生产具有专业化和规模化的特征，如果企业经营模式是“小而全”或“大而全”，那么与药农直接合作难以实施。企业与药农的合作主要通过基地模式，建立多样化的利益联结机制，如签订生产合同、反租倒包（公司和农民签订土地经营权租用合同后再聘用农户种植）、入股（农户和公司共同持有基地股份）等，药农可以根据自身的愿望和能力选择。同时完善外部法治体系，减少中药农业产业化经营主体，解决契约纠纷的时间与费用，保护契约各方的正当利益。

2. 引导中药材初加工企业专业化、规模化发展

前文分析了以基地为代表的紧密模式目前还不是主流模式的原因：一方面，目前的中药材初加工企业生产的专业化程度较低，企业规模偏小；另一方面，中药材的生产处于分散小规模种植阶段。中药材初加工企业规模总体偏小，企业生产品种较多，同质化严重。规模小的企业更愿意采用灵活的市场交易，而密切与农户的合作关系，关键在于龙头企业的带动。因此，要引导中药材初加工企业专业化、规模化发展。政府可以通过制定产业政策引导企业专业化生产，如可以在企业生产经营范围上予以限定，在中药饮片采购招标中制定一些倾斜政策。在规模化生产上可以在资金、土地流转和技术等方面提供支持。

（二）促进有利于组织创新的外部环境建设

前文分析表明，环境因素制约产业组织模式的选择。政府要在支持中药农业组织创新方面创造良好的外部环境。政府可以从加强组织模式创新相关政策支持、健全社会化服务体系等方面入手，实现诱致性制度变迁。

1. 加强相关政策支持

政府应加强相关政策支持，解决土地、资金、人才等要素配置问题。可以从以下三个方面入手：一是加大对中药农业产业化经营主体建设用地方面的支持力度，推进农村土地确权颁证、“三权分置”改革，完善农地经营权流转交易市场，为实现中药农业规模化经营创造有利条件。二是加大对中药农业产业链主体的财税支持力度，制定财政贴息、融资担保、税收优惠等专项资金支持政策，引导中药农业组织模式创新。鼓励金融机构开发符合中药农业产业链主体需求的信贷产品，减少资金不足对组织模式创新的限制与约束。三是开展中药农业专业技能培训、推广服务，提高专业水平，培养现代化中药农业实用人才。

2. 建立健全社会化服务体系

首先，适当放宽中药农业企业的市场准入，优化新型农业经营主体的工商登记注册行政审批程序。其次，建设中药农业新型经营主体培训基地，以“企业家精神”“企业家素质”“企业家能力”为主要内容培育各类新型经营主体，为发展现代中药农业提供新载体。最后，加强宣传引导与咨询服务。积极开展中药农业组织创新示范创建活动，加强各类组织模式创新的成功案例进行宣传和推广。搭建综合信息服务平台，提供市场供求、涉农政策、新技术及新品种应用、金融保险等方面信息服务。

第六章　中药工业创新发展

随着现代化进程的加快，现代中药工业生产中运用了一些新辅料、新技术、新工艺与新设备，改进和发展了一些新剂型。中药饮片炮制加工从前店后厂式的家庭手工作作坊形成了一个新的产业即现代化的中药饮片工业（技术创新、标准创新）；中药剂型从丸、散、膏、汤等发展到针、片、水、粉等（产品创新、工艺创新），中药制作从手工生产到工厂生产（产业主导型工艺创新），形成了中成药制造产业；麻黄素、青蒿素的出现（产业核心技术和关键技术创新、产品创新），则催生了中药材提取物（中间体）产业；人工牛黄、人工麝香的诞生（原料技术创新）标志着人工合成中药产业的形成；此外还形成了中药药用辅料、药用包装材料（材料、产业共性技术创新）产业，中药制药机械产业（产业共性技术创新）等。然而，从整体的产业发展情况来看，中药工业创新能力不足，产业链延伸能力差，仍处于价值链的中低端，中药工业的现代化、国际化进展缓慢，产业竞争优势不明显。

中药工业创新的最终目标是提高产业竞争力。在本章研究中，对中药工业创新升级的障碍因素进行分析，同时在把握创新需求和创新发展趋势的基础上，进一步研究中药工业创新发展对策。研究内容具体包括：① 中药工业创新升级障碍分析——基于波特-邓宁模型。波特（1990）的“钻石模型”理论可以解释一国产业竞争优势的来源，已被许多学者认同，并运用该理论分析生物医药产业的竞争力提升问题，从产业扶持政策、强化企业技术创新能力、完善相关支持性产业的配套措施、发挥产业集群分工等方面提出对策建议。随着经济全球化进程的不断推进，英国学者邓宁（1993）把跨国公司的活动添加到波特的钻石模型中，形成了“波特-邓宁模型”。“波特-邓宁模型”理论能够从中观层面把握中药产业发展的状况。因此，本章以安徽中药产业和核心企业为例，运用波特-邓宁模型对安徽中药工业创新发展的障碍因素进行全面分析。② 中药工业创新关键环节分析。借鉴 Freeman（1974，1987，1997）的观点，从纯技术、创新链以及产业创新三个维度解析中药产业升级过程中的关键环节。聚焦产业链、创新链关键环节，瞄准制约产业转型升级的技术短板和工艺流程，把握创新需求。③ 中药工业创新发展趋势与对策。在创新升级障碍因素和创新关键环节分析的基础上，借鉴发达国家生物医药产业的发展经验，结合我国中药产业发展的实际，分析中药工业创新发展的趋势，进而提出中药工业创新发展的对策。

第一节　中药工业创新升级障碍分析——基于波特-邓宁模型

1990 年，美国著名学者波特在其经典著作《国家竞争优势》中，提出了钻石模型理论。钻石模型理论是一个互动的体系，主要包括生产要素、需求条件、相关产业和支持产业的表现、企业的战略、结构和竞争对手、机会角色和政府角色内外六要素，呈现出由客户到供应商的垂直分布，或由市场、技术到营销网络水平关联。后来英国学者邓宁(1993)将跨国公司的活动也添加到波特的钻石模型中，从而形成了波特-邓宁模型。其理论体系如图 6-1 所示。

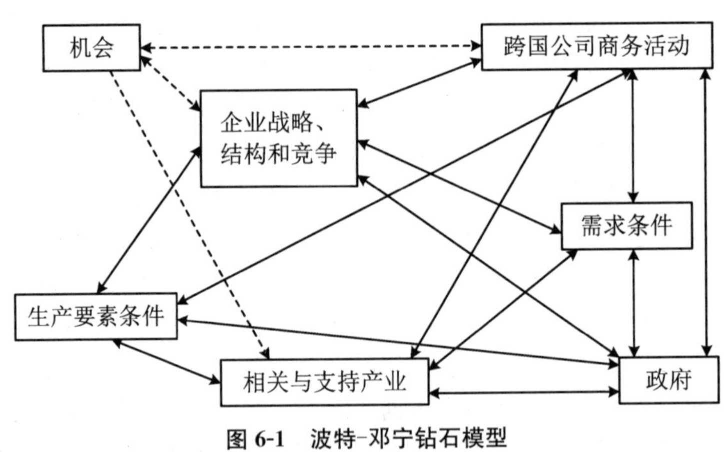

图 6-1　波特-邓宁钻石模型

下面根据对安徽中药产业的实地调查和问卷调查，运用波特-邓宁钻石模型分析安徽中药工业发展的生产要素、市场需求、相关与支持性产业、企业战略结构和竞争四个主要因素，以及政府、机会和跨国公司商务活动三个辅助因素现状和创新升级障碍。

一、数据来源和样本分析

本节采取抽样调查的方法，于 2014 年 7～8 月对安徽省 15 个地市的 112 家中药企业进行调研，其中皖北（亳州、阜阳、淮北、淮南、蚌埠、宿州）六市 73 家，皖西（六安、安庆）5 家，皖南（黄山、宣城、芜湖、铜陵、马鞍山）23 家，皖中（合肥、滁州）11 家。中药饮片企业 52 家，中成药企业 25 家，中药材相关产品生产企业 10 家，混合经营企业 25 家。

本次调研采用问卷调查的形式针对企业中层以上管理人员发放了 560 份问卷，其中有效问卷 494 份，有效率达到 88.2%。问卷围绕波特-邓宁模型中生产要素、需求情况、相关产业和支持产业、公司战略与竞争、政府行为、机遇以及跨国公司 7 个要素，设计了 37 项二级影响因素。问卷采用李克特 5 分量表法，1 表示完全不赞同，5 分表示完全赞同。通过对数据的收集和处理，分析安徽省中药产业的现状和转型升级的障碍。

采用 KMO 和 Bartlett 法检验影响调查量表的效度结构，表 6-1 检验结果表明：数据的 KMO 检验值为 0.943＞0.90，Bartlett 球度检验结果显示，显著性概率为 0.000（$P<0.01$），因此，拒绝 Bartlett 球度检验的零假设，表明问卷的效度结构很好，适合做因子分析。在信度检验方面，采用 Cronbach's α 系数法进行检验。表 6-2 结果表明，此次调查数据的整体 Cronbach's α 系数值为 0.941，大于 0.6，表明调查问卷的内部一致性较好，此次调查数据可信度结果较好。

表 6-1　安徽中药工业波特-邓宁模型的 KMO and Bartlett's Test 分析

KMO 适切性量数	0.943	
巴特利特球形度检验	近似卡方	7.102E3
	自由度	666
	显著性	0.000

表 6-2　安徽中药工业波特一邓宁模型的 Cronbach's α 分析

克隆巴赫系数	基于标准化项目的克隆巴赫系数	项目个数
0.941	0.951	37

二、安徽省中药工业发展状况

（一）安徽省中药工业发展的生产要素条件状况

安徽省中药工业生产要素评估得分为3.85分，生产要素的各要素得分见表6-3和图6-2。由调研结果可以看出，在要素条件方面，安徽省在区位条件、基础设施条件、电力供应方面有一定优势，但也存在着技术人才、营销与管理人才的短缺，而在融资环境、研发技术条件方面，存在着较为明显的短板。具体要素条件状况如下。

表6-3　安徽省中药企业对波特-邓宁模型影响因素的评估得分表

要素	二级要素	分值	要素	二级要素	分值
生产要素	区位条件	4.09	公司战略与竞争	在本市的发展目标	2.32
3.85	基础设施条件	4.04	3.17	企业间竞争程度	3.64
	电力供应	4.02		企业间合作程度	3.56
	劳动力	3.89	市场机会	新增市场	3.53
	技术人才	3.76	3.35	产品升级换代市场	3.52
	营销与管理人才	3.80		开辟独特新市场	3.28
	技术研发条件	3.67		海外市场	3.01
	融资环境	3.53		政策性市场	3.40
需求条件	国内需求规模增长	3.69	政府政策环境	招商引资政策兑现	3.73
3.47	国外需求规模增长	3.23	3.80	领导重视程度	3.90
	国内需求层次	3.75		政府服务效率	3.83
	国外需求层次	3.24		政策性支持力度	3.74
	国内外需求趋势	3.42	跨国公司经营	外国公司技术研发水平	3.32
相关产业和支持产业	上游产业配套能力	3.58	3.2	外国公司管理水平	3.40
3.54	中药物流业	3.70		外国公司生产工艺水平	3.24
	网络销售服务业	3.46		外国公司品牌影响力	3.19
	研发服务业	3.44		外国公司产品质量水平	3.35
				本企业跨国投资效果	3.00
				本企业跨国销售效果	2.90

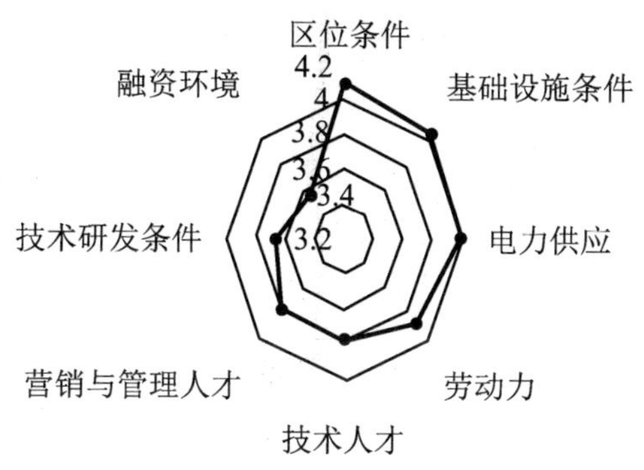

图 6-2　要素条件

1. 区位条件和基础设施优越

安徽省是长江淮河两大气候带的过渡地区，药材资源丰富，区位条件得天独厚。属于华东地区，“长三角”的腹地，城市建设良好，基础设施完善。

2. 劳动力丰富

2014 年末人口数 6083 万，居全国第 8 位，农村剩余劳动力的数量在 2012 年达到了 1498 万，有丰富的劳动力资源。

3. 中药产业技术研发和专业人才相对落后

从调研数据看，有 43.7%的企业没有成立研发机构，缺乏研发技术条件和专业技术和管理人才。

4. 融资环境较弱

从调研数据看，销售收入在 5000 万以下的企业占 31%，1 亿元以下的占 61.2%，中小型中药企业融资的困难限制了企业的进一步发展，也难以引进先进的技术设备开展研发。

（二）安徽省中药工业发展的需求要素条件状况

安徽省中药工业需求条件要素评估得分为 3.47 分，需求条件的各具体要素得分见表 6-3 和图 6-3。

1. 国内需求规模和层次增长明显

近二十年来，我国中药产业年均保持近 20%的增长速度。随着人类疾病谱转变即慢性非传染性疾病的增多，加上我国人口老龄化趋势加剧，中医药产业的独特优势在医药产业中凸显，国内中药的需求规模和层次将稳步增加。不断提高的需求层次刺激了安徽中药产业结构升级发展。近年来，安徽省亳州市正积极打造中药工业“七条龙”，即饮片、成药、提取物、保健品、兽药、日化和杀菌剂，重点发展中成药制造，逐步实现安徽中药产业的深加工。

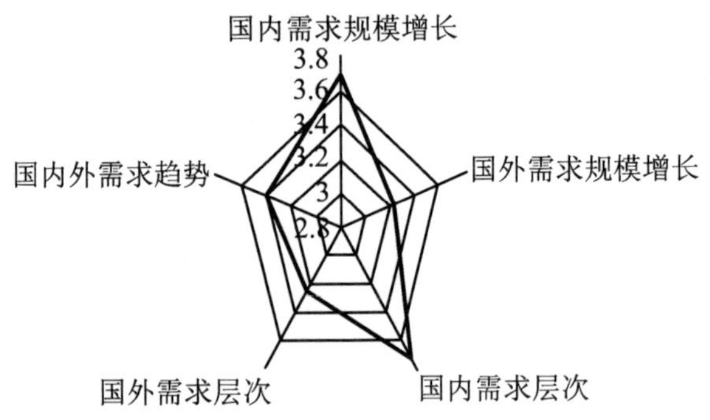

图 6-3　需求条件

2. 国外需求规模增长进展缓慢

中国香港、日本、韩国、中国台湾和东盟仍是中药最主要的出口市场，占据整个中药材及饮片出口额的 85.3%，其他市场拓展缓慢，同时出口的产品主要集中在传统中药饮片和中药材原料，绝大多数中成药难以以药品的身份进入欧美市场。从中药国际化看，做到"两个基本讲清"、开展循证医学研究是关键所在，但目前国内中成药仅有地奥心血康进入了欧盟市场；复方丹参滴丸、血脂康、扶正化瘀胶囊、康莱特注射液等 9 个中药获得美国 FDA 新药临床研究申请，中药的国际化道路任重道远。

（三）安徽省中药工业相关产业支持产业发展概况

安徽省中药工业相关产业和支持产业要素评估得分为 3.54 分，通过调查结果可以看出，安徽省中药工业的中药物流业、上游配套能力较好，但研发服务和网络服务业滞后。相关产业的各要素得分见表 6-3 和图 6-4。

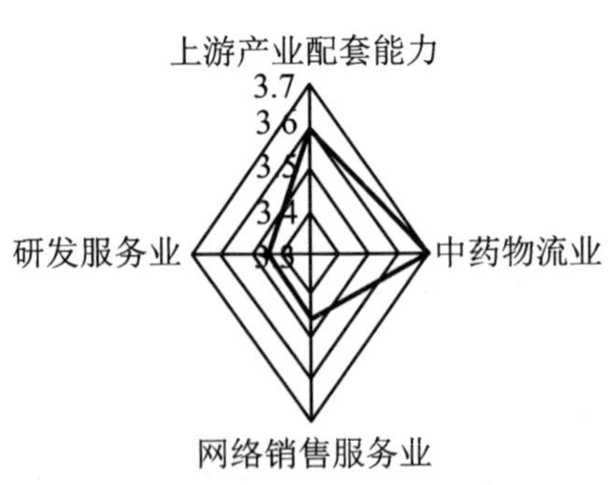

图 6-4　相关产业和支持产业

1. 中药物流业较好地满足了相关企业的需求

2014 年中国（亳州）中药材交易中心交易额超过 260 亿元，居全国同类市场首位，有5家中药材专业网站，120多家中药材专业物流企业，其中康美（亳州）公司、珍宝岛（亳州）公司、太安堂药业的中药材物流在全国具有一定影响力。药通网被商务部认定为首批中药材电子商务示范平台。

2. 安徽省中药工业的上游产业配套能力较好

亳州中药产业形成了"农业种植＋专业市场＋产业集群"的互动发展模式。安徽中药产业上游中药材资源丰富，中药材种植具有一定比较优势，但规模化、规范化的种植基地需要进一步扩大，同时也缺乏规范化的种子种苗企业。

3. 研发服务业和网络销售服务业较为薄弱

从访谈和调研中发现，安徽中药工业研发能力较弱，与之配套的科技中介、咨询、技术推广、信息技术与管理服务等子产业目前处于起步阶段。

（四）安徽省中药工业发展的企业战略、结构和竞争

安徽省中药产业公司战略与竞争要素评估得分为3.17分，调查结果显示，企业间竞争较为激烈，合作需要加强。公司战略与竞争状况的各要素得分见表6-3和图6-5。

图6-5　公司战略与竞争

1. 呈现出紧密合作和充分竞争的态势

中药产业虽然具有悠久的历史，但是规范化发展的时间并不长。安徽省中药产业大部分为中小企业，行业规范程度有待提高，企业之间竞争激烈。同时，大型龙头企业之间由于具有相对独立和稳定的销售渠道，企业间多致力于维系技术交流、建立良好的沟通关系，具有紧密合作的特征。

2. 战略和结构亟待提升

从企业战略看，企业发展目标有待提升。调研结果显示，有69.8%的样本企业将未来5年的销售收入目标确定在5亿元以下。此外由于安徽中药企业大多处于产业价值链中低端，以中药饮片加工和中药材相关产品等初级产品为主，附加值较高的中成药所占份额较少。

3. 以技术创新为核心的竞争优势尚未确立

中药企业的核心竞争力主要来源于创新和研发能力，但安徽省中药产业研发

能力较弱，还未形成产学研创新的机制，研究主体单一，外包研发企业服务内容单一，主要是临床试验和新药注册代理工作；新药研发力量弱，缺乏具有自主知识产权和核心竞争力的产品。仅有 18.5%企业认为其竞争优势来源于技术，31.4%的认为来源于多元化，37.8%的认为来源于专业化，成本领先的占 10.5%，其余占 1.9%。

（五）安徽省中药工业创新升级的市场机会点

安徽省中药工业机会要素评估得分为 3.35 分，显示安徽中药企业对产业市场机会表现出谨慎的乐观状况，各具体要素得分见表 6-3 和图 6-6。

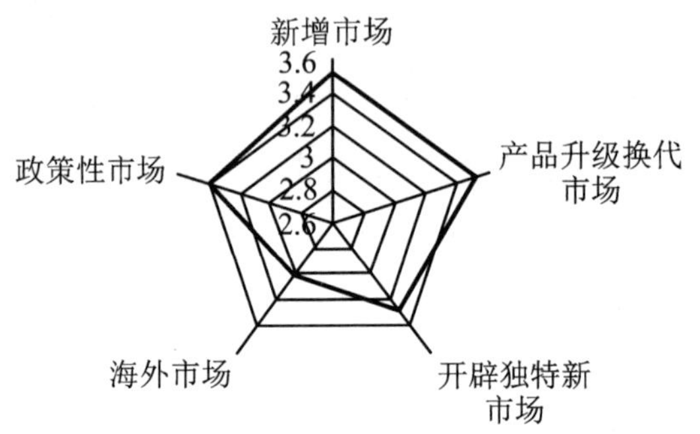

图 6-6　市场机会

1. 新增市场和产品升级换代市场前景较好

由于人类疾病谱的变化和人口老龄化趋势，包括中药产业在内的健康产业有良好的市场前景，中药产品从生产到营销也面临着升级换代市场的新要求。互联网的快速发展给传统中药产业的发展带来了新的机遇，结合了“互联网＋”和 O2O 的中药电商平台通过标准化的供求信息，突破了药材分散“地摊式”经营模式，实现中药材的网上交易。如位于亳州的“药都网”通过搭建供求信息查询系统，发布海量供求信息，促成交易；同时利用网上交易产生的“大数据”，以技术手段生成中药材价格指数，成为行业风向标。

2. 海外市场拓展压力大

近年来，特别是欧盟提高了植物药进口标准，中药进入海外市场仍面临诸多技术、法律壁垒，安徽中药企业对海外市场持谨慎态度。

（六）安徽省中药工业发展的政策环境

安徽省中药工业政府政策环境要素评估得分为 3.80 分，企业对政府政策环境总体满意度较高，但招商引资政策兑现程度和政策性支持力度有待提高，各要素得分见表 6-3 和图 6-7。

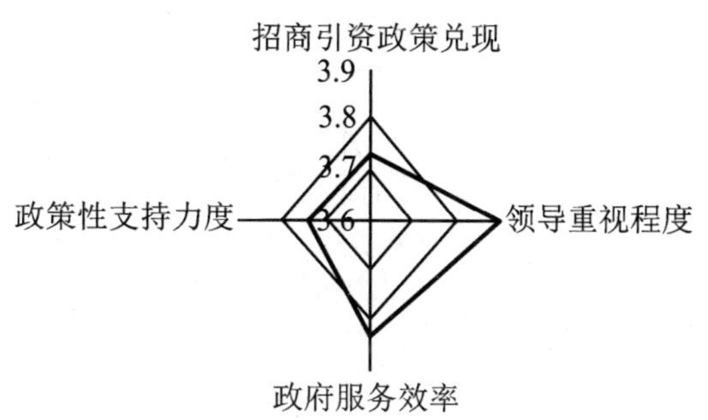

图 6-7　政府政策环境

1. 政府高度重视

安徽省各级政府高度重视中药产业发展，但企业认为政策性支持力度不够，招商引资政策兑现不到位。安徽“十二五”规划将战略性新兴产业（含中药材产业）列入“861”行动计划中重点发展的八大产业之首，力争将中药材产业打造成千亿元产业；2011 年科技部批准安徽建设国家中药现代化科技产业基地。2010 年，安徽省政府出台了《关于加快中药材产业化发展的意见》和《安徽省中药材产业化“十二五”发展规划》等相关政策文件，各地也制定了细化的实施方案。安徽省各级政府对中药产业高度重视，但如何使政策真正落到实处，使我省中药产业从大到强仍需要各级政府加大执行力度。

2. 相关配套服务体系不健全

目前，企业对融资环境评价不高，商业银行和政策性银行缺少针对中小型企业的融资产品。对行业公共服务平台投入不足；专业化自主研发机构数量少、规模小、内容单一。

（七）安徽省中药工业的国际化

调查过程中发现，安徽中药企业以内销为主，开展进出口贸易的样本企业很少，有效问卷为 45 家，从已获得资料看，安徽省中药产业跨国公司运营要素评估得分为 3.2 分，安徽中药企业开展国际贸易状况不佳，跨国公司的各要素得分见表 6-3 和图 6-9。

从样本企业调查看，企业对世界制药企业植物药市场的占领情况了解不多，从而对其评价得分不高。目前全世界已有 124 个国家建立了各种类型的中药研究机构，有 170 多家公司和 40 多个研究机构正在从事天然药物的新药开发，部分跨国公司进入中国，致力于中草药的有机种植研究、提取物研发及保健美容功能研究。到目前为止，安徽省尚未有跨国企业从事中药行业的典型案例。

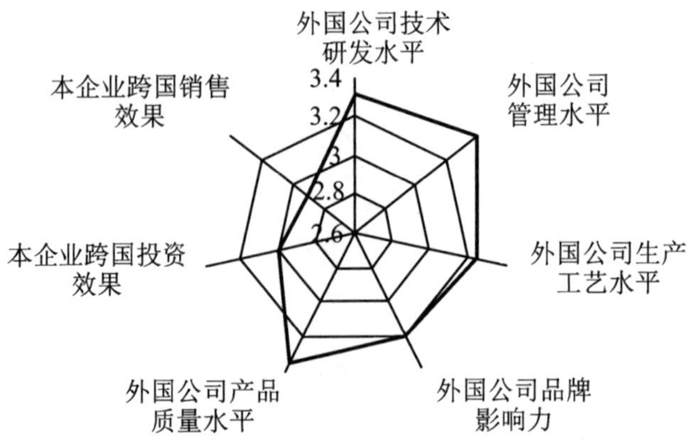

图 6-8　国际贸易

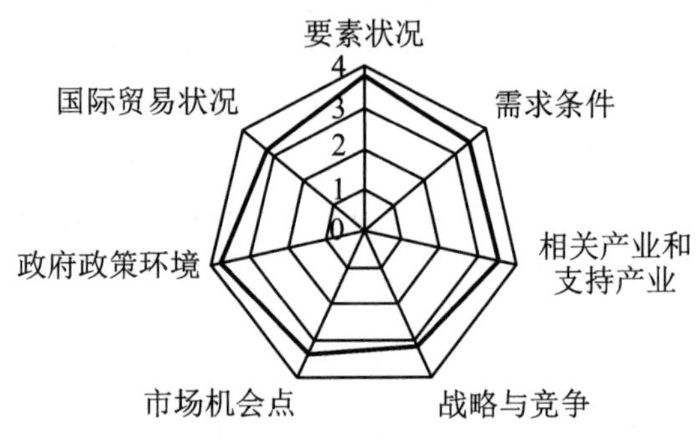

图 6-9　七要素总体得分表

(八) 小结

根据统计结果,基于波特-邓宁模型的分析表明,安徽中药工业发展的总体状况一般,这与安徽中药资源大省地位不匹配。具体而言,安徽省要素状况良好,基本要素完善,政府政策环境良好。企业对未来市场保持谨慎乐观,当前的需求条件无论规模和结构都面临一些变化,升级换代市场机会多,但海外市场和新增市场难度大。中药相关产业及支持产业较为完善,配套能力强,但仍有进一步改善的空间,其中网络销售服务亟待提升。企业战略、结构和竞争、跨国公司运营相对薄弱,需要进一步提升。

三、安徽中药工业创新升级障碍分析

根据以上分析,结合现场访谈,安徽中药工业创新升级在高级生产要素、产业集聚、企业战略与结构、协同创新体系、国际竞争力提升等方面存在一定问题。

（一）高级生产要素需要进一步完善

波特认为生产要素分为初级（基本）要素和高级生产要素。企业普遍对区位条件、基础设施、电力供应、劳动力等基本要素状况评价良好，但同时也应该看到安徽中药产业尚未完成转型升级，当前面临劳动力、土地成本提高的压力，需要做好安徽中药产业的基本要素保障，提升高级生产要素。中药产业的技术研发条件、融资环境还很薄弱，大多数企业没有设置研发中心，技术人才、营销与管理人才仍相对短缺。

（二）产业集聚效应尚需进一步加强

目前，安徽中药企业主要集聚在皖北的亳州市，形成了具有一定规模的中药产业集群；其次为皖南，但企业尚未形成集聚；皖西、皖中分布企业较少。因此，要结合安徽中药资源的空间布局，推动当地中药工业的发展。同时，从调研结果看，相关支持性产业发展并不协调，研发服务业和网络销售业发展滞后，大型物流企业较少，是阻碍安徽中药产业链条进一步完善成熟的主要因素。因此，促进安徽中药产业发展，亟须进一步加强高端配套产业。

（三）企业战略结构尚需进一步提升

1. 战略上要规模与质量并重

以上调研和分析表明，安徽中药工业总量不大，企业战略目标设定较小，首先面临着做大总量的问题。目前仅有18.5%企业的竞争优势来源于技术优势，其余均为多元化、专业化和成本优势，而医药行业技术密集型的特点决定必须加大研发投入，构建协同创新体系，形成以技术创新为核心的竞争优势，才能提高安徽中药产业的竞争力。

2. 产品结构需要进一步优化

从产品结构看，主要以初加工为主，深加工所占比例不高，需要进一步提高中药产品加工深度，促进中药工业创新升级。

（四）产业协同创新体系亟待进一步完善

总体而言，安徽中药工业创新能力不足，产业创新成果不明显。中药企业与高校、科研院所合作不密切，无法充分汲取基础研究、应用基础研究的新知识、新成果；中药企业间以竞争关系为主导，竞争性企业间、上下游企业间的深度合作创新活动较少，产业关键技术、共性技术难以取得实质性突破；研发服务产业、科技创新中介机构发展相对滞后。因此,促进安徽中药产业发展,亟待构建和完善中药产业协同创新体系。

(五)国际化进程仍需进一步推进

伴随着经济全球化深入发展、世界植物药市场规模和结构的变化,安徽中药产业面临的国际竞争压力不断增大。目前安徽中药企业国际化进程存在如下问题:投资范围方面,安徽中药企业以国内市场投资为主,海外市场投资比率明显偏低;发展战略方面,安徽中药企业国际化经营主要以销售产品为主,研发、生产、销售和服务一体化体系建设不足;国际影响力方面,安徽中药企业出口以中药材和中药饮片等初级产品为主,主要面向东亚和东南亚市场,影响力有限。因此,促进安徽中药产业发展,需要积极推进企业国际化进程。

第二节　中药工业创新关键环节

本章借鉴 Freeman(1974,1987,1997)的观点,从以下几个维度解析中药工业创新升级过程中的关键环节:首先,从纯技术角度研究中药工业内部升级的关键节点,包括设备技术创新、中间品技术创新、产品创新等。其次,从创新链角度,包括产业共性技术创新、产业主导型工艺创新、标准和主导设计创新、产业核心技术和关键技术创新等技术创新链节。最后,从产业创新角度,研究新产业的变革和演化问题。

一、中药工业内部创新节点

(一)生产设备创新

制药技术是保证药品质量的关键。中药现代化战略实施以来,我国中药制药工业从 20 世纪 70 年代以“机械化和半机械化”为主,到 20 世纪 90 年代进入到“管道化、自动化和半自动化”发展阶段,目前中药制造开始运用现代信息技术、过程控制技术、过程分析检测技术等高新技术推动传统中药工业向智能化的高效、节能、集成现代中药工业转变(程翼宇,2016)。围绕中药智能制造技术的创新突破,我国中药制药设备还有一些问题需要着重解决:首先,生产设备普遍存在粗放、低效、高耗等问题，工艺与装备不适应中药生产，制药生产效率低、药材利用率低，缺乏有效的质控手段。其次，制药程序由多个单元工艺组合而成，制药装备间相互脱节，尚未实现整个制造技术的集成与优化，行业科技创新能力有待提高。最后，制造技术相关软件研发投入不足，限制了信息化、智能化技术的发展。

目前，国际制药装备机械化、自动化程度日趋成熟，在我国药品质量控制要求日趋严格以及中药国际化发展的背景下，加快制药设备创新，推动现代化信息技术、系统科学与工程等先进制造技术的应用，提高中药制药工艺的高效化、低碳化，制药设备的集成化、自动化，中药生产系统的智能化、数字化与网络化，对于保障药品质量、提高生产效率以及行业可持续发展具有重要意义。

（二）中间体技术创新

中药提取物是利用现代医药新技术对中药材提取，得到的具有相对明确药效物质基础的中药制剂中间体。中药提取物生产规范化与质量标准化，是确保中药质量稳定可控、推动中药制造现代化发展的关键步骤。采用先进技术促进中药提取物产业化是中药工业技术创新的重要任务。随着我国中药现代化进程的不断推进，近 20 年来出现了超临界萃取、微波萃取、超声提取、酶提取、组织破碎提取、大孔树脂吸附、膜分离等许多新的提取工艺和技术，在中药提取技术的基础和应用研究方面取得了很多成绩。中药提取物的比例越来越高，但当前提取新技术的研究和开发多限于单味药，复方中药提取适应性和药效等研究较少；另外，中药提取机制不清，缺少必要的证据支持，中药提取物的标准规范工作也相对滞后。在技术发展上，一方面，当前这些提取技术基于其特点和适用范围具有不同的优缺点，目前还没有一个相对理想的提取技术；另一方面，局限于单一技术的发展和不同技术的比较研究，缺少与分离等其他技术的集成研究。中药提取技术仍是当前中药现代化发展的主要瓶颈。

（三）产品创新

目前，我国中药工业已经形成了以中药饮片、中成药等核心产品为主，药用辅料、包装材料以及制药设备等配套产品以及中药保健食品、日化、兽药等衍生品为辅的多元化产品结构。随着经济发展和生活水平的提高，人们对中药产品治病与保健的需求日益增长，个性化、多样化消费成为主流。但目前中药产品结构仍存在产品层次低、同质产品多、创新产品少等问题，具体表现为：粗加工、低水平产品较多，无序竞争问题突出，产品市场集中度低；中成药大品种与中药保健品、特殊医学用途配方食品、高端医疗器械、化工替代型中药衍生品、中药机械设备等高附加值产品种类少且生产规模小；传统品种较多，创新品种少；新药研发以仿制品种为主，创新品种以及独创品种较少。当前消费模式的变化对中药产品结构提出了新的要求,中药工业创新应以市场为导向,以科技为动力,通过创新和重大关键技术突破,逐步实现中药产品结构调整,使产品更适合医疗市场需求。

二、中药工业技术创新链节

中药工业应嵌入在全产业链中的技术创新链,包括产业共性技术创新和关键技术创新、产业主导型工艺创新、标准和主导设计创新等技术创新链节。

产业共性技术创新。药学基础性研究、研发体系、质控体系、科技平台(如孵化器、加速器)等产业共性技术是中药工业创新发展的源头和保障。但当前中药工业科研能力薄弱,产业共性技术供给主体不清,缺乏有效的机制支持和政策保障,专业人才队伍和资金支持不足,无法支持产业共性技术研发。

产业关键技术创新。当前中药工业的产业层次整体水平较低,市场上产品同质化严重,中药品种低水平重复,无序竞争问题突出,缺乏国际市场竞争力。需要通过中药材制成品、创新饮片等中药材深加工关键技术研究、中成药二次开发等关键技术的创新,加快中药新药研发,提高产业核心竞争力。

标准和主导设计创新。中药产业的标准创新,是中药现代化和国际化的必经之路。由于中医药具有一套独特的理论体系,在标准创新上既要符合传统中医药理论,又要能够被国际医药主流市场认可,创新难度很大。在目前实施中药饮片和中成药生产的 GMP 规范基础上,结合新技术、新方法继续深入基础研究,制定一整套中药工业的产业标准体系,包括中药产品的质量控制、安全评价、临床应用以及生产操作标准等。

三、中药工业融合创新

中药工业产业创新主要包括两个方面:一方面,推动中药工业通过产业交叉融合与产业链上下游拓展,使产业内部结构趋于扁平化,产业边界不断模糊化,打破传统产业链之间界限,促使市场经营规模不断拓展,逐步构建全产业链整合模式;另一方面,推动中药工业与其他产业的融合,如信息产业,促进新产品、新技术、新结构以及新产业的发展。

中药工业与上下游产业的交叉融合。在产业链的上游,采用订单带动、利润返还、股份合作等利益联结方式,给药农提供种苗和技术支持,并定期收购药农的农产品,以保证原材料的来源及品质,拓展企业的经营范围。向产业链下游,通过与中药商业、知识业融合发展,引进科技、人才、市场、金融、信息等战略性生产要素，加快中药领域生产性服务业和服务型制造发展。

中药工业与其他产业的融合。利用高新技术改造传统中药工业生产流程，提高中药制药技术含量。例如，通过与信息产业的融合，利用制药工业物联网构建中药工业信息智能管理系统，通过可视化技术将制药工序转变成清晰易懂的制药数据信息；利用大数据技术对海量数据进行提炼并挖掘出有价值信息，这些信息可以应用于改善中药工业的过程管控模式、提高药品质量、降低能耗和物耗、预测制药过程结果、避免生产事故、提高生产效率等。

第三节　中药工业创新发展趋势与对策

一、发达国家生物医药产业发展趋势与启示

目前欧美发达国家的生物医药产业已发展到相对成熟的阶段，在研发、生产、营销服务等方面在全球具有明显的竞争优势，正不断向着高度的集群化、产业化、专业化方向发展。本节试图通过对欧美生物医药产业发展现状及趋势的探索，希冀为我国的生物医药产业探寻创新发展带来一些启示。

（一）欧美发达国家生物医药产业发展现状及趋势

1. 欧美发达国家生物医药产业发展现状

（1）生物医药产业规模稳步增长。目前，全球生物医药产业主要集中分布在欧洲、美国、日本等发达国家和地区。以美国为例，其生物医药产业总产值占GDP的17%左右，生物医药产品在全球市场占据主导地位，全球90%生物药品来自美国的著名企业，如默克、强生、罗氏、诺华等。

（2）生物医药产业集群发展较为成熟。欧美发达国家生物医药产业集群中聚集了为生物医药发展提供科技、理论基础的高校和研发机构，并积极与生物医药领军企业、世界知名风投公司及一批新创企业开展合作，各企业互相作用，形成了良性循环的产业链。

（3）生产、销售国际化趋势加强。越来越多的跨国公司为了降低成本，增强竞争力，通过合资或合作的形式将原料药生产企业建立在发展中国家。随着市场细分程度的提高、新媒介的应用、合同营销整体市场容量的提升，一些企业将自身业务专注于某一个服务领域，注重打造核心竞争力；部分顾问公司向横向或纵向领域

拓展,为客户提供整体的解决方案策划和执行,一站式合同营销组织已经开始出现。

2. 欧美发达国家生物医药产业发展趋势

(1) 欧美生物医药新产品更新快。近年来欧美生物医药新产品研发速度持续保持增长态势。2018 年,根据美国食品药品管理局(FDA)批准了 59 个新药,打破了 1996 年批准 53 个新药的历史记录(Mullard,2019)。

(2) 各个产业集群间协同合作不断加深。除了生物技术领域内部各部门的合作外,发达国家生物医药企业逐步走向产业协同发展的模式,如建立统一的临床试验方法和开发获得真实数据的标准;生物技术研发公司与大型制药企业为达到资源合理利用也逐步开展竞争前合作。

(3) 重视天然药物市场。随着欧洲消费者对天然保健产品逐渐产生兴趣,欧洲生物医药市场对植物药品的需求日益增加。据统计,目前欧洲植物药市场规模约为 70 亿美元,约占全球市场的 45%,平均年增长率为 6%。

(二) 欧美发达国家生物医药产业发展特点

1. 产业政策支持程度高

发达国家生物药品公司在产品研发阶段受到政府政策、法律法规及经济上的大力支持。美国 FDA 简化新药申报表、申报检验程序,延长药品专利保护期限;欧盟加紧"医药产业政策"的修订,改进药品销售许可审批制度;欧洲制定了"创新药物计划(IMI)",加大对创新药物研发经费的支持等。

2. 产业合作水平高

除了传统医药生产企业内部研发的研发模式,发达国家医药企业间加强了研发合作,促进了更加专业化的合同研究组织(CRO)迅速崛起,研发服务外包成为一大发展趋势。此外,近年来许多大型公司将业务的生产制造部分向低成本地区转移。同 CRO 一样,合同生产组织(CMO)主要为大的垂直一体化制药公司和药物发现公司提供生物技术药物某些或全部制造的外包服务。委托外方生产加工(代工生产)成为发达国家生物医药产业生产阶段发展的最重要趋势。

3. 雄厚的科学研发基础

一方面,欧美发达国家生物医药研发起步早,在悠久的传统药品发展历史中积累了较为全面的实验数据与资源,具有先天的基础优势。另一方面,跨国公司的研发协同网络模式比较丰富,包括集中型研发协同网络(下属公司和实验室以总公司为核心,与之进行不同程度的合作,如德国拜耳公司)、分散型研发协同网络(下属公司和实验室主要依据总部制定的研发战略,各自分别与其他企业进行独立的协同研发,如诺华医药公司)以及路径型研发协同网络(子公司中的专家与总部专家、企业外专家进行协同研发，以巴克斯特公司为例），研发基础良好。

（三）对我国生物医药产业升级发展启示

1. 加大对生物医药升级发展的扶持力度

一方面，从宏观上来看，我国生物药研发多以仿制药为主，自主研发生物药专利受到资金、技术、人才等多方面限制。应在鼓励尖端生物仿制药的基础上，积极推进自主研发生物科技的发展，建立符合我国国情的自主创新扶持政策。另一方面，地方政府应重视高新区的整合载体作用，积极推进当地生物医药产业发展，因地制宜建立地缘性生物医药产业集群。积极促进创新链和产业链的紧密结合，使专项实施与区域经济发展良好对接。密切关注大型企业和科技型中小企业的发展需求，提高地方性生物医药产业集群的综合竞争能力。

2. 建立健全我国生物医药产业链

（1）缩小产业集群间差距。依据各地区产业基础、研发技术、金融支撑、人才储备等方面实力的不同，目前我国已建成三级梯队的医药产业集群：环渤海地区、长三角地区、珠三角地区组成生物医药产业第一梯队；黑龙江、辽宁、河南、湖北、湖南等省份组成生物医药产业第二梯队；福建、安徽、广西、贵州、陕西构成的第三梯队。我国应依托第一梯队资源和经验优势，推动第二、第三梯队产业集群的发展。

（2）生物医药企业加强协同合作。我国生物医药生产企业应积极进行兼并重组，淘汰不具备竞争力的企业，实现科研、生产资源利用的最大化。积极进行企业转型，提高自主创新能力。我国生物医药企业要积极关注生物医药产业的升级趋势，在世界生物医药产业升级发展中寻求机遇，加强国际合作。企业应根据自身发展需求和企业实力选择适合自己的研发协同网络模式，加强企业间研发协同创新。

3. 加强研发平台建设

应在维护和发展现有生物科技资源前提下，建立一批具有科技服务、科技咨询、技术研发孵化等功能的技术支撑平台，建立合资合作、合作研发、委托研发等多途径研发模式。加强产学研联盟和企业孵化基地的部署，组织医药企业和科研院所和高校进行风险共担、权益分享、技术集成、人才集成的产业链，围绕产业发展的重点难点问题，联合攻关，逐步推进我国生物医药科学技术创新。

4. 紧抓市场机遇，拓展国际市场

欧盟是除了亚洲以外世界上最大的植物药市场。对中医药而言，欧洲市场具有巨大潜力。紧抓欧洲国家天然药品市场机遇，利用本土发展优势和中药材自身优点，积极发展中药产业，加强纯中药、中成药的研究与开发，占据欧洲天然药品市场无疑成为我国生物医药产业研究发展的新契机。

二、中药工业创新发展趋势

基于以上发达国家生物医药产业发展的启示,结合中药产业实际,我国中药工业创新发展具有传承创新、协同化、智能化以及融合化的趋势。

(一) 传承创新趋势

传承创新发展中医药是新时代中国特色社会主义事业的重要内容。未来在中药新药研发的过程中,进一步加强对中医古籍文献、经典名方的研究利用;推动多学科交叉融合,以及临床急需短缺药、防治重大传染病和罕见病用药以及儿童用药等重大新药的创制;已上市品种的疗效、安全、制剂工艺和质量控制再评价,新药国际注册实现新突破;形成自主知识产权,不断提高中药创新成果的知识产权化、商品化和产业化水平。

(二) 协同化发展趋势

中药科研与创新过程中,持续整合企业、医疗机构、高等学校、科研机构等各方面资源,以产业链、服务链布局创新链,进一步完善多学科、跨部门共同参与的中医药协同创新体制机制;加强区域协同和区域联动,逐步形成大型中药企业集团,进一步提高中药生产的规模化、集约化水平;逐渐加强企业间的协同创新,合理配置中药科研、生产资源,形成一批专业化、循环化的中药产业集聚基地。

(三) 智能化发展趋势

随着现代信息技术在中药生产中的应用,逐步完善中药工业的数字化、网络化、智能化建设;进一步推进中药制造装备的技术集成和工艺创新,形成集智能装备、仓储物流管理、自动化控制、过程分析、信息化管理、企业资源管理等技术为一体的中药制药智能工厂。提升中药生产工艺、流程的标准化、现代化水平,增强中药生产质量的控制能力。

(四) 融合化发展趋势

随着市场细分程度以及分工专业化水平的提高,持续推进中药制造业和现代服务业的深度融合。围绕中药产业核心链条,加快合同生产、合同研发、中药电子商务等新型中药生产性服务业的发展,进一步完善产业链配套体系;中药制造业趋向服务化发展,通过制造模式创新,开展产品延伸服务,进一步提高中药制造企业的经济收益以及竞争优势。

三、中药工业创新升级对策

本章第一节对安徽省中药工业创新升级障碍因素的分析结果表明,安徽中药工业在创新升级过程中还需要继续完善生产要素、加强产业集群效应、提升企业战略结构、完善产业协同创新体系以及推进企业国际化发展进程。下文结合对中药工业创新升级的关键环节以及中药工业创新发展趋势的分析,提出以下有利于安徽中药工业创新发展的对策。

(一) 完善有利于创新的中药产业创新系统

产业创新系统是实施产业创新的基础。整个中药产业的发展是一个系统工程,通过产业创新系统思想指导来提高产业整体创新能力。产业创新系统是以市场需求为动力,以企业为创新主体,以良好的内外环境为保障,以创新性技术供给为核心,以实现特定产业创新为目标的网络体系(张治河,2003)。

系统具有结构性,中药产业创新系统的结构指产业创新系统构成要素的组合形式或关系模式。在中药产业创新系统中,中药企业处于核心位置,企业与企业之间以及企业与其他创新活动主体之间存在着互动关系。从形式上看,主要是供应链和战略联盟。表现为产业聚集和"产、学、研"的结合;从联系的内容来看,主要是资金、技术、信息及文化方面的联系。但这些互动关系受产业创新环境的影响和制约。受波特-邓宁模型的启发,影响和制约中药产业创新的主要因素有:中药生产要素、市场需求、相关与支持性产业、企业战略结构和竞争、竞争对手的表现以及政府因素和国际环境,见表 6-4。

表 6-4　中药产业创新的影响因素

影响因素类别	具体因素
要素条件	人力资源、知识资源、天然资源、资本资源、信息资源等及其可获得性
需求条件	市场产品或服务的需求结构和需求规模以及这两者的变化趋势
产业内企业及企业之间的联系	企业战略、企业实力、企业组织结构、R&D 能力、创新积极性、创新方向、创新深度,企业之间的竞合关系
政府作用	政府产业政策,对产业创新与发展的干预及其方式和程度,产业共性、关键及前瞻性技术研究
相关产业	上下游产业技术、规模及发展趋势
国际环境	国际同类产业技术、组织、管理的发展状况,市场的国际化,国际竞争与合作

中药产业创新系统中，系统运行的动力机制具有鲜明的需求拉动性，即中药产业必须有很好的市场需求，这可以解释中医药创新比较缓慢的原因，因为市场需求总体偏弱；技术系统是整个产业创新系统的核心；研究与开发活动是整个技术系统的核心；政策的调控和政治、经济、文化背景对创新的成功具有深刻的影响。

在中药产业创新系统中，中药产业创新主体之间和主体与环境之间要形成良好的互动关系，保持中药产业创新系统的良好运行，就应该对影响产业创新的因素予以关注。特别是政府部门，需要从系统观念出发，综合考虑中药产业面临的国内外环境和整个市场的供给与需求，对整个中药产业的发展制定切合自身发展的政策、战略和策略，以促进中药产业创新能力的提升。

（二）完善高级要素保障体系

做好中药工业创新升级的基本要素保障，进一步完善高级要素保障。

在基本要素保障上，安徽中药工业创新升级主要受资金要素的制约，产业发展的投融资政策尚不完善，无法满足产业创新发展的需求。在融资方面，应整合多种金融手段，构建多元化、多层次、多渠道的科技金融协同服务体系。例如，在银行业，通过完善银行担保体系，创新中药产业信贷产品；在基金市场，建立风险投资基金，拓宽中药产业融资渠道；建立期货市场，提供产品供求信息，借助期货合约规避市场价格风险等。

在高级要素保障上，安徽中药产业技术研发条件很薄弱，提高技术研发水平除了要完善有利于创新的中药产业创新系统，还需进一步强化人才支持。通过政府搭建平台，促进中药企业与中医药高等院校、职业学院和学校的深度校企合作，通过校企结对、工学结合等方式，引导学校在中药企业设立实习实践基地、中药企业在校设立订单班、组织中药企业与学校就业专场招聘会等开展合作；打造中医药创新人才培训基地，集聚、培养一批高水平、多学科交叉的中医药创新型领军人才；制定中医药人才表彰奖励制度，建立中医药行业表彰长效机制，积极营造留住优秀人才的良好氛围。

（三）促进相关和支持产业发展，提高产业集聚水平

安徽中药工业创新升级离不开相关和支持性产业的协调发展，根据波特-邓宁模型的分析，应重点发展研发服务业、网络销售业和现代物流业。发展中药研发服务业的关键是要完善有利于创新的中药产业创新系统。促进中药产业网络销售业和现代物流业发展的关键是引导中药企业建立营销物流共享平台，同时通过精准招商形式积极引进大型物流企业，提升物流服务水平。

建设国家级的中药物流中心。依托亳州现有资源、产业、市场和交通优势，建

设国家级中药材物流中心，有助于促进中药产业转型升级，充分发挥其在全国的中药材战略储备作用、交易龙头作用、中药材标准引领作用、连接并辐射全国的中药物流枢纽作用、中药材价格形成作用，建设区域性中心市场。在六安、安庆、滁州、宣城和黄山等产地市场的基础上，建成五个区域性中心市场，加强与亳州市场的合作。

巩固现有优势，积极发展中药关联性产业，完善产业链，提升产业层次。继续稳定中药材种植、市场流通和中药饮片在全国的比较优势，重点向产业链上游（上游研发就是生产性服务业中的科技服务业）、下游（成药制造、中药材深加工如提取物、保健品、兽药、日化、杀菌剂等）和关联产业延伸。大力引进高技术含量的中药制药机械、中药包装材料和药用辅料等中药工业配套产业。

建设加工园区，形成产业集群。目前，除亳州形成全国最大的中药饮片产业集群外，安徽其余各地的中药产业集聚度不高。结合安徽中药资源的空间布局，推动当地中药加工业的集聚发展，可以仿照亳州市在经济开发区中设立区中园的方式推动中药产业集聚。在皖北，依托安徽现代中药产业集聚基地（亳州），形成以中药产业为主导的现代中药高新技术产业基地，申报有特色的国家级开发区；推动阜阳（太和）中药集聚发展；在皖西、皖南区域，引导现有企业进行技术改造，扩大生产规模，形成中药加工企业集群发展。

定向招商，链式发展。依托资源和市场优势，积极鼓励中药（或医药）大型企业、上市公司、高科技企业等到安徽投资中药产业，重点弥补中药产业链中缺失和薄弱环节，形成链式集群。

（四）落实并完善相关支持政策

根据波特-邓宁模型的分析，安徽各地对中药产业是高度重视的，但招商引资政策兑现程度和政策性支持力度有待提高。

首先，继续对中药产业发展提供政策和资金支持。支持骨干企业建立国家认定企业技术中心；支持中药产业平台建设；支持中小型中药企业走“专、精、特、新”的道路，引导中小型中药企业提升产品质量和技术水平。其次，对中药产业的共性技术和关键技术的研究、标准化建设、自主品牌培育、重大装备技术改造、创新产品的产业化试点及市场化、研发总部迁入安徽等给予政策和资金支持，积极帮助企业争取国家项目资金支持。再次，进一步调动企业的创新积极性，对企业提高技术创新投入的比重给予税收优惠，落实企业研究开发费用加计扣除政策。最后，要认真落实并兑现招商引资政策，加大政策宣传力度。

（五）充分发挥行业协会的协调作用

进一步加强安徽省中药材产业协会建设，完善组织、充实力量、强化职能。更好地发挥协会在服务企业、引导行业健康发展、当好政府和企业的桥梁与纽带等方面的重要作用。特别是行业协会要联合各企业提出有关中药整体水平转型升级的重大项目，力争纳入政府的科技、技改专项项目。配合政府部门总结中药产业转型升级中的典型经验，扩大宣传、加强引导、加快整个行业转型升级的步伐。相关部门加强对行业协会的指导，加快推进政府购买行业协会服务工作。

（六）积极推动中药业国际化进程

开展国际化经营，优化中药出口结构，建立中成药国际标准，拓展海外市场，实施"走出去"战略，逐步建立国际化的研发、生产、销售和服务体系，提高安徽中药企业的国际竞争力。鼓励企业研究目标市场投资环境和收集市场需求信息；鼓励中药企业培育国际品牌，通过在国外市场注册商标、出国（境）参展、在目标市场宣传推广、设立境外营销机构和完善售后服务体系等多种形式，大力提升自主品牌影响力。吸引跨国药企进驻安徽，鼓励企业开展多种形式的国际合作，加强信息、技术交流和人员培训。引导有实力和有能力的企业通过自建、合资、合作、收购国外工厂或品牌等多种方式扩大海外投资。

（七）大力营造创新升级的有利环境

公平竞争秩序是中药创新升级的保障。加大对假冒伪劣中药产品的打击力度，规范市场监督、质量监督和宣传监督，营造公平竞争的市场环境。大力推进行业自律建设，规范竞争行为，形成竞争与合作相结合的企业关系。建立中药产业链上下游各环节、产学研各方面协作共赢的良好机制，大力营造创新升级的有利环境。及时发布行业相关信息，维护行业健康发展。

第七章　中药商业创新发展

第一节　中药商业发展概述

一、中药商业发展现状

（一）中药材专业市场情况

目前，我国通过审批的中药材专业市场有17家，分别是安徽亳州中药材市场、河北安国中药材市场、河南禹州中药材市场、江西樟树中药材市场、重庆解放路中药材市场、山东鄄城县舜王城药材市场、广州清平中药材市场、甘肃陇西中药材市场、广西玉林中药材市场、湖北省蕲州中药材专业市场、湖南岳阳花板桥中药材市场、湖南省邵东县药材专业市场、广东省普宁中药材专业市场、昆明菊花园中药材专业市场、成都市荷花池药材专业市场、西安万寿路中药材专业市场和兰州市黄河中药材专业市场。中药材市场的设立有效地规范了我国中药材流通秩序，为中药材的销售提供了有利条件。中国（亳州）中药材交易中心目前是全球最大的中药材集散中心和价格形成中心，国内规模最大的中药材专业市场。2019年，亳州中药材交易市场线上线下贸易总额突破1000亿元（交易额大于河北安国、江西樟树、河南禹州三大专业市场的总和），居四大药都之首。康美（亳州）华佗国际中药城已入驻1100多家店铺，交易大厅摊位数超6000个，承租药商近2万人，日上市中药材2600余种，日人流量45万人，是全国规模最大、上市品种最多、交易最活跃的中药材交易中心。

（二）中药商业流通体系建设情况

根据交通运输部相关数据，到 2018 年末，我国铁路营业总里程达到 13.1 万公里，其中高速铁路营业里程达到 2.9 万公里；公路总里程达到 485 万公里，高速公路总里程 14.3 万公里；全国港口拥有生产用码头泊位 23919 个，其中万吨级及以上泊位 2444 个，内河航道通航里程达 12.7 万公里。交通基础设施基本建成，为中药材物流的发展奠定了良好基础。

中药材电子商务发展快速。以安徽亳州为例，亳州作为全球最大的中药材集散中心，其各类电子商务平台从业人员众多，药通网被商务部批准为全国首批中药材电子商务示范平台，2018 年线上交易额约 4600 万元，促成线下交易额约 150 亿元。珍宝岛药业投资运营的亳州中药材商品交易中心积极探索“互联网＋中药材”“平台＋实体”创新中药材交易模式，立足中药材全产业链，运用“电子交易平台＋中药材＋仓储物流＋质量检测＋金融服务＋产业配套”全新商业模式，建设 12 万平方米神农谷智慧药市、中药材类大宗电子交易平台，打造线上与线下相结合的全新交易体系，推动传统中药材交易转型升级。

（三）中药商业标准体系建设情况

中药标准体系是中药生产、收购、销售、使用各环节发展的法定依据。2012 年，针对中药材流通领域制假售假屡禁不止的现象，商务部利用信息技术手段把索证索票、购销台账制度电子化，推进中药材流通追溯体系建设，提高中药材流通质量保证能力和现代化水平。2016 年，商务部发布《全国药品流通行业发展规划纲要（2016—2020 年）》，提出要培育一批网络覆盖全国、集约化和信息化程度较高的大型药品流通企业，保障人民群众用药安全合理方便，引导行业持续健康发展。2018 年 12 月，中华中医药学会对《中药材商品规格等级（226 种）》进行了复审，复审结论为继续有效，标志着中药材商品规格等级系列标准发布，对中药材电子商务交易等方面的发展具有推动作用，中药商业标准体系日益完善。

（四）中药服务贸易

近年来，中药在国际上的发展势头良好，国际认可度提高，带动了中药类产品出口的稳步增长；国际中医药文化研究中心、孔子学院、华佗中医药文化推广中心等中医药文化传承体系加快建设；依托国家“一带一路”战略，中药品牌推介加强，中药国际影响力逐步提高，服务贸易快速发展。

二、中药商业发展存在的问题

（一）中药材流通行业规范仍不完善

物流标准是建设国家中药材物流中心的基础和关键，从国家层面看，目前常用中药材商品的规格等级、包装、仓储、养护、运输行业标准尚不健全，缺乏明确的质量评价标准，成为中药材流通体系的标准化、现代化发展的障碍，难以实行流通环节的市场准入制度。交易中往往出现信息不对称甚至“劣币驱逐良币”现象，中药产业发展的基础和源头难以得到保障。

（二）中药材现代物流体系尚未健全

目前，中药物流仍以传统物流业态为主，产地初加工、包装、仓储、质量检验、追溯管理等功能呈现分散性、断裂性和不可溯源性。尚未建立基于供应链管理的物流体系，使得诸如硫磺熏蒸、包装不规范、霉变生虫、农残重金属超标、掺杂造假等问题屡禁不止，直接影响药品质量安全。交易方式仍以传统专业市场为流通主渠道，电子商务发展相对滞后；与之配套的现代物流配送体系也未形成，“长鞭效应”“蛛网效应”和中药材农业弱质性的叠加，使得中药材的产量、价格和质量的波动性较大，中药材风险对冲和价格形成机制尚不健全。

（三）贸易流通综合服务能力有待加强

中药贸易仍以线下传统有形市场为主，且现代化水平不高，配套设施有待完善；线上电子商务平台以及第三方公共服务平台整体实力较弱，覆盖率低，交易规模小，线上线下融合发展不足。中药材期货市场尚处于探索阶段，现货交易模式使得药材交易环节多、成本高、效率低。发展期货市场需要建立新的管理制度、新的药材检测手段以及一批专业知识过硬的期货从业人员，但由于中药期货交易周期较长，风险大，许多企业对进入期货市场持观望状态。同时，尚未建全中药材质量可追溯体系等市场监管机制，药材质量信息随着产业链的延长以及时间的延伸而失真，很难通过市场进行有效传递。流通环节信息化程度低，无法保障流通药材的质量安全。

（四）中药服务贸易发展相对滞后

作为全国最大的中药材贸易中心和价格形成中心，亳州中药材品牌建设仍需加强，中药文化内涵挖掘不够，与现代科技理念相结合的创造性转化和创新性发展能力不足，中药行业科技支撑能力、人才队伍、企业国际竞争力和影响力尚难满足中药走向世界的需要，国际认同度尚待提升。中药材国际贸易产品类和市场面偏窄，主要外销产品是中药材及中药饮片等原材料及粗加工产品，中成药大品种与高附加值产品种类严重偏少，主流产品科技含量偏低、知名品牌偏少、利润空间偏小、市场竞争力偏弱。此外，我国中成药出口主要面向东南亚、香港、韩国和日本等地区，北美和欧盟等发达国家(地区)对中药材安全性要求比较严苛，出口产品主要为中药材和提取物，中医药服务贸易发展相对滞后，国际认同度尚待提升。

第二节　中药现代物流业创新发展

一、完善中药材流通行业规范

首先，药品流通行业协会指导提升行业标准的科学性、先进性和前瞻性，进一步健全行业管理和服务标准规范。同时，通过开展标准宣传培训、标识使用许可、执行情况监督等工作，引导药品流通企业贯彻行业标准。其次，完善常用中药材商品规格等级。中药材商品规格等级会随着时代的发展而提升，因此商品规格等级的划分也应随之作出调整，建立药品流通编码规则或电子数据交互规范，逐步实现药品高效流转和全程可追溯，规范中药材市场流通秩序，引导中药生产企业以品质为导向，实现优质优价，促进中药材质量的提高。最后，建立中药材包装、仓储、养护、运输行业标准。中药材既是中药原材料，也是农产品，通过完善行业标准，保证药材质量与安全，引导中药材科学储存，降低药材损耗，为中药材流通健康发展夯实基础。

二、健全中药材现代物流体系

依托中药专业物流园区，引进并培育一批专业化、现代化的中药物流企业，规划和建设适应未来期货发展需要、辐射一定范围的中药材仓储基地，配套建设电子商务交易平台及现代物流配送系统，引入 O2O 等新兴电子商务模式，推进中药材流通体系现代化、标准化发展，构建从中药材种植养殖到初加工、包装、仓储和运输一体化的现代物流体系。

（一）建立中药材可追溯体系

可追溯体系是构建中药材质量保障体系的重要手段之一。《中共中央 国务院关于促进中医药传承创新发展的意见》提出要“探索建立中药材、中药饮片、中成药生产流通使用全过程追溯体系，逐步实现中药重点品种来源可查、去向可追、责任可究，加强中药质量安全监管”。中药材可追溯体系的建设需要政府、企业、消费者共同推进。

1. 政府要加强可追溯体系的标准化、规范化建设

中药材从种植到使用涉及了农业、林业、药监、商务、卫生健康等诸多部门，追溯难度大，容易出现追溯断层（张路路，2018）。国家相关部门应从产业实际出发，由国家药品监督管理部门牵头，整合各方面资源，成立中药材质量追溯专门机构，完善药材追溯标准，制定可追溯信息的开放、共享以及保护等管理办法，加强可追溯信息的规范化管理。健全可追溯体系的监管、执法体系，明确各主体的责任和义务，对纳入可追溯范围的企业进行实名制注册备案，签订中药材追溯承诺书，建立企业诚信档案，定期或不定期随机抽查，严厉惩罚弄虚作假行为，为中药材追溯提供制度保障。

2. 企业要强化技术支撑

企业是中药材可追溯体系的建设主体，要建立中药材从生产到消费的质量可追溯体系，实现全过程质量的跟踪与溯源，是对企业建设技术的考验。“互联网＋”信息技术能够集成整合信息资源，企业要强化“互联网＋”信息技术在追溯体系中的应用，运用物联网、大数据、云计算等技术推动中药材质量管理信息化，同时建立中药材质量信息追溯平台满足公众的查询和监管需求（宇文亚，2011）。企业还可以联合技术研发、数据集成、系统管理等第三方专业机构参与药材可追溯体系建设，强化体系技术支撑。

3. 消费者要积极购买可追溯药材

当前中药的药效及安全性备受质疑，政府和企业要引导消费者客观认知药材质量风险相关知识，消除消费者认知偏差，避免社会媒体引发中药谣言和中药恐慌现象。同时要科学普及可追溯中药材的生产信息和质量保障作用，恢复消费者信心，倡导消费可追溯药材。消费者影响市场，市场影响企业，要注重对消费者影响力的挖掘和引导，增强消费者的中医药文化自信，让消费者成为可追溯体系建设的推动者。

（二）构建现代中药物流中心

1. 建设中药物流网络

依托中药材交易中心，建设国家级中药材物流中心和储备库，搭建中药供应保障平台，确保用药安全。建设中药专业物流园，培育一批功能健全、灵活便捷的现代中药物流配送中心，培育专业化中药产品物流企业，鼓励发展中药第三方物流，整合物流相关集货与分拣中心、服务网点、物流配送等资源，推进物流园区基础配套设施建设与资源整合，完善中医药物流技术保障措施，推动智能、高效的物流配送体系建设。同时，依托公路、铁路、水运、航空等运输资源，在物流园区之间构建中医药产品运输专线，打造现代化中药物流中心，实现产供销有机衔接，形成覆盖范围广、功能全、时效快的中药物流网络。

2. 加强中药物流信息化管理

首先，加强教育和普及工作，推进先进信息技术在中药物流领域广泛应用，提高中药企业和流通载体获取信息和使用信息的意识和能力，在云计算、大数据等技术的支撑下指导和管理中药产品物流业务的开展。其次，提高信息采集和管理能力。利用射频识别技术、条码技术、北斗导航和地理信息系统技术等现代信息技术对中药产品进行动态监控，实现中药物流的实时跟踪，整合物流产业链上下游各节点的信息。再次，搭建物流综合信息服务平台，为最终用户提供相关具体的物流服务和衍生服务，如中药产品物流运营管理、信息发布与查询等，帮助用户掌握更多的产品信息，有助于企业对中药产品生产、采购、储存周期等进行有效控制，优化调度配送，降低产品物流流向的盲目性与流程的不合理性。最后，发挥政府在物流信息化进程中的主导作用，物流信息化建设涉及不同的管理部门、各类物流企业及货物的供需双方等主体，政府要处理好各方面的关系，协调和推动物流标准建设，为中药物流发展提供保障。

三、增强中药物流综合服务能力

首先，要进一步推进综合交通运输体系建设，合理布局物流基础设施，连接主要经济圈外部通道，促进航空、铁路、公路、水运等多种运输方式的顺畅衔接和高效中转，提升中药材物流体系综合能力。其次，以大型物流企业的线下资源为依托，以现代信息技术为手段，建立线上中药物流信息平台，实现物流实时跟踪和可视化管理，协助中药物流企业实现集约化管理，提高中药仓储物流效率。同时，加大资本投入和技术创新，实现线上中药信息平台与线下中药物流园区的协同合作，打通纵向和横向模块，降低交易成本，提高中药产品的质量控制和评价水平，构建中药智慧物流系统。最后，加强中药材现代物流管理人才的培养，聚焦现代化医药物流对精通医药、物流与管理复合型人才的需求，中药企业定期组织学习培训，加强与高校、科研机构的合作，培育一批既懂中药专业知识，又熟悉中药物流、管理、营销等知识的专业人才，促进中药物流服务能力持续提高。

第三节　“一带一路”与中药服务贸易

2015 年 3 月 28 日，经国务院授权，由国家发展改革委、外交部、商务部联合发布了《推动共建丝绸之路经济带和 21 世纪海上丝绸之路的愿景与行动》，提出扩大与沿线国家在传统医药领域的合作。2016 年 12 月，由国家中医药管理局和发展改革委联合印发了《中医药“一带一路”发展规划(2016—2020 年)》，提出与沿线国家合作，建立中医药海外中心和对外交流合作示范基地，颁布 20 项中医药国际标准，注册 100 种中药产品，实现中医药与沿线各国传统医学和现代医学的融合发展。

一、“一带一路”倡议

古代“一带一路”即古代“丝绸之路”，它主要有“陆上丝绸之路”和“海上丝绸之路”。“陆上丝绸之路”发源于长安(现在的西安)，以长安以及洛阳为起始点，经过河西走廊、帕米尔高原进入中亚，到地中海直至罗马，是古代连接亚欧大陆重要的商贸路线。同时“陆上丝绸之路”也使中药被中西欧、朝鲜半岛、中西亚等地区的人们所熟悉，为“海上丝绸之路”的形成奠定了良好基础。“海上丝绸之路”始于秦汉，据《汉书·地理志》记录，该线路由东海和南海两条航路组成，经越南沿海，途经南洋到达印度。当香药等中药材借由海上运输开始，中国古代的中药也通过这条线路开启对外输出。中医药通过“丝绸之路”影响沿线国家的同时，古埃及、印度、巴比伦等国家的传统医学也对我国产生影响，他们相互借鉴，造福人类。

2013 年 9 月，习近平总书记在访问哈萨克斯坦期间，首次提出共建“丝绸之路经济带”的构想，同年 10 月，习近平主席到东盟进行访问，在印度尼西亚提出了“21 世纪海上丝绸之路”的概念，得到了中国政府的高度重视和国际社会的积极响应。“丝绸之路经济带”和“21 世纪海上丝绸之路”简称“一带一路”，旨在继承古代“丝绸之路”发展理念下，进一步深化与各国的经济、政治、文化、贸易往来，促进沿线各国资源的高效配置以及经济的协调发展。

二、“一带一路”背景下的中药服务贸易

（一）现状分析

随着“一带一路”倡议在世界各国不断深入，中医药在世界的影响力也在不断加强。目前，我国的中医药影响到了180多个国家与地区，已经同各国际组织签订86项相关合作协议。从贸易规模看，我国中药贸易总体呈稳定上升趋势，“一带一路”倡议为中医药走出去孕育了新的生机。2016年我国中药在“一带一路”沿线国家出口金额达到7.05亿美元，2017年1月到11月，中药进出口总额达到了13.55亿美元，同比上涨18.58%。其中出口总额7.6亿美元，同比上涨12.05%；进口总额5.9亿美元，同比上涨28.14%。

我国的中药类出口产品有中成药、保健品、植物提取物、中药材及中药饮片四种。在这四种类别中，中成药主要出口到中东、非洲、南亚等地区；保健品主要出口到北美、南亚、东亚等地区；植物提取物主要出口至北美、东亚等地区（刘勇，2015）；中药材及中药饮片主要经由中国香港和中国台湾转销，出口到东亚的日本和韩国、南亚的越南和新加坡以及美国、德国等欧美国家。2018年我国中药类产品出口总额39.09亿美元，同比增长7.39%。从产品分类看，中药提取物占比最高，同比增长17.79%。中药材及中药饮片次之，出口额为10.31亿美元，占比26%。而中成药及保健品占比仅13%，见图7-1。中药服务贸易仍是以原料型产品输出为主，制剂产品所占份额有限。

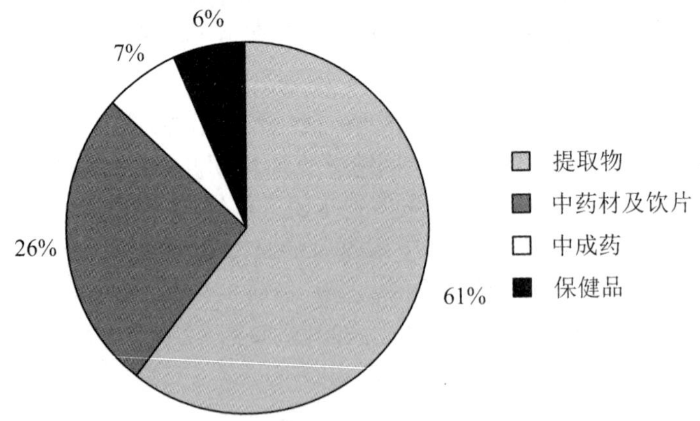

图7-1　2018年我国中药类产品出口额分类统计

（二）“一带一路”给中药服务贸易带来的机遇

1. 政策保障创造有利贸易环境

为促进“一带一路”沿线国家（地区）的中药贸易，我国提供了一系列强有力的政策保障。首先，《中医药“一带一路”发展规划（2016～2020年）》积极倡导建立多部门协调机制，加强与沿线国家在中医药学政策法规、产品注册、质量监管等方面的交流与沟通，鼓励参与中医药发展战略和政策的制定。其次，中医药双边合作协议的签署有利于世界各国政府加强沟通，推动沿线国家放宽在中医药服务及产品方面的准入限制，为中医药对外合作创造条件（李爱玉，2019）。最后，充分利用国际植物药法规与监管合作组织（IRCH）、中国-中东欧、中国-东盟、西太区草药协调论坛等多边机制，深化与世界卫生组织、国际标准化组织、中东欧、东盟等多边组织的合作交流，营造有利于中医药产品“走出去”的国际环境。

2. 文化传播提高了中药认可度

“一带一路”倡议的提出为沿线国家优势互补、开放发展提供了新的机遇，有利于加强我国和沿线国家的文化交流，促进中医药文化在沿线国家传播和推广。截至2016年，“一带一路”区域已开设134所孔子学院和130家孔子课堂，积极举办中医药文化展览、讲座、义诊等活动，使得沿线国家对中医药理论和医疗服务的认可度逐渐提高。

“一带一路”契合了沿线国家的共同需求，它将中亚、南亚、东南亚、西亚等区域连接起来，为国际间合作搭建了新的平台。据世界卫生组织统计，我国中医先后在澳大利亚、新加坡等29个国家和地区以政府立法形式得到认可，目前已有18个国家及地区将中医药纳入医保范围，多个国家提出与我国共建海外中医医院、开展中医医疗合作，中医药医疗服务呈现多元化态势（张明文，2017）。

（三）“一带一路”给中药服务贸易带来的挑战

古代“丝绸之路”通道有9346种植物资源参与交易，其中药用的有2014种，无论是我国的中药资源走出国门，还是引进中药资源、与“一带一路”沿线地区展开合作，都有着得天独厚的历史基础。在“一带一路”倡议的指引下，中药产业走出国门既是机遇，也面临着多方面的挑战。主要体现在以下几个方面。

1. 中西方文化差异较大

“一带一路”沿线有亚欧非65个国家与地区，拥有着风格各异的本土文化。各国的健康消费习惯与偏好、表达方式及言谈举止等方面存在很大差异，这使得沟通存在不少障碍，对中医药产品理解也存在很多误解，给中药宣传带来了很大困难。

目前，西方医学在世界医学体系中占主导地位，而中医则是被认为是西医这一主流医学体系之外的补充替代医学，中医药蕴含着中国古代的哲学思想，强调从宏观、整体等方面阐述人体生命活动的基本规律，在疾病治疗中注重顺应自然，适应社会环境，强调因事因地因人制宜，全方位考察人体生命、疾病和健康，文化底蕴深厚。而西医则以实验研究为基础，运用生物学手段，建立特异性病因学，借助先进的医疗仪器设备和实验室对疾病做出诊断。中西方医学文化存在着巨大的差异，严重影响了双方之间的交流互动，使中医药理论很难被其他国家所接受。

2. 缺乏国际评价标准

我国中医药诊疗方法以经验传承为主，同一种疾病往往因人而异，诊断标准、治疗常规等方面存在很多不确定性，针对中药制定的标准较少，而已经制定的标准又未能与国际接轨，导致中药在国际市场上常常面临诸多技术壁垒。中医药学由于没有形成国际标准，在制造工艺、作用机理、临床应用等方面又有所限制，难以得到"一带一路"沿线国家和地区的普遍认可，获取合法性更是困难。由于各国对医疗卫生领域的相关要求较高，中医药走向"一带一路"国家和地区难度较大。

3. 知识产权薄弱

我国长期以来缺乏知识产权保护意识，对产权保护的重视程度不如日本和韩国，产权流失严重。随着中药国际化进程的推进，各国的研发竞争日益激烈（王笑频，2016）。目前，日韩两国的中药专利申请量在国际市场上已达到 70%，远高于中国专利申请量，占据了大部分国际市场，其中日本享誉世界的"汉方制剂"就来自于我国《伤寒杂病论》中的经方。此外，据国家专利局统计，企业申请在所有中药专利申请中的占比仅为 20%。一方面，这与我国中药配方的传承形式有关，"传子不传女""师带徒"等家传式传承方式使得中医药知识产权保护困难。另一方面，反映出我国企业层面的知识产权意识较低，对中药研发的重视程度不够。

4. 创新能力不足

中医药文化既需要传承，也需要创新。而目前我国中医药产业的现代科学基础比较薄弱，中药农药残留和重金属含量检验达不到国际标准，尽管采用了指纹图谱、红外、紫外等先进技术管控药物质量，但仍未得到国际认可，药物质量稳定性和可靠性有待提高。此外，我国中医药科技研发成果转化率不高，药效机理等方面的研究不够深入，产品出口结构仍以附加值较低的中药材和提取物为主，缺乏高端中医药产品，中成药难以以药品身份在国际市场上流通，中药产业缺乏完善的研究、评价、标准规范体系，中药服务贸易面临多重挑战。

三、"一带一路"背景下中药服务贸易发展路径

（一）搭建文化平台

要实现中医药借助"一带一路"走出去，需要掌握相关国家的文化形态，积极开展各种形式的相关交流，提高沿线国家对中医药文化的认可度。"一带一路"沿线主要涉及6个地区的65个国家，国家数量众多，文化差异明显。东盟、南亚、中亚、西亚北非、中东欧、蒙俄等6个地区中，从文化差异上评价，我国与东盟、南亚、蒙俄从地理上比较接近，文化有一定交叉，中医药文化接受程度高。而中亚、西亚北非、中东欧地区，尤其是处于中远区位距离的中东欧地区的16国及欧盟成员，文化距离较远，中医药市场现有空白，通过文化宣传，这里将是未来中医药国际合作的优选区域。如文化距离较远但市场空间巨大的中东欧地区，应该以中医药健康文化的交流形式为主，突出中药的健康医疗主题。而针对东盟中的日本、韩国等国家，文化距离较近，可以突出中药的药食同源的主题，将中药推向日常。由于宗教信仰的相近性，与东盟中的泰国等地区交流，可以借鉴宗教文化传播方式，可以借助针灸、推拿等技艺，加强中药文化交流。

（二）建立和完善中药国际标准体系

由于中药产业从种植、加工到销售等没有形成一套国际标准，各国家与地区标准缺乏或不统一，给中药产业国际化发展造成阻碍。因此，我国政府应高度重视中药国际标准的建设，借助世界卫生组织和国际标准化组织等平台，支持和鼓励企业、科研机构对中医药安全性、疗效评价、生产规范及质量控制等方面展开研究，制定符合中医药特色和国际市场需求的中药标准体系，减少贸易阻力，进而带动"一带一路"沿线国家和地区对中药产品的认可，促进中药服务贸易的发展。

（三）调整贸易结构

"一带一路"沿线经济较发达的地区贸易便利性高，而这种贸易的便利性主要指国际标准化水平、咨询机构的完善、贸易规章制度完善程度等方面。例如，中东欧地区比其他地区贸易便利性更高，其中北欧地区平均贸易便利性高于中西欧地区，中西欧地区高于东南欧地区。利用各个地区的贸易便利化程度及资源差异，开展中药服务贸易合作方向的调整。积极提高中药产业国际化水平，加大中药文化宣传，将产业较为成熟、占据中药出口一半左右的植物提取物推入中东欧市场；加强与东盟地区中药交流，在新加坡、泰国等国家可以积极推进中药健康旅游，在越

南、柬埔寨等地区可以充分利用其劳动力的成本低廉特点，进行中药材种植、中药饮片加工等中药产业园合作；借助南亚、中亚地区丰富的农产品资源，加强药食同源类中药资源合作；借助西亚北非、蒙俄地区丰富的能源资源、尤其是俄罗斯的森林资源，加强中药资源开发和合作保护等。

（四）提高产权意识，推动中医药传承创新发展

我国要抓紧“一带一路”战略机遇，强化中医药领域的知识产权保护意识，利用现有专利法，适当延长中药发明专利保护期，提高中药企业研发积极性，同时大力实施创新驱动发展战略，促进科技成果转化，提高专利的技术含量，增强中药产品国际竞争力。中药企业要深入研究国际市场对中药产品的需求，提高企业技术和工艺水平，生产出高技术产品销往国际市场。促进中药材绿色种植，建设标准化生产基地，为中药产品出口提供优质原料保障；实现中药饮片炮制规范化，保障饮片质量，满足市场需求；增加中药提取物品种，优化提取工艺，提高提取效率和分离纯度；加大中成药国外注册力度，提升市场份额，提高产品国际竞争力；加强中药保健品的研发力度，提高市场占有率。同时，依托高校和科研机构，引进、培育一批中药专业创新人才，推动中医药理论转化为产品、技术和服务，提高中药类出口产品附加值，促进中医药文化传播。

第八章　中药全产业链创新升级路径

本书第五、六、七章分别研究了中药产业各子产业的创新问题：在中药农业创新研究中探讨了组织创新的问题；在中药工业创新研究中，分析了中药工业创新的制约因素，进而围绕中药工业创新关键环节构建了中药产业创新系统；在中药商业创新研究中，主要研究了中药流通体系标准化、现代化以及商业模式创新等问题。然而，中药产业的发展是一个系统工程，还有一些创新问题需要从全产业链的角度进行研究。

产业链式发展有助于提高产业竞争能力。部分学者认为技术推动力和需求拉动力会促使产业链上结点企业开展创新（陶爱萍等，2013），而结点企业的创新行为通过关联和连锁效应能够带动产业创新集聚，也就是说嵌入在产业链条中的技术创新行为会促进产业链整体升级（刘志迎等，2009）。但在产业发展中，产业链单个和若干结点企业创新收益会产生“瓶颈”现象，一方面是单个企业创新能力难以解决产业链中关键技术难题，另一方面是产业发展中的一些共性难题（特别是基础研究）是单个企业不愿意去解决的。这些创新“瓶颈”存在于产业链条各环节，影响到产业整体发展，主要是关键性或共性的技术、产品、标准、市场等的创新问题，其中技术创新问题是核心问题。对于此类贯穿于全产业链的创新难题需要协同创新来解决。

1971 年，德国学者 Haken 在系统论中最早提出了协同的概念，指系统中各子系统的相互协调、合作或同步的联合作用及集体行为，最终产生“1＋1＞2”的协同效应。近年来，协同思想在创新系统理论中被逐渐重视和发展，协同创新是协同思想应用于技术创新领域的结果（Pekkairnens，2006）。产业层面的协同主要来源于外部，研究主要通过政产学研等主体关系进行。协同创新包括基于产业链上下游的纵向协同创新、处于同一环节的竞争性企业之间的横向协同创新，并与产学研协同创新、协同创新服务体系和政策体系共同组成协同创新体系（刘志迎，2015）。因此，针对贯穿于全产业链中的关键或共性技术创新难题，本章从产业协同的角度提出要构建包含多主体、多维度的创新协同体系。

此外，在中药产业技术创新方面，有学者提出包括中药在内的任何产业都有现代转型问题，但对技术性的认识误区、中医药在应用自然科学技术成果尤为缺乏是中药产业日趋落后的基本原因（李广乾，2015）。因此，中药产业创新升级，必须充分运用循证医学、基因组学、化学、分子生物学、信息科学等在内的现代科学手段，破解产业发展难题。其中信息技术在中药现代化中将发挥巨大作用（肖培根、肖小河，2000；肖培根、王永炎，2011）。因此，本章从技术协同的角度，提出将“互联网＋”与中药产业协同融合，用互联网信息技术做牵引，破解制约中药产业链各子产业及全产业链创新升级的共性障碍因素，进而推动中药产业升级。

基于以上分析，本章的研究内容主要包括以下几点：① 中药产业链创新升级的主要障碍。依据产业经济学理论，分别从产业链、价值链、产业升级动力角度分析中药产业链创新升级障碍，找出制约中药产业链升级、价值链攀升的共性障碍因素。② 基于协同创新的中药产业升级路径。运用协同创新理论，构建中药产业协同创新体系。③ 中药产业协同创新案例研究——以霍山石斛产业为例。在第二部分理论研究的基础上，以霍山石斛产业为例，构建霍山石斛产业的协同创新体系，帮助读者进一步理解中药产业的协同创新问题。④ “互联网＋”与中药产业升级的协同融合。针对制约中药产业链创新升级障碍因素的分析结果，分别从产业链、价值链两个维度探讨“互联网＋”与中药产业的融合路径。

第一节　中药产业链创新升级的主要障碍

一、中药全产业链

在第三章第一节我们对中药产业链进行了界定并梳理了关联产业（图 3-2）。我们认为中药全产业链就是中药产业链及其关联产业组成的立体网链。中药全产业链，可以从产业链和价值链两个维度理解。从产业链看，包括核心链条（从中药农业、中药工业、中药商业到客户）及其辅助链条（围绕核心链条的关联产业链）。从价值链维度看，就是中药研发（中药知识业）、中药生产和中药流通（营销、贸易、品牌等）。

二、产业升级和中药产业升级

产业升级问题一直以来受到理论和实践层面的关注。目前，一般认为产业升级指产业由低技术水平、低附加值向高技术、高附加值的演变趋势(刘志彪,2000)。这一定义包括以下主要内容:① 衡量产业升级的标准是产业整体附加值是否增加;② 产业升级的基础是创新;③ 产业升级必然伴随着要素升级(张耀辉,2002)。产业升级既包括产业间、产业内部升级,还包括产业内部企业升级、产品升级等(丰志培等,2014)。Porter 认为每个企业在设计、生产、销售过程中进行的种种活动可以用一个价值链来描述,价值链既存在企业内部各业务单元,也存在于上下游关联的企业之间。在经济全球化背景下,以 Gerrifi(1999)、Humphrey 和 Schmitz(2000)等为代表的学者认为一国或地区的产业可视为全球价值链(GVC)的一部分,其产业升级可以看成企业及产业整体在价值链上或者不同价值链间的攀升过程。产业升级的动力来源于技术推动和需求拉动,产业依靠技术推动力向产业链上游升级,向自主研发升级,依靠需求拉力向产业链下游升级,向品牌渠道能力升级。

中药产业具有卫生资源、经济资源、科技资源、文化资源和生态资源五大资源优势,同时具有传统和现代产业的特点。从传统产业的角度看,中药产业是中医药体系中不可分割的一部分,其产业特征与化学制药具有明显的不同,中药产业链长,依赖自然资源、农业生产和气候条件,且地域性强(李广乾,2015)。从现代产业的角度看,中药产业是以中药农业为基础、中药工业为核心、中药商业为纽带、中药知识业为动力的完整产业体系,目前各环节日益规模化、标准化,逐步脱离自然经济的特征。

由于具有双重特征,中药产业升级不仅具有产业升级的一般特征,还有其特殊性,即中药产业发展面临着“传统与现代、继承与创新”的挑战。目前研究中药产业升级的文献并不多见,基于以上分析,本节认为中药产业升级是将传统中药的特色和优势与现代科技完美结合,遵循现代科学规律对中药进行理论、技术、产品和管理等全方位的创新,使其产业附加值逐步提升。

三、中药产业升级面临的障碍因素

(一)中药产业链方面因素

中药产业链包括中药材种植、加工到流通等产业链诸环节。从中药农业看,作为产业链的源头,容易受到自然环境因素的影响,农业弱质性的特点、小农生产和“蛛网效应”等因素,使得濒危资源保护、规范化规模化种植成为制约因素;从中药工业看,中药工业生产的标准化和智能化程度不高,既面临技术升级,又面临产品升级压力;从中药商业看,需要创新业态和商业模式。同时,从整个产业链来看,各环节发展不协调,组织化程度低,产业标准缺失,导致中药质量控制评价难,整个中药产业链创新动力不足。另外，中药产业链长，产业链的参与主体众多，受到“长鞭效应”的影响，客户需求的信息传递与反馈会受到阻碍或内容失真，同时存在的产业链信息不对称现象也增加了中药产品的交易成本。

（二）中药价值链方面因素

价值链的上、中、下游分别为研发、生产和流通等环节。中药价值链是围绕中药产品形成的涉及多个行业的链式结构，以中药制造为核心，由研发、制造、市场销售及服务等活动共同构成，这些活动经过不同阶段，将产品和服务传递给最终消费者。当前中药产业价值链条的向上（研发）、向下（服务、贸易、物流）纵向延伸能力差。具体表现为价值链上游优秀中医药资源的保护、研发不足，即继承与创新不足，在中医药理论创新、标准创新上亟待加强；价值链下游中药流通环节，信息化程度较低、可追溯体系尚未建立、品牌建设需要加强、服务体系亟待完善等问题。

（三）产业升级动力方面因素

从需求层面看，消费者对中药健康产品的需求前景广阔，有利于拉动中药产业升级；从供给层面看，由于中药产品的质量控制和评价难、产业标准缺失或不完善，有“劣币驱逐良币”和信息不对称等问题存在，导致产业创新动力不足，升级的技术推动乏力成为当前制约中药产业升级的关键问题。

综上分析，产业标准缺失或不完善、质量控制和评价难是制约中药产业链各子产业及全产业链创新升级、价值链攀升的共性障碍因素。同时，制约中药产业升级的障碍因素分析表明，中药产业升级必须运用现代技术破解产业标准和质量评价难题，解决信息不对称问题，最终实现“优质优价”，企业才有动力推动产业升级。“互联网＋”信息技术具有信息化管理、数据追溯、数据共享、数据反馈、数据预测等特点，将“互联网＋”与中药产业升级协同融合可以很好地破解信息不对称问题，实现顾客可感知、生产可视化、产品可评价、质量可追溯，协同融合路径将在本章第四节进行分析。

第二节　基于协同创新的中药产业升级路径

制约中药产业链创新的障碍因素分析表明，中药产业链升级的道路中贯穿中药产业链上下游的诸多难题亟待破解，诸如野生濒危资源的保护、药材质量控制体系建设、中药材流通的规范管理、中药工业的产品技术、标准创新和科技支撑体系等。由于中药产业发展难题贯穿于产业链的全过程，创新的主体势必涉及政产学研等多个方面，如针对质量追溯体系建设而言，既涉及中药材生产、加工和流通等产业链各环节，又涉及政府政策制定、学研标准拟定，产业层面实施，第三方评价等多维主体。本节运用产业链创新理论，提出构建以协同创新为核心的中药产业升级路径。

一、构建协同创新系统

组织之间的协同创新主要涉及各创新主体之间的合作和协调，创新主体是创新活动中的所有参与者。从产业层面看，不仅包括产业链中节点企业，还包括供应商、竞争者和顾客。从协同体系构建上看，创新主体还包括科研院所、高校、科技中介机构和政府。合作创新包括基于产业链上下游的纵向协同创新、处于同一环节的竞争性企业之间的横向协同创新，并与产学研协同创新、协同创新服务体系和政策体系共同组成协同创新体系。从协同创新对象上看，主要是涉及产业发展难题，核心是关键技术和共性技术难题。因此，政产学研等主体通过跨组织合作，实现技术、产品、标准和市场创新等，可以有效解决产业发展难题。

宏观上，基于产业内外结构和产业环境，构建包含产业内、产业间、区域及政产学研综合关系的协同创新系统。中药产业存在四类协同创新体系，即产业内协同、产业上下游协同、区域协同、产学研协同，受地方政府的政策影响，接受行业显隐性规则约束，具体以安徽为例，见表 8-1。

表 8-1　协同创新系统构建

协同创新体系类别	协同创新内容
产业内协同	共性技术创新平台、服务共享平台、行业标准制定、行业协会等
产业上下游协同	与上游的中药材种植、中药制药机械、中药辅料和包装材料等产业的协同创新；与下游的物流、渠道商、消费者等的协同创新
区域协同创新	国内江苏、广东、天津、四川，国外美、日、欧等
产学研协同创新	产：安徽济人药业、安徽沪谯、安徽井泉、安徽华润金蟾药业、安徽万生、安徽精方药业等企业技术中心；学：中国科学技术大学、安徽中医药大学、安徽医科大学、安徽农业大学、合肥工业大学、安徽大学、蚌埠医学院、皖南医学院等；研：安徽中医药科学院、国家和省部级实验室等

安徽省作为新安医学的发源地，拥有丰富的中药资源和历史文化资源，经过多年的发展，已积累了众多创新资源。从企业层面分析，安徽作为中药产业大省，现有中药类企业 120 多家，多家企业建立有自己的科技研发中心或工程技术中心。

例如，安徽济人药业拥有中药饮片、中药提取工程和中药配方颗粒省级工程研究中心，中药饮片同时是国家地方联合工程研究中心。安徽沪谯拥有中药提取国家地方联合工程研究中心。从高校层面考察，以中医药学专业为特色的安徽中医药大学具有得天独厚的中医药资源优势和人才优势，是安徽省中医药人才培养、文化传承、科技创新、知识创新的重要基地和思想库，拥有国家中医药管理局重点学科 6 个，省级以上创新平台 7 个，与安徽省多家中药企业共建省级以上工程技术中心 16 个。此外，还有安徽医科大学等医学类高校，以及其他设有医药类专业的院校等。从科研机构层面考虑，安徽省依托高校及医院建成免疫实验室，细胞生物学实验室，数字化影像技术实验室等 14 个国家中医药管理局三级实验室，拥有安徽中医药科学院，安徽省生物医药研究开发基地，安徽省药物研究所等研发机构。

二、中药产业协同创新体系结构分析

解构中药产业协同创新体系内在结构，定位产业核心技术见表 8-2，明确协同攻关重点对象和思路。产业协同创新体系具有复杂的内在联系，协同创新活动会嵌入到相关链条中去，从产业链、技术链、创新链解析产业创新体系的内在关系（刘志迎，2009），如图 8-1 所示，包括同行竞争性企业之间的竞争性协同创新关系，即竞合（横向）协同创新关系，上下游企业的协同创新关系，即链合（纵向）协同创新关系，产业上下游每一环节上的产学研协同创新关系，围绕产业链的生产性服务业中有关科技中介服务关系即创新服务协同关系，围绕着消费性服务业中科技普及和咨询服务关系。

表 8-2　关键技术和共性技术一览表

<table>
<tr><th>中药产业</th><th>关键技术</th><th colspan="2">共性技术</th></tr>
<tr><td>上游</td><td>重点：大宗道地药材相关技术（良种选育和良种繁育技术、育苗移栽技术、病虫害综合防治技术、组织培养技术、病害防治技术、栽培技术等）、药材道地性研究、GAP 种植、质量控制标准</td><td>野生种质资源保护，优选优育和中药种源研究技术、种植区划、中药农业技术推广体系</td><td rowspan="3">技术研发平台</td></tr>
<tr><td>中游</td><td>重点：大宗道地中药饮片标准、大宗道地药材深加工关键技术研究（中药材制成品（保健品等）、创新饮片（如配方颗粒）、中成药二次开发等关键技术）、中成药标准</td><td>药学基础性研究、研发体系、质控体系、科技平台如孵化器、加速器等</td></tr>
<tr><td>下游</td><td>重点：与具体产品相关的营销网络、科技普及、物流体系、消费咨询等服务技术</td><td>营销服务平台</td></tr>
</table>

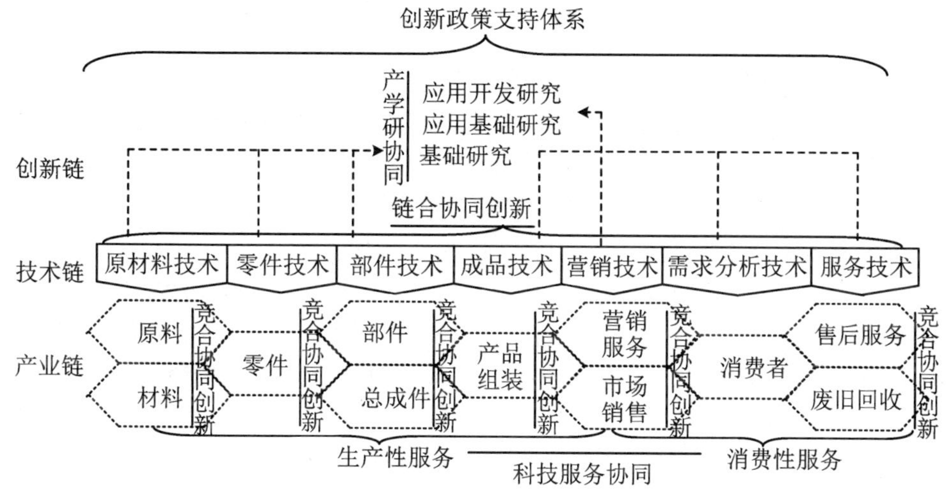

图 8-1　产业技术协同创新体系内在关系示意图

资料来源：刘志迎，李慧．嵌入在产业链中的技术创新机理研究[J]．科学管理研究，2009，27(6)：12-15．

(一) 产业上下游链合协同创新与产业链延伸

通过链合协同，突破存在于上下游产业间复杂的技术耦合关系，以中药产业上下游技术关系为基础的、关键企业主导，构建产业创新联盟。形成以中药加工业(饮片和成药)为主导的，产业链两端延伸的链合创新路径。

加强与中药农业及农业辅助产业的协同创新。中药材是中药产业的源头和物质基础，中药工业必须与中药农业在种质资源保护、品种选育、规范化栽培等方面开展协同创新，同时也要和中药农业辅助产业如中药材化肥、农业等关联产业开展技术攻关，保证良好品质的中药材原料供应，真正实现“药材好、药才好”的效果。重点在药材标准与质量控制、品种选育、新药材发现和替代药材研究等方面与上游开展协同创新。

促进与中药支持性相关产业的协同创新。中药产业的现代化是我国中药产业自主创新的发展方向。遵循现代科学规律对中药进行理论、技术、产品和管理等全方位的创新，使之符合社会发展需求，这就需要和生物学、化学、材料科学、信息科学等在内的现代科学开展协同创新。促进中药产业与生物产业、制药设备和机械、药用辅料、药品包装材料等支持性相关产业的协作，围绕消费升级，依托中药龙头企业，积极开发安全有效、稳定、可控、服用方便的现代中药产品。

同步发展商业模式创新。在中药产业中，在国家相关政策法规框架下，发展渠道模式创新。在传统渠道基础上，非药品类的中药材制成品、OTC 类中药产品可加强与电商(苏宁云商、天猫、京东等)的合作,积极发展 O2O 模式。

(二) 产业内"竞合"协同创新路径

促进中药产业竞争性企业的横向合作,实施"竞合"创新的协同机制。从共性技术创新平台建设、服务共享平台建设、企业参与国际标准制定、行业竞争秩序维护等方面,构建产业竞争性企业横向合作、实现"竞合"创新的有效模式。

建立中药产业共性技术创新平台。以中药产业创新链上的高校为基础,政府提供引导资金,通过吸引竞争性企业参与投资,积极吸引区域外研发人才和资源,整合建设中药产业共性技术研发平台。重点攻克制约行业发展的关键共性技术,全面研发一般共性技术和基础共性技术,开发出具有自主知识产权的行业核心技术,并付诸实施实现产业化。

建立中药产业营销服务共享平台。营销、物流、品牌运作等服务能力是当前中药产业升级的关键因素。需要中药工业领域加强与下游的营销服务领域的"链合"创新。更为重要的是建立以中药工业企业为主导的产业营销服务共享平台:① 联合打造中药产业电子商务共享平台。扩大影响,增强渠道管控,扩大网上交易规模。通过与消费者的无缝对接,及时把握需求变化,引导消费者参与产品设计和开发,实现与消费者的协同创新。② 建立中药物流共享平台。在安徽省,建设以亳州为核心、面向安徽、辐射全国的规范、有效、安全的现代中药物流网络,充分发挥其在全国的中药材战略储备作用、交易龙头作用、中药材标准引领作用、连接并辐射全国的中药物流枢纽作用、中药材价格形成作用。建设区域性中心市场,在六安、安庆、滁州、宣城和黄山等产地市场的基础上,建成五个区域性中心市场,加强与亳州市场的合作。

制定行业技术标准。由龙头企业主导,同行企业相互合作的形式,共同参与或主导国际、国内行业技术标准的制定。

组建中药行业技术协会。构建中药行业技术协会有助于整合产业内优势资源,包括中药加工企业、中药农业及相关支持性企业、科研院所等整个产业链上的资源。由龙头企业主导,产业链上下游企业参与,建立资源共享、合作共赢、共同发展的行业技术协会。

(三) 产学研协同创新路径

1. 产学研三方在协同创新中的地位和作用

产学研不同创新主体在协同创新中的地位和作用是不同的。因此,基于三方在创新链中的分工和协作,构建适用于中药产业的产学研协同创新模式,有助于提高产学研协同创新的效率。

产学研三方在资源上的优势互补是形成产学研协同创新的基础。企业、大学和科研机构既存在着协同创新中明确的职能分工，同时各自有自己的资源缺口。大学和科研机构为企业的创新需求提供基础性研究成果、专业人才、科研场所和仪器设备，以及知识和技术信息等，是科学技术转化为生产力的创造者；而企业则拥有敏锐的市场信息、雄厚的财力支持，以及科研人员的实践基地等，是科学技术转化为生产力的实现者。此外，产学研三方若要形成有效的协同创新体系，还需要政府的支持、协调、沟通与监督。

产学研协同创新涉及产业链、创新链和产学研主体等"三个维度"。从创新链上看，存在基础、应用基础和应用开发研究；从产业链上看，存在上中下游；从主体上看，存在产学研三方；合计有 27 种类型，见图 8-2。因此，构建产学研协同创新合作机制，需要明确产学研主体、创新链分工和产业链环节。

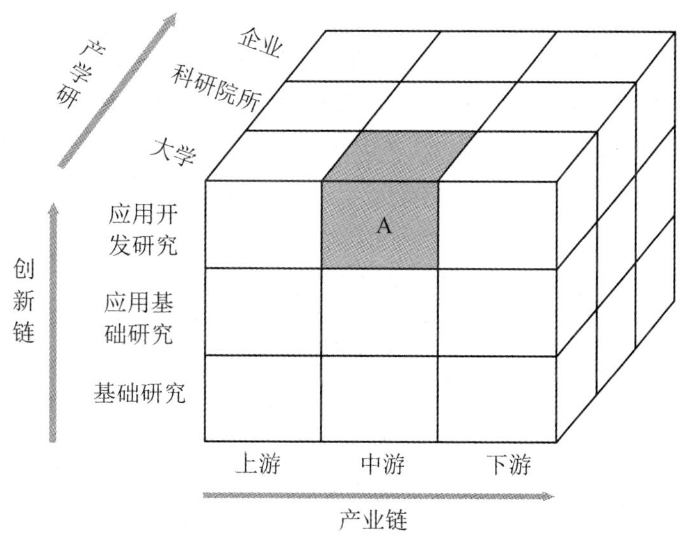

图 8-2　产学研协同创新"魔方"

产业链环节上确定以中药工业(中游)为主导。中药产业链上中下游都存在产学研协同创新问题。而中游的中药加工厂商是处于主导地位。加工厂商基于市场需求的变化，向上游的中药农业(中药材种植)和相关支持厂商(如辅料、制药机械)提出技术需求，带动上游的产学研协同。

创新链上确定以应用研究为牵引。应用研究直接面对市场，处于创新链的下游。通过应用研究的牵引带动应用基础研究和基础研究。产学研三方在创新链上的分工也各有侧重，高校、研究机构和企业各自侧重于基础研究、应用基础研究和应用研究。

产学研主体上确定以企业需求为导向。针对关键技术，由企业出题，产学研三方协同完成，最后由企业完成应用。

2. 基于创新链构建中药产业产学研协同创新模式

产学研协同创新的模式有很多种，新的合作模式也在不断涌现，没有一种单一模式是万能的。因此，构建基于创新链的多种产学研协同创新模式共同协调发展，既是满足市场需求，也是符合中药产业发展的。

创新链是一项新的科技成果从创意产生到研究开发成为初步的产品，再到最终的生产、销售，形成商品化、产业化的过程，见图 8-3。

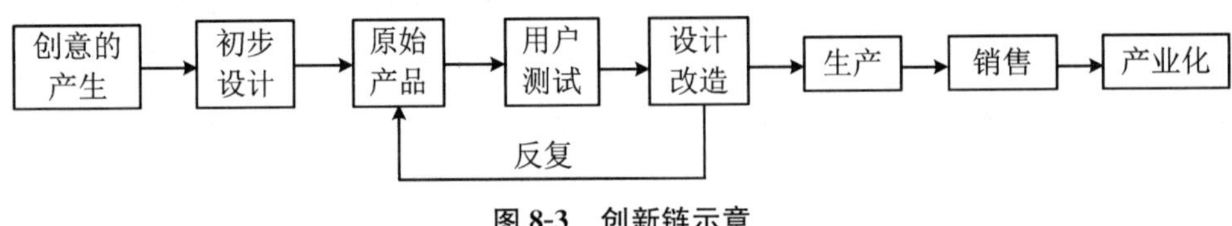

图 8-3　创新链示意

在这条创新链上，每个参与主体发挥着不同的作用，大学侧重于基础研究，科研机构侧重应用基础研究，而企业的研发部门则更看重应用研究。产学研协同创新以企业需求为导向，以应用研究为牵引，带动基础研究和应用基础研究的发展，见图 8-4。

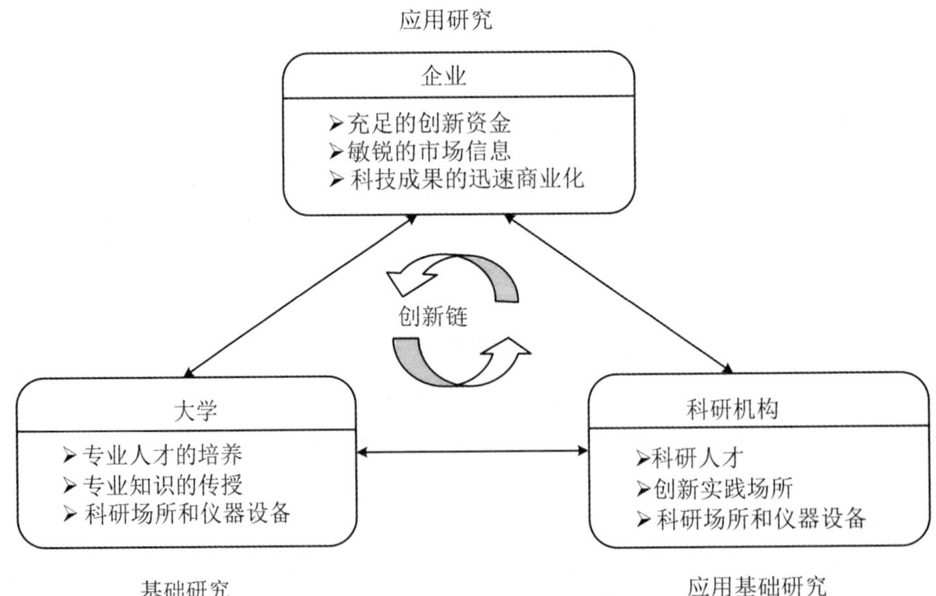

图 8-4　基于创新链的产学研协同创新系统结构

(1) 在创新链上游，以大学为主导，发展中药产业基础研究。中药产业基础研究以大学为主导，一方面，要搭建基础研究平台，解决重大共性技术、关键技术；另一方面要注重人才培养，完善体制机制。

政府牵头，搭建基础研究平台。中药产业基础研究周期长、风险大，因此需要政府牵头，为大学的基础研究搭建平台，提供科研经费支持，并对合作创新过程予以监督和协调。在重点实验室建设中，更加注重突破中药行业共性、关键核心技术、提升重大基础研发能力，注重原始创新和知识产权的保护。建设一批中药行业领域基础研究平台。例如，安徽中医药大学联合多家科研机构、中药企业共同搭建了安徽道地中药品质提升协同创新中心，该中心重点围绕安徽省中药材产业发展，通过建立协同创新平台，对安徽道地中药材品质提升的共性与核心关键技术进行研究。

完善中药产业人才培养方案。高校要结合市场需求，以培养中医药类专业人才的创新意识，提升创新能力为目标，对专业课程设置、教学内容、教学方法以及优秀学生和优秀教师的评选指标等进行修订和完善。高校要保持与社会的紧密联系，使人才培养方案紧随社会需求，尊重并鼓励学生的创新意识和创新精神。要积极鼓励高校教师进企业开展实地调研，与企业建立合作项目，提升其科研成果的实际应用价值。

与企业共建人才培训与引进机制。一方面充分利用高校的知识资源和良好的实验条件，与企业共建实习实训基地，建立人才培训与引进机制，如请企业家到大学为学生提供新知识、新思想，组织学生在课余时间去企业见习，学校出租实验场所和设备，大学教授给企业作报告，与企业建立咨询关系等；另一方面，要与企业科研机构合作，共同设计开发中药学科教学案例、实验教材、设立新课程等，为高校教学提供各种有利条件。

(2) 在创新链中游，以科研机构为主导，发展中药产业应用基础研究。中药产业应用基础研究以科研机构为主导，结合市场需求，实现基础研究与应用研究的过渡与衔接，使企业需求与科研活动相匹配，加强产学研结合的紧密程度。

搭建中药二次开发平台。加强中药的研发水平，尤其是二次开发，是提升产业创新力、加快中药现代化进程的重要途径。中药的二次开发，要利用好现有的中药资源和科技成果，在此基础上，根据市场需求和临床经验进行创新，开发出具有市场竞争力和独立知识产权的新产品。在这种模式中，企业将现有中药产品的临床认可度、市场占有率、临床需求度等市场信息提供给科研机构，并进行二次开发后新产品的市场开拓，扩大优质品种的市场占有率。大学应配合科研机构进行二次开发理论与方法的研究。

与大学合作组建高新技术转移模式。科研机构与大学合作成立中药领域高新技术或核心技术向企业转移的平台，如专利转让机构等，接手来自全国各科研机构和大学具有发展前景的中药研究成果，并将此技术成果快速向中药企业转移。同时,该类机构还可承接各种专利研发任务,帮助科研机构和大学分析和甄选具有市场前瞻性和应用价值的科研项目,避免科研活动与市场相脱节。

搭建基于网络的中药产业产学研技术联盟互动平台。以科研机构为主导,构建基于网络的中药产业互动平台,吸引国内外众多中药研究机构、中药类大学和知名企业参与。平台提供中药类高校、科研机构的研究成果、专家、专利、投融资等众多信息资源,引导产学研协同主体的相互匹配,并且每个参与方都有自己独立的模块和空间,可以发布最新的成果资源,便于产学研的对接。企业也可通过此平台发布技术难题和需求,真正做到需求有匹配,难题有对接。

(3) 在创新链下游,以企业为主导,发展中药产业应用研究。中药产业应用研究以企业为主导,结合企业自身的研发需求,通过与大学、科研机构建立研发联盟、共建研发实体或建立科技园区等方式,提升企业的自主研发能力,提高产学研结合的紧密程度及合作成效,从而促进科技成果的转化。

建立企业研发联盟模式。企业根据自身的研发需求,与特定的科研机构或高校建立一种优势互补、利益共享、风险公担、相对独立的研发联盟模式。这种联盟可以是基于某一项特定技术研发项目的短期联盟,也可以是覆盖整个产品研发、技术创新过程的长期联盟。它不同于简单的技术委托开发或者技术转让,研发联盟强调的是知识和技术的共享性。中药产业属于资金与技术密集型行业,很多新技术不断发展,企业间竞争压力不断加大,而企业自身的研发目标和任务往往受到资金、设备、人才等的约束。因此与科研机构或高校建立研发联盟,共同推动研发工作,是中药企业技术创新的关键战略。

围绕中药行业关键技术,共建研究开发实体。企业与高校、科研机构共建实验室或成立工程研究中心的形式,共同攻克中药产业发展关键技术难题,共同完成新技术、新产品的研发。在这种模式下,企业可将高校、科研机构的技术人员直接纳入组织框架中,与他们签订长期合作协议。一方面,使高校、科研机构研发人员能够接触到具有市场针对性的研究成果;另一方面,企业也可降低科技人才流失所带来的损失。显然,该模式需要进一步完善知识产权和收益分配机制。

企业与大学或科研机构共建科技园区。按照政府搭台、多方投入、市场运作的模式,以中药龙头企业为主导,聚集众多高校和科研院所的人才、科技等资源,建设中药产业科技园区。政府应对入园的企业给予政策和税收优惠,推动产学研有效合作,提高合作项目数和联合专利数。园区内设立大学科技园,推动中药学领域科技人才的培养和科技成果的转化,帮助孵化一批创新型中药企业。

3. 产学研协同创新机制

由中药龙头企业主导,中药企业、科研机构和高等院校积极参与,构建中药产业产学研技术创新联盟。鼓励中药企业在高校设立基础研究基地;鼓励高校、研究院所在中药企业设立实验实习基地、中试基地等。依托产学研对接项目、成果示范基地、产业基地和园区，完善科技成果转化平台。

（四）科技服务协同体系构建

在产业协同创新体系中，还包括科技（创新）服务协同体系。需要探究基于中药产业内外关系的科技服务协同体系运行机制。其中包括：通过研发设计服务模式的探讨，促进社会研发机构和个人的研发参与；专业化科技中介企业和技术经纪人建设策略；科技金融服务业的服务模式探究；孵化器、加速器的功能模式探索。

1. 科技服务协同体系类别与运行模式

科技金融服务业、研发设计模式创新和科技中介的建立和发展是促进科技服务协同体系建设的三个重要组成部分，同传统模式下的研发、服务相比，科技服务协同体系的建立将更好地推进科技创新工作的开展。

表 8-4　科技服务业传统运作模式和科技服务协同体系运行模式的比较

类别		传统模式	协同发展模式
研发	主体	科研院所、高校为主导	企业、高校、中介机构、社会团体
	方式	仿真研发、联合研发	外包研发、联合研发、众包研发等
	资金	政府拨给为主	外部投资比例增加
	成果	专利、论文为主	产学研相结合
科技中介	性质	官方或半官方机构	股份制企业
	营利性	非营利	营利
	服务范围	单一	多元化
	形式	行业协会、专家委员会	技术转移办公室、高新企业孵化器、
科技金融	资金来源	单一	多元
	形式	银行贷款	风险投资基金、科技支行、政策性贷款

2. 中药产业研发设计服务模式探究

中药产业研发技术含量高，风险大，在实施了 GCP、GLP 和 GMP 之后，对新药研发的硬件设施提出了很高的要求。不同于传统的研发模式，科技服务协同体系下的产业研发在研发主体和研发模式上有了创新和突破，有助于扭转目前中药产业依靠仿制药为主的局面。

目前中药产业研发存在的主要问题是没有充分利用新型研发模式，研究主体单一；外包研发企业规模小、服务内容单一，多为临床试验和新药注册代理工作，研发工作相对较少；缺乏专业的中药研发企业和机构。针对这些问题，政府、科研机构、企业、高校等主体应协同参与。根据自身需求和研发能力，企业选择并探索适合自身要求的研发设计模式。可以采用协同研发（产学研协同研发、链合协同、竞合协同）、依托企业研发（技术、工程）中心完全自主研发、提出需求采用服务外包、直接购买科研成果等多种形式。大学和科研院所为技术创新提供基础研究、基础应用研究服务；积极借鉴“众包”“威客”“创客”等虚拟设计网络，吸引社会各研发机构或消费者个人参与研发设计；中试基地或工程中心提供“小试”或“中试”服务；中药质量监督检验中心提供检测服务。

3. 中药产业专业中介建设探究

科技中介组织狭义上指为科技创新主体企业、高校、研究机构等各类社会主体提供社会化、专业化服务，以支撑科技创新活动和促进科技成果产业化的机构。中药产业专业中介将中药供应链上各个相对独立的主体联系起来，传递信息、共享资源、转化科技成果，充分发挥科技服务协同的作用。

推进技术中介和服务机构建设，促进中药产业与科技中介机构的合作。企业提出需求，中介机构积极开展科技招投标、科技中介咨询、技术产权交易、检验检测等服务，推进科技服务品牌化。培养和引进一批熟悉技术需求探寻、技术评估、知识产权、技术贸易、产业化分析等专业化科技中介企业和技术经纪人队伍，提供技术成果转化和技术需求探寻的中介服务，促进产学研对接。进一步改革完善孵化器、加速器等孵化功能和企业成长辅导功能，政府指导帮助科技创业孵化企业发展。在孵化器建设中，政府为关键作用，市场为辅助作用。在加速器建设中，应发挥市场的主导作用。

4. 中药产业科技金融服务模式探究

中药产业普遍面临资金短缺的问题，因为科技成果转化的周期长，前期资金投入大，而多数中小企业信贷资质不足，贷款难。中药产业科技金融服务模式的研究将完善企业的信用担保体系，促进中药产业资源和金融资源的有效对接。针对目前现状，需整合多种金融手段，构建多元化、多层次、多渠道的科技金融协同服务体系，从银行业、基金市场、金融衍生工具等方面出发，探索中药产业的科技金融协同体系的发展路径。

完善银行担保体系，创新中药产业信贷产品。在中小型企业和个人缺乏信贷途径的情况下，银行开展担保形式的创新成为一种趋势。仓单质押贷款就是一种适合中药企业的融通资金的手段。企业和个人以中药材的仓单作为抵押物向银行贷款，同时发挥第三方监管机构、商业保险和价值评估机构的作用，可以有效缓解中医药产业贷款难的问题，详见图 8-5。

另一种可尝试的解决方案是复合式供应链融资，如图 8-6 所示，它将中药产业供应链上的所有企业作为一个整体，银行根据综合信用等级开展授信。在这种融资方式中，银行以信用等级高的药品生产经营企业的应付账款为审核依据，向下游信用等级相对低的企业和个人提供低成本的贷款。复合式供应链融资突破传统融资担保物限制，实现担保方式的创新，解决中小企业和药农的融资难问题。

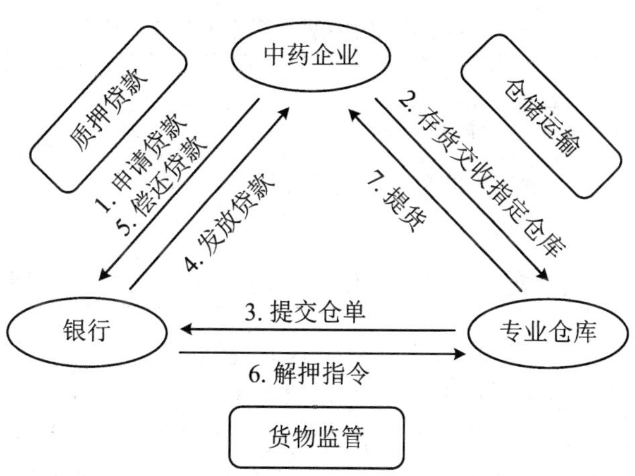

图 8-5　中药企业仓单质押贷款运作模式

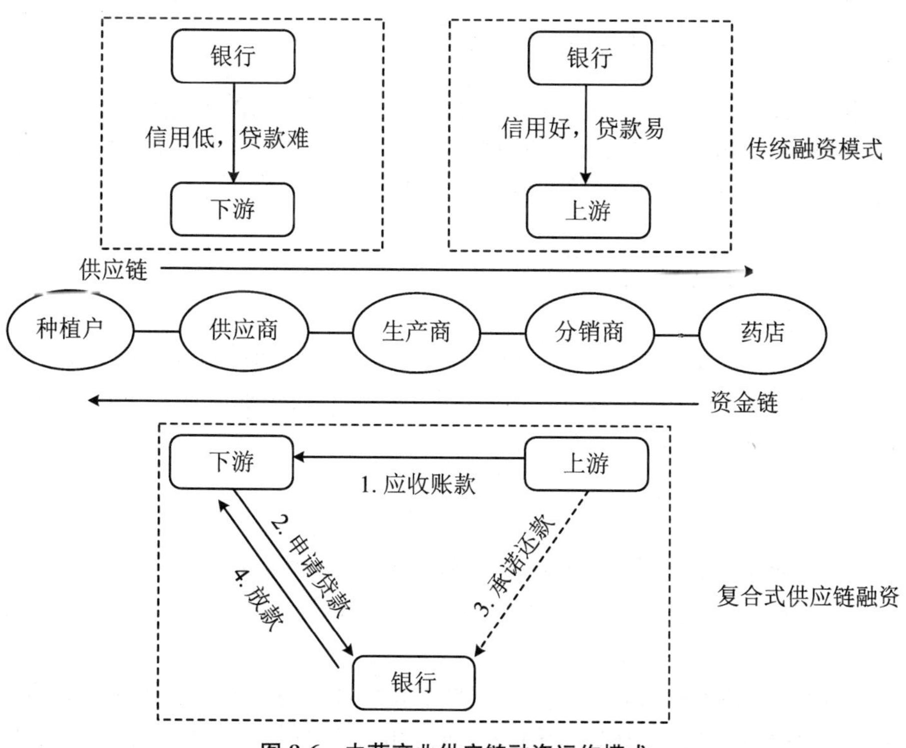

图 8-6　中药产业供应链融资运作模式

此外,国有大型银行可以针对中药产业提供专业化金融服务和特色信贷产品,将信用评价、信用激励和约束机制同担保贷款业务进行有机结合,为中药企业提供贷款的绿色通道。根据中药企业的规模,有针对性地提供信贷产品。

表 8-5 针对不同规模的中药企业的信贷产品

规模	形式
大型企业	政策性贷款和银企合作协议
中型企业	"药融通""药材盈"等特色信贷产品
小型企业	简式快速贷款、小企业自助可循环贷款
微型企业	担保不足时,可使用联保、房产抵押、土地抵押等多种担保形式

此外,适宜的中药产业科技金融服务模式还有:建立风险投资基金,扩展中药产业融资渠道;针对暴雨、洪涝、雪灾等自然灾害,推广开展中药材种植业保险,法定保险和自愿保险并行,逐步完善中药种植业保险法律体系,从而有效地降低中小企业的风险;通过建立中药材期货市场,提供中药材未来的供求信息,宏观调控,指导种植业主利用期货合约合理规避风险。

(五) 科技普及和咨询服务

科技普及和咨询服务有助于中医药文化和中药新产品的上市和品牌塑造。加强与科普中介机构的合作,并通过中药博览会、新品推介、科技下乡、事件营销、体验消费等手段推进中药新产品的宣传推广活动。

三、构建协同创新体系的策略

产业协同创新体系的建设,关键是明确各主体在协同创新体系中的职责和任务,具体见图 8-7,下文通过分析各主体在协同创新体系中的职责和任务,提出相应的构建协同创新体系策略。

(一) 政府的重点任务

政府是协同创新体系建设的主导者和引导者,特别是在后发地区,政府的主导作用十分重要。政府主要通过政策引导、搭建平台、提供基础设施等方式,发挥在中药产业协同创新体系中的引导作用。

(1) 吸引区内和区外产学研资源的聚集。整合中药工业技术研发链上的既有资源,加大外部资源吸引力度,把招商与引智相结合,促进中药研发中心建立、优秀人才引进和科技成果转化。形成以政府引导、企业主导,以中药共性技术研发平台

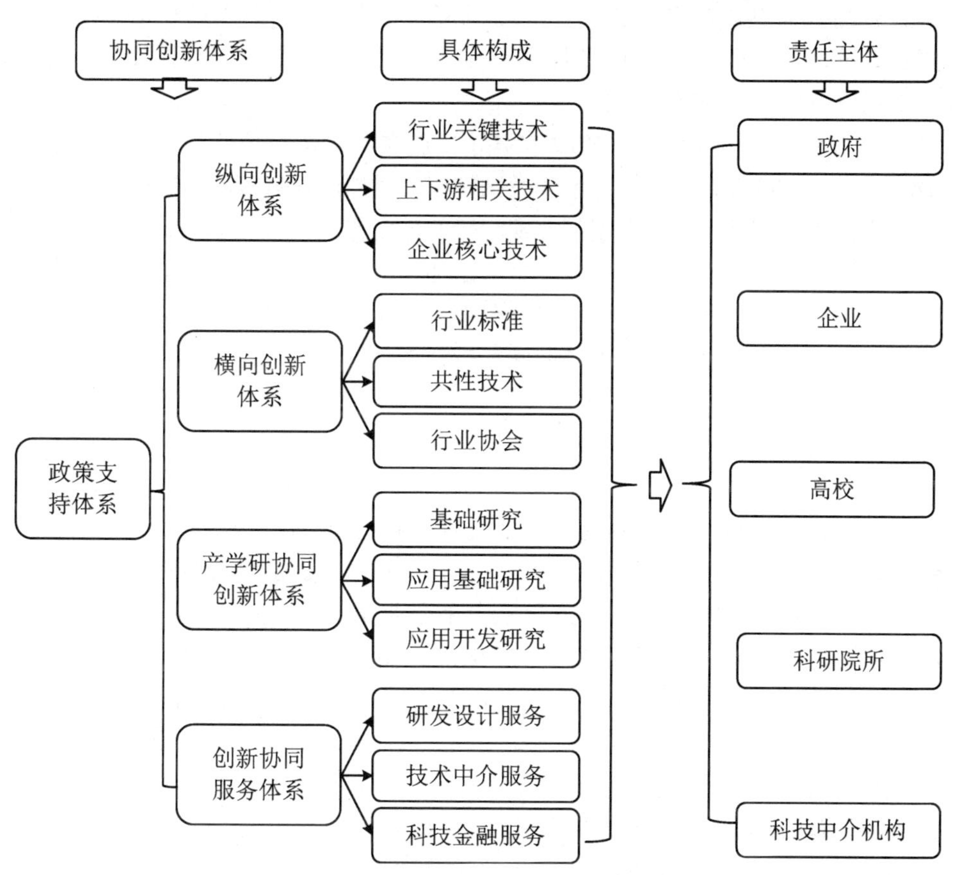

图 8-7　协同创新体系具体构成及相关责任主体

为承载，以中药产业创新联盟为协同机制的产学研协同创新路径。

(2) 政府通过建设中药协同创新基地，引导其他创新主体参与协同，积极推动协同创新体系建设。可以考虑吸引境内外产学研优质资源与高等院校、科研院所、大企业以及相关研究基金等合作建设中药产业协同创新基地。

(3) 建立中药工业创意园并吸引大型企业、知名高校和科研机构入驻。围绕创意设计、设计企业、产业孵化、中药技术创新研发、中药制药设备与先进制造产业化等内容，提供知识产权保护与服务、信息服务、投融资、科技研发和中介服务等平台。政府采取组织领导、资金保障、协调引领、知识产权战略、人才引进与培训机制等保障措施来促进园区建设。

(4) 发展中药总部经济。即促进国内中药大型企业(白云山、天士力、云南白药、康美药业、修正药业、太极集团、同仁堂等)以及国际医药巨头设立地方研发(分)中心。

(5) 加强公共服务平台建设。建设国家级中药质量监督检验中心，为产品标准制定、质量监督检验、公共服务提供重要载体。建立中药专业数据库、人才信息库，实现设备仪器、资源信息共享。

(6) 加强政策引导。政府的政策引导重点在于加快科技体制改革、健全技术创新市场导向机制；制定相关政策和激励措施，引导和激励创新主体对技术研发方向、路线选择、要素价格、各类创新要素配置的导向作用。督促政策执行，完善优化政策体系，对有关协同创新的财政资金使用加强前中后期管理，构建公开透明的科研资源管理和项目评价机制；健全技术转移机制，改善科技型中小企业融资条件，完善风险投资机制，保障技术市场健康运行。加强知识产权运用和保护力度，激发创新动力。

(二) 企业重点任务

企业的重点任务是建设产业上下游链合协同创新的技术研发平台。企业是市场主体，要强化企业在技术创新中的主体地位，发挥好市域范围内中药大型企业创新骨干作用，各市政府要通过政策激发中小企业创新活力，引导企业加大研发投入。加快推进应用型技术研发机构市场化、企业化改革。

(1) 中药企业应重点围绕产业关键技术、核心技术，以及需要上下游密切配合的行业技术，建立多种形式的协同创新组织。政府重点运用舆论和政策相结合，引导企业自主联合上下游企业进行协同创新，如组建协同创新联盟，建立相互参股的独立的具有法人地位的协同创新组织，建立依托商业合作的协同创新关系等。政府可以对联合专利、重大协同创新成果给予奖励和后补贴。

(2) 引导成立中药产业技术创新联盟。引导建立以中药产业链上下游各环节以及支持性相关产业参加，以上下游技术关系为基础，关键企业主导，产学研相结合和由行业组织协调的中药产业技术创新联盟。通过制定多种政策，在知识产权、资源投入分配、利益共享和分配、创新业务管理组织等方面引导或敦促联盟主导企业建立促进“链合”协同创新的管理机制。

(3) 组织对关键技术进行协同攻关。由政府引导、行业龙头企业为主导和管控，制定核心技术或关键技术创新规划，编制研发项目计划，分包或委托上下游企业、高校和科研院所，实现协同创新。

(4) 引导建立营销物流共享平台。引导中药企业加强与电商合作的同时，支持企业建立形成以加工企业为主导、行业内多家企业参加的产业营销服务共享平台，如中药产业电子商务共享平台、物流共享平台等。

(5) 组建中药行业技术协会。由龙头企业主导，产业链上下游企业参与的行业技术协会。

（三）高校重点任务

高校的重点任务是基础研究和建设中药行业共性技术协同创新平台。高校具有人才培养和科学技术研究的双重责任。大多数高校的主要精力在于人才培养，重点进行基础研究或应用基础研究，一般不具备面向市场的技术开发或产品开发能力。而企业则相反，在基础研究和应用基础研究方面能力薄弱。高校与企业合作，充分发挥各自优势，能够优势互补。因此，高校牵头建设的协同创新组织（包括产学研协同创新），重点任务应该放在基础研究或应用基础研究方面。

行业共性技术难以由企业来完成，而高校可以避开竞争关系，所以高校牵头建设的协同创新组织应重点放在行业共性技术领域的创新，组建行业共性技术协同创新平台。此外，高校要把人才培养和知识传播作为重要任务，在与企业进行协同创新的过程中，培养人才，也为区域经济发展输送人才。

（四）科研院所重点任务

科研院所的重点任务是建设面向产业的技术研发协同创新平台。其主要任务在于解决基础研究与应用开发之间的桥梁问题，即应用基础研究。可以通过建立院所与企业、高校相结合的协同研究机构或将其转型为产学研协同创新研究机构，积极推进科学理论向应用技术的转化。

（五）科技中介机构重点任务

科技中介机构的重点任务是建设中药产业协同创新网络平台。随着互联网的不断普及，借助互联网实现创新成为企业进行技术研发的新模式。过去的"研发外包"模式正在向"研发众包"和"创客"模式转化，这是新型的协同创新模式（"众包"指有明确的技术需求发包方，没有明确的技术创新受包方；"创客"指不以盈利为目的，有兴趣把个人创意转化为现实的人）。目前互联网上已经出现了各种形式的协同创新模式。依托科技创新公共服务平台，借助互联网把技术需求和技术创新双方连接起来，实现协同创新，如建立"中药产业技术创新众包门户网"。

第三节　中药产业协同创新案例研究
——以霍山石斛产业为例

本章第二节运用协同创新理论分别从产业链、技术链、创新链解析产业创新体系的内在关系，包括链合协同创新关系、竞合协同创新关系、产学研协同创新关系、科技中介服务协同关系、科技普及关系。为更好理解上述关系，本节以霍山石斛产业为例，进一步解释说明以协同创新为核心的中药产业转型升级路径。

一、霍山石斛产业面临的主要发展难题

（一）霍山石斛产业发展现状

安徽省六安市霍山县所产石斛包括霍山石斛（米斛）、铁皮石斛、铜皮石斛（细茎石斛），均可称之为霍山产石斛，但不能统称为霍山石斛。霍山石斛是国家珍稀濒危的名贵中药材，相关研究表明霍山石斛具有独特的地理分布、形态特征、遗传结构、药理活性和化学成分（孟海涛等，2015）。本节仅研究霍山石斛。

从 20 世纪 70 年代开始，霍山县开始探索霍山石斛的人工种植，2009 年以来，规模化、规范化种植发展迅速，成为全国重要的石斛产业基地，2010 年被中国野生植物保护协会授予“中国石斛之乡”称号，“霍山石斛”获中国地理标志保护产品、中国地理标志证明商标。据统计，截至 2019 年末，霍山县石斛种植面积达 10000 余亩，从业人员近万人，年产值约 30 亿元。全县从事种植、加工及销售的市场主体 1600 余家，拥有植物新品种 4 个，各类授权专利 79 件。安徽省内外 10 余家院校、院所等开展了产业石斛相关研究和科技服务。六安市本地就有一家石斛产业化省级协同创新中心。

（二）霍山石斛产业链

探索基于产业发展难题的协同创新体系构建，首先要在理清霍山石斛产业链条基础上，剖析产业链上的关键技术和共性技术难题，进而开展协同创新。

霍山石斛上游属于中药农业，包含霍山石斛种源选育、种苗繁育到规范化种植等；产业链中游包含鲜条采收、初加工成霍枫斗（龙头凤尾草）和深加工，其中鲜条和霍枫斗也可直接进入下游；产业链下游包括霍山石斛的销售、物流、文化和其他服务等。详情参见图 8-8。

产业链上游种源的选育、中游的深加工、下游的石斛品牌文化都是产业链中的关键环节。

（三）霍山石斛产业主要发展难题

1. 产业链上游的发展难题

近年来，霍山石斛的试管苗生产、高效栽培的技术均获得突破。但在产业链上

游仍存在两类发展难题：首先，从种植的源头上看，种质资源保护、优良品种选育、生物学和道地性研究等关键、共性技术需要解决。野生霍山石斛对自然环境要求极其苛刻，加之之前掠夺式采挖，使野生资源急剧减少。同时，霍山产石斛既有霍山石斛，也有铁皮石斛和铜皮石斛，因此，在加强种质资源保护、收集基础上，根据市场需求繁育出不同的品种，既要进行品种的筛选、驯化和扩繁，还要保持霍山石斛基源纯正、防止品种混杂。同时要从植物分类学、现代生物学角度进行深入研究，为霍山石斛道地性及其形成机制提供理论支持。其次，从种植的规范化、规模化上看，需要制定霍山石斛种源、种苗繁育、栽培和质量检测等系列标准和技术规范，以及规模化优质种苗供给，从而建立霍山石斛的市场准入和差异化定位。

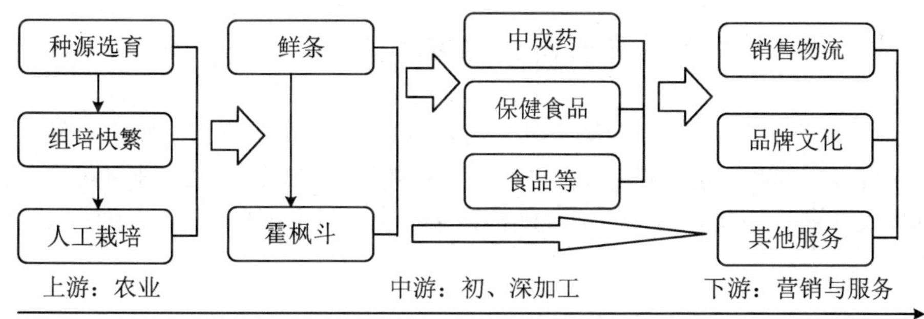

图 8-8　霍山石斛产业链图

2. 产业链中游的发展难题

从产业链中游看，在初加工环节，霍山石斛炮制工艺（即加工成饮片枫斗）基本成熟，已经成为安徽省非物质文化遗产，但深加工环节薄弱，难以获得产业链延伸效益，且面临两类产业发展难题。首先，药学基础研究薄弱。近年来，对石斛的药理研究不断深入，但包括霍山石斛在内的各类药用石斛在药效学物质基础、作用机制上尚未完全做到“两个基本讲清”，霍山石斛有别于其他品种的独特化学成分和药理活性需进一步研究（孟海涛等，2015），进而制定专属性质控制标准。其次，加工度低，产品创新不足。霍山石斛产品单一，多以鲜品和枫斗出售。2020 年 10 月 3 日查询国家药品监督管理局和国家市场监督管理局网站，目前获得国家批准的石斛制成品主要有中成药和保健食品共计 321 个批文，多数为铁皮石斛制剂。安徽本地企业 7 家，仅有 4 个中成药和 4 个保健食品批文。因此，在药学研究基础上，要加快药品、保健品等霍山石斛深加工产品的申报和产品标准研究。

3. 产业链下游的发展难题

从产业链下游看，霍山石斛在商标保护、非物质文化遗产申报等方面取得积极进展。但从产业共性角度看，品牌建设、营销管理方面仍处于起步阶段，面临着两大类产业发展难题。首先，品牌建设需要加强。目前，针对霍山石斛的品牌保护不足。市场上以其他种类石斛，特别是霍山产铁皮、铜皮石斛冒充霍山石斛，霍山石斛商标和地理保护标志使用不规范等现象时有发生。此外，霍山石斛的品牌文化内涵挖掘不足。霍山石斛是石斛上品，其鲜品和枫斗的市场价格比同类产品要高数倍，但在向顾客传递价值信息过程中独特性并不明显，如在本草考证、功能效用、化学成分和药理活性等传播推介上差异化不显著，霍山石斛品牌的独特文化内涵尚未充分挖掘。其次，服务体系亟待完善。在霍山石斛营销有关的文化展示与体验、科技普及、营销网络、物流体系、消费咨询等服务体系方面尚不完善。

在产业链各环节都存在着一些关键和共性的发展难题，从整个产业链看，产业发展规划和市场监管仍须进一步完善。

二、霍山石斛产业协同创新体系构建

前文在解构霍山石斛产业链及其关键环节基础上，基本理清了霍山石斛产业在产业发展规划和市场监管、资源保护、产业化栽培、深加工、营销与服务等领域存在的发展难题。这些难题，需要通过构建多主体、多维度的协同创新体系予以解决。

（一）目前主要的协同创新资源

产业协同创新体系构建要求有较好的创新资源禀赋，需要厘清霍山石斛产业所在六安市域内相关机构，包括有关企业、高校和科研院所，同时要梳理区域内外、产业内外的资源，详情见表 8-6；并在地方政府政策影响和行业显隐性规则约束下，整合创新资源。

表 8-6 六安市霍山石斛产业创新资源表

分类	主要机构
高校	合肥工业大学、安徽中医药大学、安徽师范大学、江苏大学、安徽农业大学、皖西学院等
科研院所	中国中医科学院、中国科学院、安徽省中医药科学院、皖西学院（石斛产业化开发省级协同创新中心、植物细胞工程安徽省工程技术研究中心、霍山石斛研究院、皖西大别山药用兰科植物种苗繁育基地）、安徽中医药大学（安徽道地中药材品质提升协同创新中心、现代中药安徽省重点实验室、安徽省现代中药研究与开发院士工作站）、安徽省林业高科技开发中心等
企业	九仙尊霍山石斛有限公司、霍山县长冲中药材开发有限公司、安徽斛生记生物科技有限公司、霍山县五峰山石斛开发有限公司、霍山县亿康中药材科技发展有限公司、安徽康顺名贵中草药开发有限公司、安徽东方灵芝宝药业有限公司等

六安市及霍山县作为霍山石斛所在地，具有较好的创新资源。其中皖西学院设有石斛专业研究机构 4 个，并联合省内外产学研机构成立了“石斛产业化开发省级协同创新中心”。众多石斛企业与高校及科研院所建立了长期合作关系，代表性企业如九仙尊石斛有限公司，该公司涉及从种植到服务全产业链，生产的 2 个石斛深加工产品获得国家保健食品批文；另外，长冲中药材公司拥有最大的野生种质资源保育基地，炮制工艺被评为省级非物质文化遗产，多次获得省级以上科技成果。市域外的合肥工业大学、安徽中医药大学、中国中医科学院和中国科学院等机构在药学基础研究、产业化栽培和植物分类等方面也取得了一批研究成果。霍山县也成立了石斛产业发展办公室（石斛产业协会）等服务组织。

（二）霍山石斛产业协同创新体系构建

霍山石斛产业协同创新体系包括纵向、横向和产学研协同创新，以及协同创新服务体系和政策体系五个方面，如图 8-9 所示。

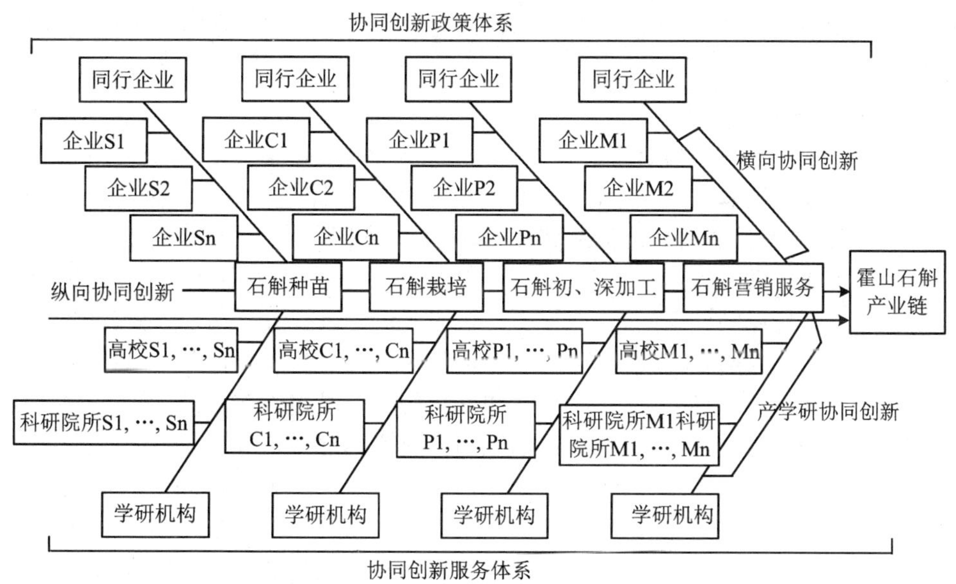

图 8-9　霍山石斛产业协同创新体系框架图

1. 纵向协同创新

纵向协同创新主要指霍山石斛产业上下游企业之间协同创新，突破存在于产业链上下游的产业难题。形成以龙头企业主导，构建产业技术创新联盟；协同上下游企业围绕产业化的关键技术、关键产品进行创新的路径。如种植企业可以与种苗企业围绕种质资源纯正性、品种选育繁育开展协同创新。加工企业可与种植企业围绕规范化栽培、示范基地建设等开展协同创新。下游企业也可以与种植、加工企业共同形成产业融合创新,如石斛农业(工业)旅游、石斛会展等品牌宣传活动;发展商业模式创新,如促进石斛产品的渠道模式创新;根据消费者需求变化,与上游中游企业共同开展产品创新。

2. 横向协同创新

横向协同创新指处于产业链同一环节的同行企业之间的协同创新。主要从三个方面构建霍山石斛竞争性企业的横向合作,实施"竞合"创新的协同机制:① 行业标准制定。由龙头企业主导,同行企业相互合作,共同制定行业技术标准。如霍山石斛种子生产、种苗繁育、栽培、炮制规范,深加工产品标准,产品质量检测标准等。② 成立行业技术协会。共同围绕行业共性技术开展交流合作,必要时建立以企业联合投资为主,合作高校为基础,政府提供项目支持的应用性共性技术研发平台。围绕品种选育、道地性、规范化栽培,产品深加工技术等应用性共性技术开展协同创新。③ 建立石斛产业营销服务共享平台。平台应以加工企业为主导,具有营销、物流、品牌运作等综合服务能力。通过营销服务共享平台,强化行业竞争秩序的约束和引导,共同维护霍山石斛品牌价值,并打造具有全国影响力的霍山石斛高端论坛。

3. 产学研协同创新

围绕产业链条每一环节所涉及的产业发展难题,产学研开展协同创新。产学研协同创新涉及产业链上中下游、产学研三方以及基础、应用基础、应用开发研究三种研究类型,其核心是协同创新路径的确立。从霍山石斛产业实际出发,可从以下三个维度确立其路径:① 产业链环节上以霍山石斛加工(中游)为主导。全产业链都存在产学研协同创新问题,而霍山石斛加工环节涵盖初、深加工,具有前、后向关联效应,处于主导地位。霍山石斛加工企业基于消费者需求的变化,向上游厂商提出技术需求,带动上游的产学研协同和下游的商业模式创新。② 产学研主体上确定以企业需求为导向。就三方的地位和作用而言,企业是霍山石斛产业发展的主体。针对关键和共性技术,由企业出题(具体的产业发展难题),产学研协同,企业投入应用,企业根据内外部环境变化,再次出题;形成有序、动态、闭合的循环到再循环协同创新轨迹。③ 在研究类型上以应用开发研究为拉动。产学研三方各自侧重于应用开发研究、应用基础研究和基础研究。熊彼特指出创新是发明的首次商业应用,即技术创新的关键在应用。应用开发研究直接面向市场需求,从而拉动应用基础研究和基础研究。

针对霍山石斛的中成药研发,由加工企业牵头,联合上游种植企业,组成有中国中医科学院、安徽中医药大学、皖西学院、霍山石斛研究院等参与的协同创新。

4. 协同创新服务体系

在围绕霍山石斛产业发展难题构建协同创新体系中,还需要一批研发、孵化、技术中介、科技金融等生产性服务企业的参加，以及一批科技普及和咨询等引导消费的服务企业参加，为霍山石斛产业协同创新提供服务支持。

5. 协同创新政策支持体系

围绕霍山石斛产业协同创新，制定支持性政策，包括市级层面的产业发展规划，财政、金融、产业政策，完善的市场监管措施等。

三、霍山石斛产业协同创新主体主要任务

（一）政府主要任务

政府是协同创新体系建设的引导者。六安市政府、霍山县政府主要通过政策引导、搭建平台、提供基础设施等方式发挥引导作用。依托石斛产业化省级协同创新中心，建设霍山石斛产业协同创新基地，进一步引导其他创新资源参与协同。依托霍山石斛产业园，设立石斛研发设计园、公共服务平台。同时出台相关政策文件，引导各创新主体参与协同创新。

（二）企业主要任务

企业主要任务是建设上下游协同创新的技术（关键技术或核心技术）研发平台。霍山石斛产业的关键环节是产业链上游的资源保护、产业化栽培和中游的深加工环节。深加工的关键在于产品创新和产品标准研究，而产品创新和产品标准受到上游霍山石斛原材料的制约，包括上游的种质资源、规范化种植和质控标准。因此，需要建设上下游企业协同创新的技术研发平台，组建基于上下游技术关系的霍山石斛技术创新联盟，整合创新资源，重点突破核心技术，提高产业创新水平。

（三）高校主要任务

高校主要任务是立足基础研究，建设霍山石斛行业共性技术协同创新平台。高校在基础研究领域有不可替代的优势，加之企业之间存在竞争关系，霍山石斛行业基础性共性技术协同创新应由高校主导。依托安徽中医药大学、合肥工业大学和皖西学院等高校，重点在霍山石斛药学基础研究上取得突破。

（四）科研院所主要任务

科研院所主要任务是建设面向产业化开发的霍山石斛技术研发协同创新平台。科研院所面向行业和专业的能力强，很好地解决了基础研究和应用开发研究之间衔接问题。如依托皖西学院霍山石斛研究院，建立九仙尊公司、霍山县长冲公

司、安徽中医药大学和合肥工业大学等高校参与的技术研发协同创新平台。

（五）中介机构主要任务

中介机构主要任务是建设霍山石斛产业协同创新服务平台。平台既可提供生产性服务，也可以提供引导消费性服务。如研发设计服务，随着“互联网＋”计划的实施，“众包”“创客”成为协同创新的新模式。霍山石斛企业可以通过平台发布产业发展难题，让大众（其他企业、高校、科研院所、个人等）参与解决。

四、政策建议

基于以上分析，霍山石斛协同创新体系的建设，在多元主体中处理好政府与市场的关系至关重要，总体上要健全协同创新的市场导向机制，发挥政府的规划引领和政策导向作用，具体提出以下建议：

(1) 全面提升协同意识。霍山石斛产业发展难题是涉及全产业链的关键性、共性技术和贯穿上下游的技术问题，单兵作战式的创新难以取得突破，也做不到提升产业的整体发展。因此，要大力加强协同文化建设，全面提升各协同创新主体的协同意识，发挥协同优势。

(2) 坚持发展规划引领。目前，已经制定了县级层面的霍山石斛产业发展规划，但难以有效整合创新资源。应在市级或更高层面制定产业发展规划，并组织编制产业技术线路图，与协同创新体系的构建相一致，加快霍山石斛产业的发展。

(3) 发挥政策体系作用。政府要加快制定促进协同创新的政策法规，坚持企业在创新过程中的主体地位，支持、引导和激励各创新主体，同时加强市场监管维护行业秩序。

(4) 构筑协同创新平台。霍山石斛产业作为前景广阔的新兴产业，六安市可将石斛作为重点产业发展，搭建协同创新平台，重点攻克产业发展难题。围绕政府、企业、高校、科研院所和中介机构五大创新主体的主要任务，分别构筑各自主导的霍山石斛产业协同创新平台。

(5) 集聚各类创新要素。在全国，霍山石斛产业起步较晚。六安市在安徽省内创新资源相对薄弱，但属于合肥经济圈和长三角地区，应坚持开放合作理念，大力吸引市域内外、产业内外的创新资源集聚霍山，共同推进协同创新体系建设。

第四节　“互联网＋”与中药产业升级的协同融合

一、“互联网＋”与中药产业融合的内涵

产业融合指同一产业内或不同产业间相互影响、渗透、交叉，最终融合为一体，逐步形成新产业的动态发展过程(聂子龙，2003)。它以技术融合为前提，模糊不同产业间的技术界限，逐步实现产品、业务、组织、市场融合，最终完成产业融合的整个过程。产业融合改变了原有产业产品的特征和市场需求，使企业间竞争合作关系发生改变(马健，2002)。

“互联网＋”概念于2012年由易观国际提出，其核心理念是将互联网技术与工业及服务业相融合，关键是创新(陈星星，2016)。“互联网＋”通过发挥在生产要素配置中的优化和集成作用，提升实体经济的创新生产力。2015年3月，李克强总理在政府工作报告中首次提出“互联网＋”行动计划，要求利用互联网技术带动传统产业升级创造新业态。目前“互联网＋”作为一种创新的信息技术手段，已经渗透到各领域产业，与其他产业的融合不仅是现代产业体系的结构特征，也是现代产业升级发展的趋势。

“互联网＋”与传统产业的协同融合是通过运用移动互联网、云计算、大数据、物联网等互联网信息技术对农业、工业、服务业等产业链各环节进行渗透和嵌入，通过提高产业技术水平，创造新业态、新商业流程、新商业模式，实现产业链上下游的垂直合作或行业间的横向整合。同时，产业协同融合过程中还能够创新产业价值链模式，创新后的价值链节点融合了互联网产业价值，与原产业相比，融合产业带来了更高的附加值以及更大的利润空间。总体来说，凭借“互联网＋”信息技术进行的产业融合，能够提高产业技术水平以及产业附加值，能够实现传统产业结构优化升级目标。“互联网＋”核心内涵见图8-10。

互联网信息技术能够促进包括中药产业在内的产业升级。“互联网＋”中药产业的融合发展，指在中药产业生产各阶段引入信息通信技术和互联网平台，利用互联网整合中药产业相关资源，创新中药产业数据的智能利用方式，改造传统中药产业发展模式，以此构建新生态，推动中药产业转型升级。中药产业升级与“互联网＋”两者的耦合基础在于通过运用移动互联网、云计算、大数据、物联网等互联网信息技术，可以打破中药产业发展中存在的信息不对称局面，整合优化大数据资源，

提高产业整体技术水平；改变中药产品的特征，继而改变中药产品的生产和消费模式，对于促进中药产业升级具有重要意义。

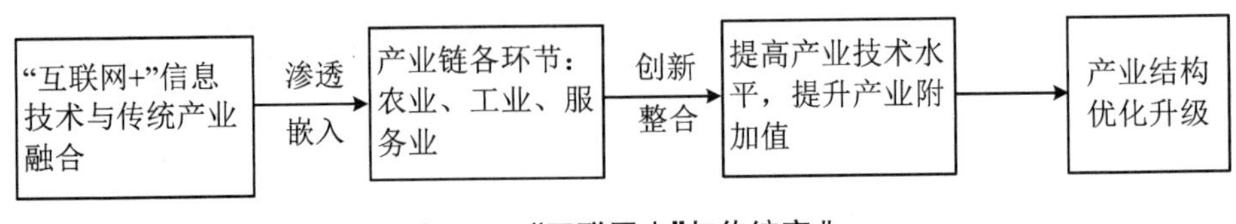

图 8-10　"互联网＋"与传统产业

二、"互联网＋"与中药产业的协同融合路径

"互联网＋"与中药产业的协同融合，是将"互联网＋"信息技术渗透到中药产业的各个环节，用信息技术串起中药产业链条，包含的"互联网＋"信息技术主要有物联网、云计算、大数据、移动互联。

物联网是通过射频识别(RFID)、红外传感器、全球定位系统(GPS)、激光信息采集设备等信息传感设备，实时采集任何需要监控、连接、互动的物体或过程等各种需要的信息，以信息交换或通信的方式实现对物品的智能识别、追踪、监测、管理和控制的技术。目前物联网广泛应用在工业监测、智慧农业、食品追溯等领域，基于其技术和应用特点，物联网在中药产业中具有良好的应用前景。制约中药产业发展的关键问题是中药材质量的控制、管理以及评价，相比较于西药，中药不可能通过有限、可控的步骤就生产出质量稳定的产品，由于其来源的特殊性，从培育种苗到产地种植，从加工到运输销售，对中药材内在质量影响的环节较多。对此，可以利用物联网的智能识别、追踪、监测、管理和控制等功能，实现中药材的智能种植、流通追溯，从而使中药质量的可控性大大提高。

大数据指借助互联网设备获取大规模、多类型、流转速度快、价值密度低的数据，并进行存储、管理、处理、分析等专业处理的信息技术。通过互联网设备，大数据能够获取研究目标的全部数据，在进一步研究分析挖掘后，探索、预测多类型数据信息间的相关关系并运用到社会实际活动中。中药产业环节复杂，信息来源多样化且数量多，包括中药资源种类、分布、蕴藏量、资源变化趋势、供求量等信息，若能利用大数据覆盖整体信息的宏观理念提高中药产业信息资源的利用度，建立中药信息共享平台打破产业信息不对称格局，对于中药产业的资源管理、育种、种植、流通、质量评控等方面可持续发展具有重要意义。

云计算是基于互联网，根据需要分配资源和信息的计算方式，具有大规模、虚拟化、按需服务、高效性、可靠性以及廉价性等特点。将云计算运用到中药产业生产中，依托物联网与大数据为中药信息资源的采集、分析、管理和数据挖掘提供可靠、快速的技术支持。它能够为中药质量追溯提供稳定、可靠的数据服务，也可以利用自身强大的计算能力为中药生产活动提供高性能数据运算、模拟、预测、指导等服务。在信息不对称的问题上，云计算以整合与共享的方式为中药材种植、流通、销售各环节的信息管理奠定了坚实的基础。

移动互联是用户端通过移动终端来对互联网上的信息进行访问，并获取用户所需要的信息。要实现物联网、大数据和云计算所获取信息的传递、共享，都需要利用移动互联终端来实现。将移动互联技术与物联网、大数据、云计算进一步结合将在中药产业的升级发展中带来更多变革与创新。

（一）“互联网+”与中药产业链的融合路径

1. 中药农业领域

利用大数据，基于地理信息技术开展中药资源普查、动态监测和预警，系统收集中药资源种类、分布、蕴藏量及变化趋势、栽培和野生情况、收购量、需求量和质量等相关信息（郭兰萍，2013）。运用物联网等技术进行中药材规范化种植，通过物联网系统的温度传感器、湿度传感器、pH 传感器、光传感器等设备，检测种植环境中的温度、相对湿度、pH 值、光照强度、土壤养分等物理量参数，实时了解中药材的生长需求，保证中药材有一个良好的、适宜的生长环境，提高优质道地药材的产量（葛文杰，2014）。此外，还可以通过物联网技术的应用，监控、搜集中药材种植过程中的数据信息，为日后质量追溯提供依据。

2. 中药工业领域

推进中药工业数字化、网络化、智能化。如通过“制造执行系统”(MES)可以实现生产过程的自动化控制，有效提高中药产品质量。通过工业互联网、物联网和云计算等信息化技术，进行数据挖掘，为生产决策提供支撑。通过移动互联网可以实现生产可视化、定向推送相关信息，打消顾客疑虑。

3. 中药产业链整体

利用中药信息大数据，建立云平台，整合上游中药材种植、中药生产以及客户需求信息，发布中药材价格指数等相关信息，指导中药生产和消费，防范和化解中药材等产品的价格、数量波动风险。

4. 质量管理和质量追溯体系

在中药的全产业链过程中，运用互联网信息技术，如通过电子标签，收集中药材种植、加工、流通等环节的关联数据，通过生产质量信息实时监控系统、基于过程分析技术(PAT)的智能化控制系统的运用，实现中药源头可追溯、过程可监控、流程可跟踪；以此构建中药生产流通全过程的质量管理和质量追溯体系，既有利于逐渐提高中药产品质量，保障用药安全，也能使政府加强实时监管，极大改善信息不对称格局，同时也极大地提升了品牌价值。

（二）“互联网+”与中药价值链的融合

“互联网+”中药价值链的融合主要体现在研发、生产、市场销售及服务等几个价值链节点上的融合。其中，中药生产制造、中药信息服务等节点的融合在“互联网+”与中药产业链的融合过程中已阐释，以下主要分析“互联网+”与中药研发、中药流通的协同融合。

1. “互联网+”与中药研发的融合

中药产业链各环节都会产生海量数据，搜集这些数据可以建立中药信息大数据平台。如利用大数据技术搜集、整理和挖掘中医药的经方、验方等文献，为中药“二次开发”提供依据；还可以通过建立基于信息化集成的研发平台，采用基于互联网、用户参与的众创研发模式，借助信息技术辅助研发，提高中药新药的研发水平等。

2. “互联网+”与中药流通的融合

“互联网+中药”能够创新业态和商业模式。运用移动互联技术，借助移动终端开展中医药文化传播和中药产品科普活动，激发中药产品需求。其次，构建“互联网+”的中药电商平台，打造线上线下营销体系，从而促进中药产品销售。还可以通过云计算、大数据等技术将患者和用户的需求传递到中药研发与生产环节，形成中药产业链的“闭环”，构建智能产业生态系统（陈静锋，2016）。

“互联网+”不仅是一种利用信息技术改造传统产业和其他产业的方法，还是一种思维方式即共享的思维，更是我国发展战略之一。正是由于“互联网+”与中药产业链和价值链诸环节有耦合基础，才能将中药产业的特殊性与互联网信息技术的普遍性进行有机结合，最终实现“互联网+中药”的协同融合发展。

所谓“互联网+中药”的协同融合，是以“互联网+”与中药产业各环节的耦合为前提，以互联网为载体，以移动互联、云计算、大数据、物联网等信息技术为手段，实现“互联网+”与传统中药产业深度融合。“互联网+中药”的协同融合，使得生产要素和资源要素整合更加便捷，纵向和横向壁垒被打通，交易成本降低，有效地解决了中药产业中存在的信息不对称问题，提高中药产品的质量控制和评价水平，提升产业创新动力。“互联网+中药”的协同融合在传统基础上利用现代科技进行创新，推进中药全产业链的现代化进程，形成智能中药产业生态系统，促进了中药产业技术升级、研发升级以及营销、品牌与传播的升级，为更好地满足以中药产品疗效为导向的市场需求起到积极作用。

第九章　中药产业集群创新发展

由于中药材具有道地性的特点，加之历史和人文因素，无论是中药材的种植、流通和加工业，都呈现出较强的地域性，因而在中药产业的发展中出现了产业集群的现象，尤其表现在江苏、广东、四川、天津等省市，各地区国家批准建立的中药现代化科技产业园、中药科技产业基地、国家生物产业基地和市场自发形成的中药产业集群等。产业集群最大的优势是创新，但是随着国内外生物医药市场竞争加剧以及区域经济一体化纵深发展，中药产业集群需要应对外部竞争加剧与内部创新不足的压力。为了实现内生增长，提升集群的核心竞争力，中药产业集群亟待创新升级。

本章依据产业集群、产业集群创新理论，以安徽亳州中药产业集群为例，研究中药产业集群创新发展的策略，内容主要包括三个部分：① 产业集群创新。通过文献研究，明确产业集群内涵，以及产业集群创新的内涵、影响因素、动力机制以及创新路径。② 中药产业集群。以产业集群理论为基础，分析中药产业集群的内涵，并介绍安徽亳州、江西樟树、河北安国、河南禹州"四大药都"以及全国其他地区具有区域特色的中药产业集群状况。③ 中药产业集群创新。亳州是"四大药都"之首，以亳州为例分析中药产业集群存在的问题以及创新发展面临的趋势，进而提出亳州中药产业集群创新发展策略。

第一节　产业集群创新

一、产业集群创新的内涵

产业集群创新是经济持续增长的不竭动力，是推动区域创新体系持续形成的关键所在。它是指以专业化分工和协作为基础的同一产业或相关产业的企业，协同政府、科研院所、中介服务机构等集群中的各行为主体，由于地域临近而产生创新的聚集效应，在竞争的压力下，通过合作、学习等机制，健全地方能力，推动创新产生、溢出和扩散的协同创新过程(成斌，2008)。

产业集群创新具有以下特征：① 创新主体的确定性，企业作为行动主体，需要政府、科研院所、中介服务机构的相关支持，还需要供应商和消费者的积极参与；② 创新目标的层次性，包括增强产业集群竞争优势的经济目标，还包括协调产业集群内外部关系、维护区域经济环境有序稳定发展的社会目标；③ 创新对象的多元性，包括集群内部知识的创造、储存、转移和应用等；④ 创新方式的多样性，包括要素创新、结构创新、功能创新以及机制创新等形式(姜江，2013；张学伟，2010)。

产业集群是一个具有多重关系的网络，是集群的企业间通过资源交换或知识联结所发生的互动关系总和。产业集群本身所特有的本地化网络可以自发地为集群内部企业提供一个低成本、高效率的知识创造和分享平台，基于非正式扩散机制，使得集群企业之间通过比较、观察和模仿等模式相对容易地获得技术和知识。而产业集群创新则是依靠创新主体间的互动协同，创新要素配置、创新机制联动、创新环境保障，形成以企业为主体的技术创新、高校院所为主体的知识创新、以政府为主体的制度创新以及以中介服务机构为主体的服务创新，通过创新功能的集成，实现产业集群创新。

二、产业集群创新的影响因素及动力机制

产业集群创新是在集群环境下创新的影响因素相互作用产生的结果，这些因素相互作用的方式和过程就是产业集群创新的动力机制。研究产业集群创新的影响因素和动力机制，了解产业集群创新的内在机理，有助于提升产业集群创新能力和区域经济竞争力。

(一) 产业集群创新影响因素

产业集群创新的内外部环境影响因素有很多。李琳(2013)认为产业集群创新过程中要素交流成本的减少以及交流频率的增加都需要通过地理位置邻近的增强来实现，地理邻近性对集群创新具有促进效应。但在产业集群发展成熟阶段，过度地理邻近会造成集群系统的自封闭性，区域内主体的学习能力减弱以至于不能及时获取和应对外部变化，抑制集群的创新活动。地理邻近性对集群创新的促进效应具有阶段性特征。成斌(2013)认为集群主体之间的交流和组织学习行为有利于推动创新产生、溢出和扩散，在集群创新活动中起着重要的作用。姜江(2013)通

过实证分析发现，市场需求、资金支撑、创新收益以及产学研合作对产业集群创新起到极大的推动作用。此外，政府引导（本级财政科技拨款）（徐维祥，2016）和城镇建设（创新人才的聚集，交通、教育等基础设施完善等方面）（Chaminadea，2015）也是影响产业集群创新的因素。

（二）产业集群创新动力机制

产业集群创新动力机制主要有四种模式。

1. 竞争与合作机制

Porter（1996）把集群定义为由集群内企业、高等院校、贸易协会、供应商、金融机构等相关机构进行竞争与合作而形成的一个地理邻近。他认为激烈的竞争是创新和产品差异的重要刺激因素。同时合作机制也是产业集群创新中重要动力因素，集群内部企业之间以及与外部企业、研究机构、高等院校的联合创新行为，能够为产业集群创新获得更多优势。集群内企业的竞争与合作关系是产业集群创新的核心动力因素。

2. 集群学习机制

知识是创新的基本驱动力之一（Lundvall，1992）。Porter（2002）提出“产业集群中行为主体的溢出和集群效应是集群产生的关键”。在产业集群内营造良好的创新环境激发企业创新热情，推动企业不断学习以达到创新目的，同时学习过程中知识的积累又有利于企业的创新活动。因此，集群学习机制是产业集群创新的重要动力机制。

3. 扩散与溢出机制

创新行为产生后需要从创新源（企业、高校、科研机构等）通过一定的渠道扩散到创新使用单元来实现创新的经济效益（成斌，2008）。

4. 组织创新机制

通过创新企业、高等院校、科研机构、金融机构、政府机构和中介服务机构等集群组织间的互动方式或联盟结构来实现产业集群创新。

三、产业集群创新的发展路径

产业集群的发展具有一定的演进轨迹。日本学者 Otsuka 和 Sonobe（2011）依据亚洲和非洲 19 个产业集群的发展过程，总结归纳出发展中国家产业集群的演化规律，即发展中国家产业集群的发展是从数量扩张阶段演进到质量提升阶段。出现这种演化规律，一方面，是因为随着国民收入的提高，消费者对高质量产品的需求日益增长，另一方面，因为低质量产品竞争加剧，企业为寻求高额利润而选择进行产品升级。这个演化过程的实质就是产业集群的升级。我国学者阮建青等(2014)以 Otsuka 和 Sonobe 的产业集群演化模型为基础,结合产业升级理论进一步提出了产业集群演化三阶段模型,即数量扩张期、质量提升期以及研发和品牌创新期三个阶段。从数量扩张期演进到质量提升期是为了解决内生质量危机,从质量提升期演进到研发与品牌创新期是为了形成区域比较优势。

目前研究较多的产业集群创新路径主要有以下五种:① 政府主导的配置型优化路径。政府根据区域经济发展战略的设计,如制定重点产业发展的支持政策,引导创新资源集聚,进而改善产业集群创新系统的结构及其运行模式。② 以主导企业为中心的集结型优化路径。即产业集群创新系统其他要素向主导企业及整个企业群集结,进而使产业链不断完善、不断延伸的路径(姜江,2013)。③ 以组织创新为主导的优化路径。组织创新主要是产业集群内部组织化程度的提高,旨在解决集群组织不合理,效率低下等问题。④ 技术创新型优化路径。这种创新路径是以企业发展需求和各方利益为基础,由企业、大学、科研机构及其他机构共同组建产学研联盟,以实现产业技术创新能力的提高为目标。⑤ 以市场创新为主导的优化路径。市场创新主要是在交易方式、营销方式以及龙头企业培育方面的创新,旨在解决市场交易中的信息不对称、交易成本过高、效率低下以及品牌影响力不足等问题(姚淑芬,2011)。具体创新路径还需要根据不同产业集群的实际情况进行选择。

第二节 中药产业集群

产业是城市发展的动力和核心经济内涵,具有创新能力的行业和主导产业部门,形成“推动性产业”,在空间集聚形成增长极,能带动区域经济发展(佩鲁,1950)。在城市发展过程中,总存在一个主导产业来代表这个城市,但城市之间往往存在着产业同质化和恶性竞争等问题。城市经济的成长最终依赖于经济的特色,而集群有助于竞争优势的形成(Porter,1998),特色和集群体现了城市经济的质与量。因此,依托资源禀赋、区位和产业基础等优势,形成特色化的主导产业,并通过主导产业的关联效应形成产业集群能推进城市经济发展。

一、产业集群的内涵

Porter(1998)认为产业集群(Industrial Cluster)是在某一特定领域内互相联

系的、在地理位置上集中的公司和机构的集合。强调了特定产业领域地理邻近的关联公司的共性与互补性。西奥、罗兰特和赫托格(1998)认为产业集群是为了获取新的互补技术、从互补资产和知识联盟中获得收益、降低创新风险的相互依赖性很强的企业、知识生产机构、中介机构以及客户通过增值链相互联系形成的。我国学者曾忠禄(1997)认为产业集群指同一产业的企业以及该产业的相关产业和支持产业的企业在地理位置上集中,是专业化的地方网络。徐康宁(2001)认为产业集群是相同的产业高度集中于某个特定地区的一种产业成长现象。

不同学者基于不同的角度和侧重点对产业集群的界定和理解有所不同,但总体上都包含着一个共同的核心思想,即产业集群是指特定产业的相关企业及其对应的服务机构在一定地理范围内的集中。这种地理范围内的集中可以有效促进相关企业之间进行专业化的分工和针对性的协作,能够有效地减少合作与经营风险,进一步降低交易成本,充分享受规模效应带来的收入增长。

产业集群作为产业发展演变过程中的一种空间经济现象,主要具有以下特征:① 集中性。从空间角度看,某一产业领域内相互关联的企业及其支撑体系在一定区域内大量集聚,或相互关联的多个产业领域在一定区域内集聚,具有较强的持续竞争优势;② 专业化。集群内单一企业的生产与服务总是集中于有限的产品和过程,相互关联的企业紧紧围绕产业领域内不同生产需求高度协作分工,形成了专业化的特点;③ 网络化。集群内企业通过生产联系形成了紧密的关系网络,网络中各主体间以正式或非正式关系,频繁开展交流、贸易、学习、合作等活动,共同促进集群的持续发展;④ 创新性。集群内企业间通过正式或非正式的交流活动能够促进创新知识的传播与扩散,创新是产业集群形成和发展的动力。

二、“四大药都”中药产业集群

中药产业集群指在某一特定区域内以中药饮片、中成药等中药产品生产为核心,带动上游中药材种植、下游流通销售(主要链条)以及相关产品和服务体系(辅助链条)的发展,在这个过程中,大量联系密切的中药企业、服务性机构、科研院所等相关主体在空间上高度集中,实现资源集聚,进而形成的具有一定持续竞争优势的中药产业集群网络。

中药产业的发展主要依靠地域特色及资源禀赋,推动中药生产组织间具有纵向协作关系或横向互补关系的专业化企业和相关服务机构高度集聚起来,优化产业布局,深化分工协作,发挥品牌效应和网络效应,形成区域特色中药产业集群,有利于优化区域中药产业结构,提高中药产业整体的创新水平,对于打造区域中药产业持续竞争优势具有重要意义。我国中药产业集群雏形的形成较早,明清时期就已形成了安徽亳州、江西樟树、河北安国和河南禹州四大药都。

(一) 安徽亳州中药产业集群

亳州市自然条件优越,中药自然资源丰富,是中医药文化的发祥地之一,从东汉末年发展至今,中药材种植、加工和贸易已有1800多年历史。近年来,亳州市委市政府坚持"以药立市"的发展战略,中医药产业发展迅速,形成了涵盖中药农业、中药工业、中药商贸流通、中医药文化旅游、中药科研等较为完整的现代中医药产业体系,已成为全球规模最大的中药材交易中心和区域性中药材加工制造中心。

亳州现有171科、410种中药材资源,其中植物类有107科、295种,常年种植的中药材有40多种,亳芍、亳菊、亳花粉、亳桑皮四种道地药材全国驰名。亳州是全国中药材集中种植面积最大的地级市。安徽亳州现代农业综合开发中药材示范区已发展成为国家中药材标准化种植示范基地。亳州拥有全国最大的中药饮片产业集群,涌现出200多家各具特色的优势中药饮片企业和中药材相关产品生产企业。截至2018年底,全国医药100强企业已有57家落户亳州市,其中拥有GMP认证医药企业159家,实现医药制造业产值313亿元。亳州市中药贸易优势突出,拥有国内面积最大、上市品种最多、交易最为活跃的中药材专业交易市场,是全国最大的中药材集散地。2018年,中药材交易额突破700亿元,其中中药材专业市场年交易额近400亿元,居四大药都之首。康美(亳州)华佗国际中药城是全国规模最大、上市品种最多、交易最活跃的中药材交易中心、物流配送中心、供求信息中心、价格形成中心。此外,亳州市中药材电子商务发展迅速,拥有药通网、珍药材网等5家知名电子商务平台,正在探索建设中药材大宗及期货交易市场。

亳州市被授予"火炬计划中药特色产业基地""国家外贸转型升级医药专业型示范基地""中国中药饮片出口基地""首批国家中医药健康旅游示范区创建单位"等称号,获批安徽省现代中药产业集聚发展基地。2017年,安徽省委省政府又提出亳州市建设"世界中医药之都"的口号,要求亳州市着力打造中药材种植、中药饮片加工、成药制造、物流贸易、保健医疗、科教研发等完整的现代中医药产业体系,提升现代中医药产业核心竞争力、品牌影响力。

(二) 江西樟树中药产业集群

江西省樟树市中药业在东汉时期开始萌芽,于唐宋时期形成产业,自古以来就有"药不到樟树不齐,药不过樟树不灵"之美誉。新中国成立时,樟树便是国务院认定的全国十大中药材市场之一,到了20世纪50年代末,樟树成为全国三大药材交易会主办地之一。近年来,樟树市坚持"药市、药地、药业"三药并举的方针,大力弘扬品牌、树立药都形象。

樟树市已发现野生药品约有 500 种，其中植物类 355 种，动物类 109 种，矿物类 27 种，常年种植的中药材有 100 多种。樟树中药材种植历史悠久，有“三子一壳”(黄栀子、吴茱子、车前子、枳壳)四大道地药材。2018 年樟树市中药材种植面积约 39 万亩，医药企业 245 家，医药产业集群营业收入达 830 亿元。樟树市有百余家医药企业，其中规模较大且有较强创新能力的中药产业以汇仁集团、江中集团、济民可信集团以及仁和集团四家为主。2011 年，南昌高新区生物医药产业集群正式列入“创新型产业集群试点(培育)”，包括了双胞胎集团、正邦集团、济民可信、江中集团等 110 多家企业。此外，江西省还建成了袁州医药工业园区、江西医药港、桑海工业园区、南昌小蓝工业园区以及樟树福城医药园 5 个各具特色互相推动的特色中药产业集群。樟树中药材专业市场有上千种药材经营品种，日均人流量数千人，药材日均吞吐量超过 500 吨，拥有一流的现代网络设施和电子报价系统、物流储运设施。

樟树市中药产业的快速发展，缘于精细的分工处理、良好的声誉建设以及完善成熟的销售网络三个重要因素。樟树市中药产业集群已经形成了以中药为主的种植、采购、初加工、研发、销售等精细分工体系。销售网络囊括本地中药市场、国内外进出口代理商以及亚洲中药网，完整的销售体系使得樟树中药产业有了强有力的发展动力，为中药产品销售提供有力保障。

(三) 河北安国中药产业集群

草到安国方成药，药经祁州始生香。安国中药业源于北宋，发展于明，鼎盛于清，素有“千年药都”之称。近年来，安国市依托传统中药材优势资源，深入实施中药产业创新升级、新型城镇化建设、健康养生文化三大战略，打造国家级中药产业聚集之都，形成了种植、加工、销售一条龙，科技、工商、贸易一体化的新格局。

安国适宜种植的中药材品种达 300 种，祁花粉、祁紫菀、祁沙参、祁白芷、祁荆芥、祁山药、祈菊花、祁薏米“八大祁药”享誉海内外。2017 年，安国中药种植业药材种植面积基本稳定在 15 万亩，其中达到无公害种植标准的达 5 万亩以上，中药材种植基地全市实现产值 10 亿元左右。2007 年 3 月，安国现代中药工业园区成立，并获科技部批准成立国家火炬计划暨安国现代中药健康产业基地。2011 年，安国现代中药工业园区升级为省级工业园区。截至目前，安国市通过 GMP 认证企业 80 余家，GSP 认证企业 60 余家，中药饮片年生产能力 10 万吨，占河北省总量的 70%以上。安国东方药城是国家认定的 17 家中药材专业市场之一，经营品种 2000 多个，日客流量 2.5 万人，年成交额逾 100 亿元。

2018 年，安国中药商贸仓储物流整合资源建成安国数字中药都并投入运营，将中药材电子交易、中药材第三方检测、全程可追溯三大功能融为一体，三网合一，打造线上线下相结合、覆盖全产业链的中药材专业化公共服务平台。目前，以安国数字中药都为核心，安国市已建设成为国内规模最大的中药材专业市场，最大的中药材仓储物流基地，最大的中药材出口基地，全国第二的中药饮片生产基地和仓储基地。

（四）河南禹州中药产业集群

禹州药市始于唐朝，在明清时期成为中国四大中药材集散地之一，民间素有“药不到禹州不香，医不见药王不妙”之美誉。禹州拥有动、植、矿物药材总计1084种，其中国家重点普查的野生名贵药材147种，另有道地药47种，以“禹南星”“禹白附”“禹白芷”三大道地药材而久负盛名。目前禹州中药材种植面积约50万亩，已建成连片种植基地192个，标准化种植基地25个，基本覆盖全市各个乡镇地区。禹州市现拥有已注册医药生产加工企业56家，其中规模以上29家，年产值超50亿元。禹州市中药材专业市场占地400余亩，是一个集物流、信息、金融等为一体的大型现代化中药材专业市场。市场经营品种上千种，固定从业人员上万人，年交易额达10亿元。禹州“药交会”从2002年至今已举办十二届，累计成交额超500亿元，成为中医药行业产品展示、学术交流、项目合作的重要平台。

禹州市于2012年便规划了面积19平方千米的产业集聚区，主导产业为中医药产业和装备制造业，打造中医药大数据研究院、中医药大数据交易云平台和中医药大数据基地，规划8.3平方千米的华夏药都健康小镇，打造500亿元级医药产业群，设立30亿元中医药健康产业基金，打造百亿级海王中医药健康文化产业园。

三、其他地区中药产业集群

“四大药都”中药产业集群的形成主要依靠地域特色资源禀赋，集群内企业以中药材种植、饮片加工和贸易为主。此外，全国其他地区也形成了一些具有区域特色的中药产业集群。

（一）江苏现代中药产业集群

江苏道地中药材资源丰富，现代化中药产业发展势头迅猛，规模以上中药工业产业数量和产值均全国领先。2018年，全省中药材种植面积达40.7万亩，实现产值30.6亿元；全省中药产业实现营业收入422.4亿元，同比增长13.6%，高于全国同行业平均水平。江苏省有一批从事中成药和中药饮片生产的企业，其中规模以上中药生产企业68家，有近30个年销售额过亿元的中成药品种。省内中医药企业研发投入近4%，高于全国同行业研发投入近2个百分点。

（二）广东中药产业集群

广东的中医药底蕴深厚，是岭南医学的故乡——南药的主产地，拥有中药材2600多种，种植规模达到320万亩。2018年，广东省年产值10亿元以上的中药企业有10家，超亿元的中药品种30个，全省规模以上中药生产企业170家，工业总产值超过450亿元，约占医药产业规模的1/3。目前广东省已基本建立以药材生产为基础、工业为主体、商业为纽带的现代中药产业体系。

（三）四川中药产业集群

四川是全国著名的中药材种植基地和道地药材产地之一。2018年，全省中药材种植面积约300万亩，已有中药企业310家，其中中药饮片企业174家、中成药企业136家。目前，四川已基本形成"一干多支"的中医药产业发展格局，成都市和天府新区重点发展中医药产业创新发展与高端发展的产业；成都平原地区重点发展现代中药制造和中医药健康衍生品规模化发展产业；川中东北地区重点发展中药精深加工多元化发展产业；川西高原及民族地区重点发展民族中（藏）药和天然植物提取产业。

第三节　中药产业集群创新——以亳州为例

安徽省亳州市具有丰富的中药资源和文化优势，素有"中华药都"之称，在全国市域经济中形成了鲜明的中药特色产业。2017年，安徽省委省政府赋予亳州市建设"世界中医药之都"的重大历史使命，要求亳州市着力打造中药材种植、饮片加工、成药制造、物流贸易、保健医疗、科教研发等完整的现代中医药产业体系，提升现代中医药产业核心竞争力、品牌影响力。为了落实省政府的决策部署，亳州市编制了《世界中医药之都（安徽亳州）建设发展规划（2020～2030年）》，制定了中医药产业发展的相关政策，引导改善中药产业集群的结构及其运行模式。

从"中华药都"到"世界中医药之都"，亳州市的城市与产业发展面临着新形势、新要求。然而亳州中药产业还面临着中药产业链条不完善、产业层次较低、空间布局有待优化等问题。只有通过改善亳州中药产业产业集群系统的结构及其运行模式，利用创新活动促进完善产业链条，优化产业结构、产业布局，才能实现建设完整的现代中医药产业体系、形成城市持续竞争优势的目标。本节梳理了亳州市城市及其中药产业的演化过程，在此基础上分析亳州中药产业集群发展存在的问题及发展趋势，进而提出促进亳州中药产业集群创新的策略。

一、亳州市与中药产业

（一）亳州市中药产业演化过程

亳州素有“华佗故里、药材之乡”称号，具有悠久的中医药文化和产业发展的历史。早在三国时期《皇览》一书中就有亳州种植药材的记载，明末时期药材集散地逐步形成规模，在清朝进入鼎盛时期，在民国衰落，新中国成立后逐步恢复（牛倩等，2010）。进入20世纪80年代后，药材种植、专业市场快速发展，进而带动了中药材加工制造业的兴起。亳州的中药产业发展与专业市场存在紧密联系，并有其独有的特征，形成了“农业种植＋专业市场＋产业集群”的互动发展模式，见图9-1，但目前还处于升级过程中。近年来，亳州中药种植面积逐年提高，中药材交易市场于1994年、2010年经历了两次大规模提升，中药材加工业经历了从家庭手工作坊式的药材简单加工，到2008年实施GMP认证后的现代化中药饮片生产，并逐步提高到深加工阶段这一过程，实现了药材种植“供给创造需求”，专业市场“需求集聚效应”（陆立军等，2010），产业集群“前向后向联系效应”的优化组合（克鲁格曼，1991）。

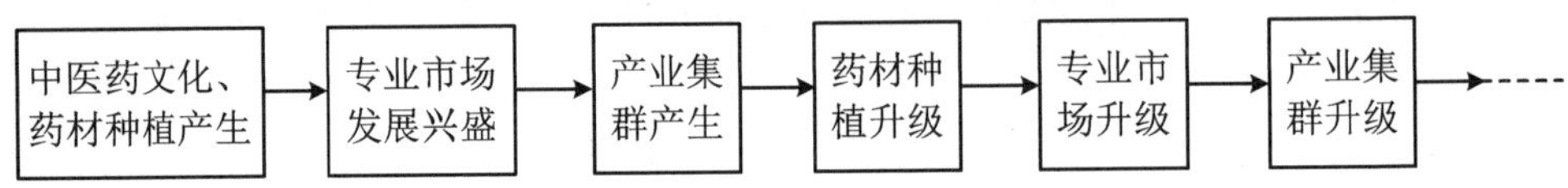

图9-1 亳州中药产业种植、市场与集群互动模式

亳州中药产业发展的各类要素资源不断汇聚，实现了规模经济和外部经济的协同效应。2018年，亳州市中药产业总产值1096.8亿元，其中药材种植业35.6亿元，中药工业318亿元，中药商贸物流业743.2亿元；拥有GMP认证企业190家，全国中医药百强企业已有57家落户亳州市，形成了全国最大的中药饮片产业集群，在药材种植、流通、饮片加工环节具备先天优势。

（二）亳州市城市演化及空间结构

亳州市位于安徽省西北，苏鲁豫皖四省交界处。亳州简称“亳”“谯”，具有悠久的中医药和道家历史文化。历史上以商业发达著称，明清时期是四大药都之一。1986年设县级亳州市（现谯城区），2000年设地级市，辖涡阳、蒙城、利辛和谯城三县一区。2009年，亳州市提出建设“中华药都”，到2020年打造千亿元中药产业基地的目标。截至2018年底，亳州市区（谯城区）建成区面积62平方千米，形成了“一带三组团”的空间格局，即涡河景观带（涡河自西北向东南穿境而过）、涡北区、老城区、南部新区。目前，城市内部空间主要向南、向西拓展，从整体看，主要沿307省道和涡河向东南轴向发展（奚星伍，2011）。

（三）亳州市城市定位与产业定位

城市经济理论表明，城市成长是城市产业不断发展和创新的过程。新城市主义强调应从城市历史中发现城市是如何生长演变的（李应博，2013）。从亳州城市演化和中药产业演化看，中医药文化、中药产业贯穿了城市的发展。自明清以来，“中华药都”一直是亳州的城市名片。目前，中药材种植面积约占全市农作物播种面积的9%，规模以上中药工业企业数量约占全市规模以上工业企业数量的16%，规模以上中药工业企业总产值约占全市规模以上工业企业总产值的22%，中药产业成为亳州经济发展中的“推进性产业”，中药及相关产业成为城市第一大产业。从区位看，亳州经济总量落后于周边的商丘、淮北、阜阳、周口四个城市，要提升城市的竞争力，必须形成差异化的定位。

亳州的中药产业在安徽乃至全国均具有一定的比较优势。从中药种植业看，安徽已经形成了皖北、皖西大别山和皖南山区三大中药材生产的区域布局，中药材种植面积合计约占全省的98%。皖北以亳州为核心，亳州药材种植面积约占皖北87%、全省80%、全国4%。安徽中药工业主要布局在亳州、芜湖、合肥、宿州和安庆等地，亳州以中药饮片制造为主，其余四地市以中成药工业为主。目前亳州中药工业总产值约占全省的56.5%，其中饮片工业总产值约占全省的79.4%，全国的11%；若加上未纳入中药制造业口径的中药关联产业，这个数字将会更大。从中药商贸物流看，2018年全市中药材交易额743.2亿元，其中中药材专业市场年交易额近400亿元，居全国同类市场首位，亳州目前有4家中药材专业网站，120多家中药材专业物流企业。

为加快亳州中药产业的发展，亳州市成立了中药产业化工作领导小组，先后制订了《关于加快全市中药产业化发展工作的决定》《亳州现代中药产业基地发展规划》《安徽省（亳州）现代中药产业发展规划》等一系列发展政策。目前，为贯彻落实安徽省关于建设世界中医药之都的决策部署，亳州市又编制了《世界中医药之都（安徽亳州）建设发展规划（2020—2030年）》。

综合历史文化传承、区位和比较优势以及中药产业的发展前景，基于产业发展观的角度，可将亳州定位为“世界中医药之都”，城市的主导产业定位为中医药产业。“世界中医药之都”的定位既传承了“中华药都”的历史内涵，又赋予了新的时代内涵，既体现了目前其在资源、市场和初加工上的优势地位，又体现了要通过创新发展提升亳州中药产业核心竞争力的目标。

二、亳州中药产业集群发展存在的问题

（一）从区域空间上看，产业链初具雏形但不完整

市场经济条件下，市场主体遵循“优位效益原理”，产业链的空间布局存在一个“循优推移”的过程，产业链中企业和链环分别布局或配置到适合其经济活动特征的特定地点（龚勤林，2004）。目前亳州已经初步形成了包括中药农业、中药工业和中药商业的中药产业链条，但作为市域经济，其核心产业链上下游发展不均衡，目前尚未包括中药产业链上的所有环节，表现出明显的断裂性。比如，相比较于中药农业和中药商业，中药深加工链环相对薄弱，2018 年在产的中成药企业目前仅有 19 家，占比仅约 10%；中药材种植生产资料、制药机械、药用包材、中药产品物流以及中药文化教育、旅游、医疗服务等相关产业综合实力不强；科技创新、人才建设、行业标准、质量保障、信息化服务、交通物流、投融资等支持体系不完善；相关产业和支撑产业不强等。

（二）从产业空间上看，产业链层次低亟待升级

任何产业链都表现为一个立体网链，因此链网中的任何一个垂直链环都可以展开为一个二维链条，其上中下游分别为研发、生产和流通等环节。产业链在一个区域停留的环节越少，就越难以获得产业链延伸的经济收益。亳州中药产业诸链环在研发环节普遍比较薄弱，产业集群缺乏内生的创新能力以及成熟的创新体系。中药工业链环加工度低，中药制药规模化、标准化、智能化、信息化水平有限。在流通环节中，中药贸易仍以线下传统有形市场为主，交易对象主要是未经加工的中药材，尚未充分发挥对全国药材价格形成的影响，国际贸易市场过于集中，打造“世界中医药之都”、品牌国际化运作水平有待提升。因此，亳州中药产业链急需升级。

（三）从产业布局上看，集群优势尚未充分显现

产业集群具有专业化分工、规模经济、外部经济等集群优势，有利于区域产业链的形成。目前，亳州中药产业主要布局在谯城区，种植业主要分布在市区近郊，中药工业在西部安徽谯城经济开发区和安徽亳州高新技术开发区，服务业分布比较分散。亳州中药农业布局面临着种植规模扩大后的重新布局问题，工业和服务业均未形成明晰的分工布局，处于较散乱的状态，企业协调配套程度较差，呈现产业链条同化、无序竞争的现象。因此，在中药产业链优化发展策略基础上，需要对

整个产业链环的空间布局进行优化。

三、亳州中药产业集群发展趋势

（一）产业链条更加完整，配套体系更加完善

根据“世界中医药之都”构建六位一体现代中医药产业体系的要求，进一步完善亳州中药产业链。通过产业集群创新，形成包括中药农业、中药工业、中药商业、中医药健康服务，以及中医药知识业、生产商服务和消费者服务业贯穿全产业链的产业集群结构。

（二）研发和创新能力逐步提升

亳州中药产业集群以中药材及中药饮片等技术含量较低产品的生产销售为主，产业链层次较低且规模偏小。亳州中药产业的各子产业在研发环节普遍比较薄弱，产业集群缺乏内生的创新能力以及成熟的创新体系，产业共性技术、产业主导型工艺、标准和主导设计以及产业关键技术难以取得实质性突破，核心竞争力弱。要推动亳州中药产业现代化、国际化发展，提升产业竞争力，应将中药产业集群运行的主要动力从依赖自然资源要素以及规模经济效应的拉动转向依靠技术的研发与创新。

（三）产业布局更加优化

立足亳州区域资源基础，统筹中药产业布局。一方面，要优化亳州中药农业、工业、服务业的空间布局，深化产业分工，提高集群企业间的协调配套程度。另一方面，建设“世界中医药之都”，除了产业规模、创新能力等方面要处于世界领先水平外，还要重视产业经济与城市规划的融合发展。结合亳州原有的中医药文化资源对中药产业的布局进行功能分区，通过弘扬特色文化、提高城市辨识度、塑造城市品牌，推动“世界中医药之都”走向世界。

四、亳州中药产业集群创新发展的策略

对亳州中药产业集群发展存在的问题以及发展趋势的分析表明，亳州中药产业集群创新主要由政府引导，需要解决产业链不完整、产业链层次低、产业布局不科学等问题。由此，笔者依据产业集群创新理论，从产业链升级、技术创新以及产业布局优化三个层面提出亳州中药产业集群创新发展的策略。

（一）产业链升级促进产业集群创新

克鲁格曼(1991)认为集聚的产业和集聚的区位具有“历史依赖”性，初始优势因“路径依赖”被放大后易产生“锁定”效应，不存在空间上各要素报酬趋于相等的自动均衡。因此，有必要对中药产业链进行有意识地调整和优化。产业链的优化需要在明晰产业部门之间的内在联系，并准确认识区域资源禀赋和政府偏好基础上，对产业链的产业结构、地域空间进行有意识地调整(赵绪福，2006)。通过优化使产业链的结构更加合理有效、产业链环之间联系更加紧密协调，进而使产业链的运行效率和价值实现不断提高的转变过程。基于亳州中药产业实际，从以下两个方面提出产业链升级策略。

1. 构建形成完整中药产业链

从产业链空间分布看，某一时期市场主体对优势区位的追逐，不一定会在一个地区形成完整产业链。但一个地区基于提升产业竞争力的考虑，在发挥潜在比较优势基础上，通过接通和延伸产业链的方式可以构建完整产业链。通过产业创新，与亳州历史文化的继承发展相结合，形成亳州中药产业集群竞争优势。

(1) 重点完善核心链条。完整产业链，首先要明确中药产业诸链环在亳州市发展中的定位，形成合理的区域产业结构。从亳州中药产业演化历程看，中药农业和中药商业是传统优势产业，饮片业在近年来快速崛起。2018 年中药产业内部三大产业占比分别为 3.2%，29.0%，67.8%。这种“三二一”结构的形成并不代表其内部结构的合理性，而是由于深加工链环薄弱，附加值低造成的第二产业发展相对滞后形成的。因此，依据配第克拉克定理，亳州中药产业应大力推动中药工业的发展，将中药深加工定位为主导产业。中药饮片和商业定位为支柱产业，中药农业为基础产业。

重点完善深加工这一薄弱链环，形成完整的核心链条，使产业结构趋于合理化。首先，中药工业是中药产业核心链条的关键链环，深加工链环的产业关联性强，能带动亳州中药农业和初加工链环的进一步发展，提高附加价值，形成主导产业后能显著提升产业竞争能力。其次，亳州具有发展中药深加工的潜在比较优势，面临长三角一体化发展机遇，又具有良好完备的中药产业基础、优越的交通区位条件。最后，可以通过区内接通、区域间延伸产业链的方式进行产业结构优化。一方面，亳州区内深加工链环正不断自我发展，积极打造中药饮片、植物提取物与配方颗粒、中成药、保健食品与特殊医学用途配方食品、化工替代型中药衍生品五大基地，其中应重点发展中成药制造；另一方面，通过招商引资，引进同仁堂、广药集团、修正药业等一批中药深加工的项目，使区外要素正不断聚集。

中药饮片加工和中药商业目前是亳州中药产业的两大支柱产业。要通过不断创新，促进产业升级，继续保持优势地位。中药饮片工业要加强标准创新，从而引领饮片行业的发展；通过产品创新，发展精致饮片、配方颗粒饮片、超微饮片等新型产品提高产品附加值；加强企业间的分工与合作，通过饮片生产的专业化、产品差异化，进一步提高"亳药"饮片的竞争力。中药商业要通过管理创新，大力实施信息化，巩固在全国的龙头地位。改造亳州中药材交易中心，提升基础设施和配套能力；进一步扩大饮片、成药和中药相关产品的交易；引入 O2O 等新兴电子商务模式；拓展其仓储、信息服务、会展、文化旅游等服务功能。

巩固中药农业的基础地位。中药材为中药产业发展提供原料，在产业链中处于基础性地位。药材种植是亳州中药产业演化和城市形成的起点，种植规模在全国具有比较优势。但亳州中药材规模化、规范化种植程度仍然不高，尚没有通过 GAP 认证的品种，与加工环节的纵向合作不紧密。种植区域 70%集中在谯城区，目前还面临城市扩张的压力。因此，要提高中药农业规模化和规范化种植水平，优化布局，推进种植区域由谯城区沿涡河向涡阳县、蒙城县延伸，促进亳州中药农业从规模扩张型向集约化转变。

(2) 积极延伸辅助链条。波特钻石模型表明产业竞争力形成需要相关产业和支持产业的配套支持。中药核心链条的发展壮大，产生强有力的需求拉动，通过产业关联效应向辅助链条渗透，可以形成产业链式发展。根据发展现状，可采取区域内、区域间两种途径积极延伸。

对中药农业辅助链环，要侧重区域内延伸。巩固中药农业的基础地位，需要良好的要素供给，通过专业化、规范化地生产药材种苗、专用肥和农药等，培育新的产业部门；引导中药工业部门通过后向一体化方式介入到中药农业及其辅助链环中。

对中药工业辅助链环，要侧重区域间延伸。通过区域合作，在加强中药工业链环同时，吸引区域外中药药用包装材料、药用辅料和制药机械等相关产业在亳州布局发展。

对中药商业辅助链环，要两个途径并举，在现有良好基础上进一步巩固提升。积极推动本地中药物流产业向现代物流转变，继续吸引国内中药大企业在亳州建设中药物流项目。

2. 优化升级中药产业链

中药产业链的升级，一方面，表现为中药产业内部的重心依次由中药农业、中药工业向中药服务业的递进。因此，发展中药工业和中药商业链环，完善核心链条、延伸辅助链条，既有利于实现产业结构合理化，又能促进产业链升级。另一方面，从中药农业、中药工业和中药服务业内部结构看，应通过提高技术和知识要素密集度、提高附加值向价值链两端升级，提高产业链的层次，促进产业结构高度化。这都需要通过发展现代服务业来实现。

通过培育发展与中药产业相关的科技、信息、金融、商务等生产性服务业和文化旅游等生活性服务业，实现中药服务业和中药农业、中药工业的融合，促进产业结构高度化，并带动城市经济发展。在中药服务业发展过程中，根据现有基础和产业结构升级规律，确定发展重点和升级途径。依托国家中药现代化科技产业（安徽）基地，通过与高校科研院所合作，提升中药科技服务、信息服务业水平。重点提高中药工业领域研发水平、完善中药材农技推广体系建设、整合中华药材网和药通网等网站建设成新的"世界中医药网"。通过引进或外包形式，积极发展中药材农业保险、期货、产业投资基金等金融业；重点发展中药材期货，形成亳州在全国药材价格形成以及风险对冲中的核心地位。培育发展中医药总部经济、中介咨询等商务业。通过国际（亳州）中医药博览会，发展会展经济提升城市影响力。以"中医药养生休闲"为主线，促进中药产业、文化旅游、医疗服务业的相互融合，发展养生休闲、文化观光旅游产业打造"养生之城"。

（二）技术创新促进产业集群创新

以技术创新促进产业集群创新涉及两个关键点：一方面，技术创造，产业集群内部的企业通过自主创新、协同创新以及引进模仿创新等模式，创造出新的技术，获取新的知识产权；另一方面，技术扩散，借由扩散机制，产业集群内的企业通过相互合作和模仿学习实现创新技术的广泛传播和应用，实现整个产业集群技术创新水平的增长。技术创新促进产业集群创新的本质是知识扩散、外溢和资本化的过程，见图 9-2。

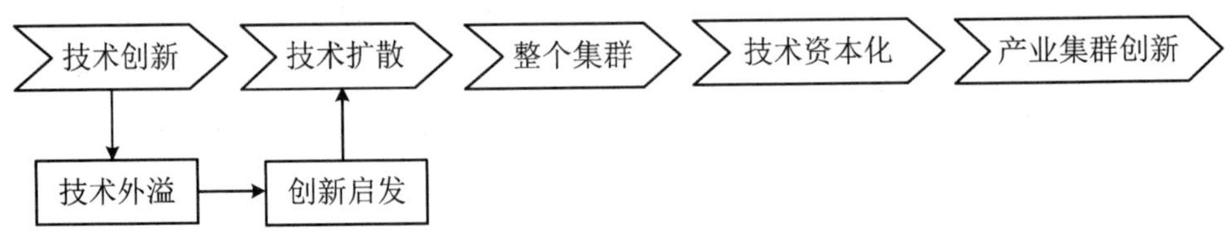

图 9-2　技术创新促进产业集群创新的内涵

通过技术创新来推动亳州中药产业集群创新，可以通过提升技术创新能力、提高知识扩散与外溢效率等途径来实现。

1. 提升技术创新能力

首先，政府要适当转换角色，充当好市场、政策、信息等软环境的建设者，为集群企业的技术创新提供要素保障，营造创新环境，进而引导集群内企业进行创新活动。其次，要强化企业家精神的培养，大力推进企业自律建设，规范竞争行为，形成竞争与合作相结合的新型企业关系。完善协同创新机制，包括产业上下游的链合协同、企业间横向竞争性的"竞合"协同以及产学研协同。进一步健全研发服务性产业、科技创新中介机构，促进创新资源有效整合与配置。

2. 提高知识扩散效率

集群内知识扩散的过程是集群企业间交流活动的过程，在已有知识和新知识有限的基础上，提高知识扩散与外溢的效率，加快知识资本化是提升集群技术创新能力的有效途径，包括完善知识扩散过程的基础设施、培养集群知识共享的文化环境等。如在企业集群内建立知识共享平台，积极引导企业突破传统的企业边界思维，营造出有利于知识扩散和共享的集群文化，鼓励组织内的个体分享已有知识、积极学习新知识，促进集群整体创新能力的提高。知识扩散成本的降低也有益于增强集群企业共享的动力和知识扩散的效率。例如，通过建立政府补偿机制来弥补集群企业高额的创新成本和知识共享的收益损失，进而维持企业集群技术创新的动力。此外，在强调知识扩散的同时也要加强知识产权保护，对专利发明的有效保护是维持企业技术创新的基本动力。

（三）优化产业布局促进产业集群创新

建设"世界中医药之都"，就要在城市空间布局上应促进城市经济和中药产业互动发展。亳州中药产业主要聚集在谯城区，要充分利用谯城的资源禀赋优势，形成增长极；目前中药工业处于加速发展的阶段，要通过建立特色园区形成集群化发展；并通过中药服务业布局实现中药产业诸链环的融合发展、升级发展。根据产业空间演化规律，随着中药产业的集聚，中药产业将会沿着重要交通线向周围辐射，通过产业的外溢效应统筹城乡发展。根据亳州市城市总体规划要求，结合未来中医药相关产业发展需要，以下将从谯城区（工业、服务业布局）、涡河长廊（农业布局）、亳州市（中药产业链）三个层面构筑产业的空间布局。

1. 中药工业的"集群化"布局

亳州中药相关工业企业主要分布在谯城区的三个工业园区，即安徽亳州高新技术产业开发区、安徽亳州谯城经济开发区、亳州芜湖现代产业园区，目前各园区内"企业扎堆"。尽管上述园区都以中药产业为特色产业，但对发展中药产业链式集群（具体哪个链环）的特色定位尚不清晰，且容易形成恶性竞争。集群的形成需要特色园区的承载，因此，按照"突出主导、适度多元"的原则，在现有产业基础上，三个园区应有差异化的产业定位：安徽亳州谯城经济开发区凸显中药饮片、中药农业辅助链条产品两大特色；安徽亳州高新技术产业开发区主要发展中药深加工（重点是中成药制造）、生物医药为代表的医药制造业；亳州芜湖现代产业园重点发展中药工业辅助链条产品。各园区通过合理的分工协作，集聚发展以科技研发为基础、中药工业为主体、中医药延伸工业为补充的中医药制造业，形成中药饮片、植物提取物与配方颗粒、中成药、保健食品、化工替代型中药衍生品、医疗器械、生物医药等生产基地及中医药科技研发基地，打造世界级中医药研发制造中心。

2. 中药服务业“一核多点”布局

在工业集群化布局基础上，促进中药服务业和工业的融合；促进中药服务业内部各子产业的融合；打造特色鲜明、功能完备的现代中药服务业集聚区。形成以核心聚集区为主，一般聚集区为辅，“一核多点”的生产生活生态协调发展的中药大服务业格局。

“一核”即核心集聚区。依托中国（亳州）中药材专业市场、亳州中药材商品交易中心、太安堂道地药材电商交易广场、谯城区花茶孵化基地、昌升地产药材市场、九州通中药材物流园，建设全球中医药贸易与物流集聚区，分类引导，错位发展，培育中药材、中药材种子种苗、保健品、植物香料、制药机械、药品包装材料等六大细化市场，形成中药材大宗交易中心、中药材电子商务中心、中药材价格形成中心，打造立足亳州、辐射全国、面向全球的中医药贸易中心。

“多点”即一般聚集区。依托亳药花海休闲观光大世界、北关历史文化街区、中华中医药博览园、华祖庵、亳州市中医院、谯城区华佗中医院等，融合发展中医药文化、旅游和医疗健康服务等，在谯城区及附近区域重点建设教育－文化－健康服务融合发展集聚区。

3. 中药农业“一带”布局

亳州市沿涡河分布的城区及乡镇主要有市中心城区（谯城区、亳州市高新技术产业开发区），次中心城市涡阳县城、蒙城县城，中心镇古井、十九里、大杨、城父、义门、高炉、岳坊、双涧镇以及若干个毗邻镇，这些地区形成亳州市中医药经济融合发展的主轴。利用涡河长廊的生态优势和S307省道的交通优势，主要发展以道地药材为主的中药材种植、养殖、种子种苗繁育等中药农业，融合发展生态观光旅游业。

4. 中药产业链的点轴布局

谯城区作为亳州中药产业的增长极，包括中药农业、中药工业和中药服务业等若干重要节点。从亳州中药产业发展的现状以及产业发展规律看，增长极的极化和扩散两种效应同时存在，这与中药产业链环发展的要求、要素流动、空间承载等因素密切相关。从扩散路径看，主要沿涡河长廊和S307省道两条水陆交通干线从谯城区向涡阳县、蒙城县方向扩散，从而形成一条轴线。轴线上的每个“点”依据自身在地域空间的位置（要素条件）找准在中药产业链环中的具体位置（链环），从而确定坐标。谯城区作为轴线上最大增长极，中药工业（重点是深加工）、中药生产性服务业、中药农业进一步聚集，通过“集群化”布局、“一核多点”布局和“一带”布局实现优化发展。

随着谯城中药产业发展的成熟，扩散效应将占主导地位。例如依托安徽涡阳经济开发区、老子庙、涡阳县中医院等，承接核心区产业功能外溢，突破亳州市中医药产业发展空间瓶颈，打造涡阳中医药产业副中心；在远离中医药产业创新发展核心区、产业发展基础相对薄弱的蒙城县和利辛县，配合中医药产业发展，逐步挖掘产业发展潜力，打造蒙城、利辛中医药产业副中心。涡河长廊和 S307 省道轴线将若干重要节点连接，形成产业空间和地域空间相互联系的“点轴”发展格局，实现城乡统筹、同步发展。

第十章　研究结论和对策建议

第一节　研 究 结 论

本书在中医药传承创新、中药产业高质量发展的背景下，在梳理中药产业研究文献基础上，综合运用产业经济学、创新经济学和计量经济学等相关理论，研究构建基于产业链的中药产业创新发展理论分析框架。全面回顾了新中国成立以来中药产业传承创新历史进程，并以安徽为例，在系统分析中药产业各子产业创新发展现状基础上，研究基于产业链的中药产业创新升级路径和区域创新，对中药产业创新发展规律、影响因素、体系进行理论分析和实证研究，统览全书，我们可以得出以下主要结论。

一、创新是驱动中药产业发展的根本动力

我国中医药具有历史悠久、资源丰富和理论的完整体系，是我国为数不多的拥有自主知识产权的一个产业。无论是对新中国成立以来中药产业创新历程的回顾，还是对中药产业链创新现况的全面研究，均表明创新是驱动产业发展的根本动力。在当前的技术经济环境下，促进中药产业高质量发展，必须在传承基础上，吸收现代科学技术，坚持创新驱动，才能有所收获。

（一）我国中药产业创新发展概况

近年来全国中药材种植面积稳中有增，2018 年达到 239.2 万公顷。2018 年中药工业总产值达到 9000 亿元，约占医药工业总产值的 1/3。中药产业在维护人民生命健康中发挥了独特优势并做出了重大贡献。新中国成立以来，中药产业坚持

走自主创新道路并取得长足发展，可以将创新历程划为四个阶段：中药产业创新基础奠定阶段（1949～1977 年）、中药产业创新核心地位确立阶段（1978～1990 年）、中药产业现代化体系建设的探索时期（1991～2001 年）、中药产业现代化体系的全面建设时期（2002 年至今）。但中药产业链、价值链领域中存在的诸多问题制约了产业发展，归结起来就是传承不足、创新不够。

（二）中药产业链各环节创新发展概况

1. 中药农业领域

近年来中药资源普查和可持续利用研究、道地性研究、种植基地建设以及技术创新方面均取得了重要成就，为中药材供给提供了技术保障。但中药农业作为产业链的源头，容易受到自然环境因素的影响，农业弱质性的特点、小农生产、“蛛网效应”以及分散交易等因素，使得中药材种植规范化、规模化水平偏低，由此导致的中药材质量控制一直都是产业发展难题，因此本书主要从组织创新角度对中药农业创新发展进行研究，并以安徽为例，研究了中药材产业组织模式与初加工企业组织绩效之间的关系，实证结果表明中药材产业组织模式对初加工企业组织绩效将产生重要影响，紧密程度高的中药材产业组织模式对提高中药初加工企业的组织绩效有积极意义。进而分别从企业视角、农户视角分析影响组织模式选择的因素。中药材初加工企业选择产业组织模式受到环境因素、企业特征和交易成本等不同程度的影响。中药材种植农户在合同交易选择意愿上虽然呈现积极态度，但受到农户特征、家庭特征和生产特征等影响。

在上述研究基础上，本书提出通过推动中药农业组织模式创新，解决中药材生产质量稳定可控问题。一方面，中药农业的组织创新是在推进中药农业组织横向、纵向一体化的过程中适度扩大生产经营规模、深化社会分工。加强分工协作，从碎片化经营向适度规模经营转变，缩小生产与交易之间的成本，提高中药材种植的标准化、集约化水平，实现产业链的配套和价值链的延伸。另一方面，中药农业的组织创新能够促进中药农业进行现代化改造，实现经济增长从规模速度型向质量效益型转变。在此基础上，探索创新横向经济合作组织结构、纵向经济合作组织结构和合作组织商业模式等中药农业组织模式创新发展路径。

2. 中药工业领域

我国中药工业已经从传统产业迈向现代产业并成为战略性产业，且成为生物医药产业重要组成部分，初步形成了政府以政策和项目导向、高校以基础研究、科研院所以应用基础研究、企业以应用研究为侧重点的政产学研多方协同的中药创新体系。但中药工业领域标准不完善，质量评价难，难以实现优质优价是制约产业发展的根本原因。中药工业集中度低，产业资源利用效率不高，严重阻碍了中药制造业的良性发展和竞争力的提升。本书以安徽中药工业为例,基于波特-邓宁模型实证分析了制约中药工业创新升级的障碍因素,提出要完善生产要素、加强产业集群效应、提升企业战略结构、完善产业协同创新体系以及推进企业国际化发展进程,并从纯技术、产业链、产业创新等多角度分析了制约中药工业创新的关键环节。

中药工业创新升级核心是围绕创新关键环节,完善有利于创新的中药产业创新系统,各中药企业应该在产业创新维度中寻找适合自己的创新形式。本书认为,影响和制约中药产业创新的主要因素就是波特-邓宁模型中的中药产业生产要素、需求条件、中药相关产业和支持产业的表现、企业的战略、结构、竞争对手的表现、机会以及政府因素和国际环境。技术系统是整个产业创新系统的核心,研究与开发活动是整个技术系统的核心,政策的调控和政治、经济、文化背景对创新的成功具有深刻的影响,产业创新系统的最终目标是通过产业创新提高产业竞争力。要完善高级要素保障体系,需要人才和平台等要素支撑。此外,还要在促进中药相关和支持产业发展、提高产业集聚水平、发挥行业协会等中介组织作用、推动国际化进程和营造创新升级环境上下功夫。

3. 从中药商业领域来看

目前,我国中药产业已经初步形成了以中药材专业市场为龙头,中药物流中心(机构)、中药商业网点为渠道,中药质量检测和科技服务为支撑的中药商业流通体系。但中药流通行业规范(标准)不完善、现代物流体系尚不健全,特别是没有建立一个可追溯体系的市场监管机制是制约中药商业创新发展的瓶颈。中药商业创新发展重点要围绕上述问题展开。首先,建立健全中药商业流通规范体系,完善中药材商品规格等级及评价制度,以及规范物流行业标准。其次,应该建设中药现代物流体系、推进中药材流通体系标准化、现代化发展,着力推进物流信息化和线上线下融合发展,形成从中药材种植养殖到中药材初加工、包装、仓储和运输一体化的现代物流体系。再次,建立健全中药材主要品种生产流通全过程质量管理和质量追溯体系,强化市场监管体系。最后,要创新中药商业业态和商业模式,建立中药储备和风险对冲机制。

4. 中药全产业链

我国中药产业已发展成为以中药农业为基础、中药工业为主体、中药商业为纽带、中药知识产业为动力的较为完整的产业链。但在中药产业创新发展的道路中,贯穿中药产业链上下游的诸多难题亟待破解,由于中药产业发展难题贯穿于产业链的全过程,创新的主体势必涉及政产学研等多个方面。因此,本书提出以产业协同创新为核心的创新体系建设,从产业链、技术链、创新链多角度解析产业技术创新体系的内在关系,进而构建纵向创新体系、横向创新体系、产学研协同创新体系、创新服务协同体系为核心的产业协同创新体系,明确政产学研等机构职责和任务。

本书还分别从产业链、价值链、产业升级动力角度分析了中药产业升级障碍，认为产业标准缺失或不完善、质量控制和评价难是制约中药产业链各子产业及全产业链创新升级、价值链攀升的共性障碍因素。必须运用现代技术破解产业标准和质量评价难题，解决信息不对称问题，最终实现“优质优价”，企业才有动力推动产业升级；在智能化、数字化、信息化为主要特征的第三次工业革命背景下，提出基于“互联网＋”信息技术的中药产业协同融合的升级路径。“互联网＋中药”的协同融合在传统基础上利用现代科技进行创新，推进中药全产业链的现代化进程，形成智能中药产业生态系统，促进中药产业技术升级、研发升级以及营销、品牌与传播的升级。

5. 中药产业集群

产业集群理论研究表明产业集群的重要优势是其创新效应，产业集群创新实际上就是区域产业创新系统，中药产业集群也不例外。由于中药材具有道地性的特点，加之历史和民族原因，无论是中药材的种植、流通和加工业，都体现出较强的地域性。因而，在中药产业的发展中出现了产业集群的现象。本书介绍了安徽亳州、江西樟树、河北安国、河南禹州“四大药都”以及国内其他具有区域特色的中药产业集群状况。基于产业集群创新理论，以“世界中医药之都”安徽亳州中药产业集群为例，在对亳州中药产业和城市演化分析基础上，探讨如何完善中药产业链、形成合理的产业空间布局，提升中药产业竞争优势，进而与城市发展形成良性互动这一问题。亳州依托资源禀赋、区位和产业基础等优势，形成特色化的主导产业即中药产业，并通过主导产业的关联效应形成产业集群。亳州的中药产业发展与专业市场存在紧密联系，但也有其独有的特征，形成了“农业种植＋专业市场＋产业集群”的互动发展模式，推进了城市经济发展，并将“世界中医药之都”作为城市定位。结合亳州中药产业集群存在的问题，结合集群发展趋势，提出了产业链升级促进产业集群创新、技术升级促进产业集群创新、优化产业布局促进产业集群创新等中药产业集群创新发展的策略。

（三）我国中药产业的发展问题，最主要的是提高中药产业创新能力

综上所述，必须通过创新驱动发展中药产业，以市场需求为动力，通过技术、制度创新为核心的产业创新和区域产业创新来提高中药产业的竞争力。虽然产业创新的范围远比技术创新要广泛得多，但产业创新往往从技术创新开始；中药产业创新应该先由企业开展，然后不断扩散，最后形成一个新的子产业或者一个区域创新系统。

中药产业的各企业应该在产业创新维度中寻找适合自己的创新形式，各地区应发展具有区域特色的中药创新模式，进而通过产业内新技术扩散，使创新在产业

内和区域间得到了普及，提升中药产业发展质量，或通过创新形成新的中药子产业，促进中药产业创新。

提高产业创新能力主要通过产业创新系统思想来指导。整个中药产业的发展是一个系统工程，中药生产要素、需求条件、产业内企业及企业之间的联系、相关产业和支持产业的表现、机会以及政府因素和国际环境构成的中药产业创新系统也是一个整体。在中药产业创新系统中，中药产业创新主体之间和主体与环境之间要形成良好的互动关系，保持中药产业创新系统的良好运行，就应该对影响产业创新的因素予以关注。

中药产业创新的特点决定了中药产业应该坚持传承创新发展战略。中药产业创新的最大特点是在传承基础上的创新，没有传承，中药就不成其为中药，创新就是无本之木、无源之水；没有创新，中药则是永远停滞不前，最终也不能完整地传承。通过传承创新发展战略，形成自主创新能力，使我国的中药产业从具有比较优势的产业发展成为具有竞争优势的产业。

二、传承创新、"三个坚持"引领是中药产业创新的根本遵循

"传承精华、守正创新"是党中央为我国中医药产业明确指出的发展战略。中药产业在传承基础上，通过产业创新，坚持中医药理论指导、坚持现代化发展方向、坚持国家政策支持是我国中药产业传承创新发展的必然选择。

（一）坚持发挥中医药理论对产业创新的引领作用

加强中医药理论研究是中药产业创新的重要内容。从中药产业创新矩阵看，中医药理论创新是中药知识业的技术创新和产品创新范畴。中医药理论研究也是中药价值链研发环节的重要组成部分。新中国成立以来，中医药领域取得的一系列创新成果，都在潜移默化中自觉运用了中医药理论的指导。

坚持中医药理论对创新的引领作用，就是巩固中医药理论在产业创新中的基础地位，发挥中医药理论对产业创新的预见和指导作用。我国中医药学是在长期实践中逐步形成发展并被检验正确的完整医学体系，是人类医学文明的巨大宝藏。加强中医药理论研究，能为中药产业创新提供不竭源泉和动力。

发挥中医药理论引领作用，需要在整理发掘中医药文献这一"基本内核"上下功夫。同时，要吸收现代科技和文化成果这一"合理内核"。这需要推动中医药理论与现代科学文化的融合，充分运用包括循证医学、基因组学、化学、分子生物学、信息科学等在内的现代科学手段来研究中医药理论体系，解释中医病理和中药药理，实现中医药理论质的飞跃以及方法上的突破，在辩证唯物自然观指导下，在新

的高度上形成具有整体观的医药学体系。从系统开放性的角度看,传承创新是中医药理论创新的必然选择,也被实践证明是可行的发展路径。

(二) 坚持中药产业现代化的创新发展方向

中药产业现代化的本质是科技创新。坚持中药产业现代化的创新发展方向,既是创新的应有之义,也是社会发展的必然要求。熊彼特认为创新是"建立一种新的生产函数","创新必须能够创造出新价值"。从社会发展看,随着"回归自然"趋势的出现,人类疾病谱的改变和医学模式的转变,中医药的优势开始凸显,需求不断增加;但现代生产生活方式既影响着中药资源的来源、品质和疗效,也对中药产品的生产方式、质量控制、消费方式提出新的要求。

从产业层面看,新中国成立以来,相关部门一直着力解决中药产业规范化和标准化的问题。产业标准不健全、质量控制和评价难是制约中药产业现代化的瓶颈,未来必须制定一整套从研发、生产、质量控制直至安全评价、临床应用的标准体系,否则这种不健全状态将导致中药市场出现"劣币驱逐良币"的现象,进而引起产业创新乏力直至产业萎缩。通过中医药理论创新提供创新源头,建立基于中药产业链的、开放式的协同创新体系促进中药产业创新升级。从企业层面看,关键是形成适合企业的创新模式。中药企业在实践中形成了一些具有代表性的模式,如理论创新为先导的模式、"二次开发"模式、构筑平台联合开发模式、研发服务外包模式等。

坚持中药产业现代化的创新方向,要注重吸收现代科技成果。任何产业都有现代转型问题,对技术的认识误区以及中医药在应用自然科学技术成果方面的缺乏是中药产业日趋落后的根本原因。无论是中药产业链还是价值链环节,都要在传承基础上充分运用一切现代科技手段,激发和释放中医药蕴含的巨大潜能。要高度重视新一代信息技术在中药现代化中的巨大作用,如"互联网+"信息技术可运用到搜集整理挖掘中药文献、中药材资源普查、中药智慧农业、中药工业智能化、中药智慧物流以及中药生产流通使用全过程追溯体系建设中,实现顾客可感知、生产可视化、产品可评价、质量可追溯,最终带动相关技术发展,解决信息不对称等问题。

(三) 坚持国家中药产业政策对产业创新的支持

坚持国家中药产业政策对产业创新的支持,政府通过对人才培养、科技项目、产业发展、财税制度等方面的扶持,使中药产业从新中国成立初期的幼小产业成长为如今的战略性产业。坚持从系统观念出发,综合考虑中药产业面临的国内外环境和整个市场的供给与需求,为整个中药产业制定切合自身发展的政策、战略和策略,以促进中药产业创新能力的提升。

产业组织、产业集群、产业链整合等问题可通过积极有效的产业创新政策得到解决。在产业创新系统中,政府通过产业政策对系统中的要素进行积极有效的调控,彻底解决中药产业的集中度、区域布局和产业链整合问题。

第二节 对策建议

中医药是中华民族的瑰宝,凝聚着中华民族几千年的健康养生理念及实践经验。十八大以来,党中央高度重视中医药发展,提出"着力推动中医药振兴发展,坚持中西医并重,推动中医药和西医药相互补充、协调发展,努力实现中医药健康养生文化的创造性转化、创新性发展"。作为"健康中国"的重要内容,党的十九大报告再次强调"坚持中西医并重,传承发展中医药事业"。

近年来,国家有关部门相继制定了一系列法律法规和政策文件,对新时期推进中医药发展做出全面部署。《中华人民共和国中医药法》的制定实施为中医药事业和产业发展提供了良好法制保障。《"健康中国 2030"规划纲要》《中医药发展战略规划纲要(2016—2030 年)》《中国的中医药》白皮书的发布,把中医药发展上升为国家战略。2019 年全国中医药大会颁布的《中共中央 国务院关于促进中医药传承创新发展的意见》提出传承创新发展中医药是新时代中国特色社会主义事业的重要内容,是中华民族伟大复兴的大事。中医药发展迎来了前所未有的重大机遇。

中药产业是我国拥有自主知识产权、具有原创优势的少数产业之一。针对我国中药产业产业链和价值链系统存在的主要问题,要在传承创新发展战略指引下,做到"三个坚持",通过产业创新来解决。对中药产业创新的对策建议,本书前面几个章节多有涉及,具体在此不赘述,基于本书主要研究成果和结论,在此仍强调以下几点:① 中药产业创新必须围绕中药重大科学问题展开,突出问题导向,中药产品创新必须突出结果(临床疗效)导向。② 中药产业创新最终目标是建立以企业为创新主体、符合中医药特点和需求、产学研协同、具有持续创新能力的中药产业(协同)创新系统,进而提高中药产业竞争力。③ 中药产业创新根本任务是要解决创新动力问题,动力来源于优质优价。创新的关键是破解中药产业标准缺失和不完善,中药质量控制难和评价难问题,解决信息不对称局面,实现优质优价。④ 中药产业创新主要路径是使创新贯穿产业链和区域,引导产业集聚,促进中药产业集群创新,形成创新生态圈。⑤ 中药产业创新的现实价值在于促进中药产业链延伸和融合，发展中药大健康产业，做大产业总量以惠及更多人群，更好实现经济社会效益。⑥ 要通过开放式创新开放合作，推进中药产业国际化。⑦ 要强化要素保障支撑。⑧ 要促进制度创新、完善创新政策支持体系。

一、解决重大科学问题

中药产业要落实全国中医药大会精神，围绕国家战略需求、中药重大科学问题、中药产业创新关键环节建立多学科融合的科研平台，聚焦原始创新、集成创新，组织协同攻关，取得一批重大标志性成果。在中央财政科技计划（专项、基金等）框架下，研究设立国家中医药科技研发专项、关键技术装备重大专项和国际大科学计划，深化中医药基础理论、诊疗规律、作用机理研究和诠释，加强中医优势病种临床研究，加快中药新药创制研究。突出中医药特点和发展需求，强化顶层设计，建立科技主管部门与中医药主管部门协同联动的中医药科研规划和管理机制。

二、完善协同创新体系

中药产业应以产业链、服务链布局创新链，构建纵向创新体系、横向创新体系、产学研协同创新体系、创新服务协同体系、创新政策支持体系等为核心的产业协同创新体系（产业创新系统）。所涉及的主体有企业本身、上游供应商、下游客户、竞争对手、高校科研院所、政府及中介服务机构，这些主体在企业的技术创新过程中都发挥着重要的作用，特别是要明确政产学研等机构职责和任务。具体见第八章图 8-7。

1. 政府的重点任务

政府是协同创新体系建设的主导者和引导者，特别是在后发地区，政府的主导作用十分重要。政府主要通过政策引导、破解体制机制障碍、搭建平台、提供公共基础设施、引导产业方向等方式方法，发挥在中药产业协同创新体系中的引导作用。

2. 企业的重点任务

企业是市场主体，是产学研活动的发起者和实施结果承接方，在技术创新中起主导作用。要发挥好中药大型企业创新骨干作用，激发中小企业创新活力。中药企业要建设产业上下游链合协同创新的技术研发平台，重点围绕产业关键技术、核心技术，或需要上下游密切配合的行业技术，建立多种形式的协同创新组织。

3. 学研机构重点任务

学研机构是产学研活动的技术支撑方，承担配合企业解决产学研合作问题的角色。其中,高校的重点任务是基础研究和建设中药行业共性技术协同创新平台;科研院所的重点任务是建设面向产业的技术研发协同创新平台;科技中介机构的重点任务是建设中药产业协同创新网络平台。

三、聚焦产业标准创新

聚焦标准创新,将建立健全中药标准体系作为中药产业创新工作的重中之重。只有解决了中药产业标准缺失和不完善问题,还有中药质量控制和评价难问题,才能科学评价何为优质中药产品,实现优质优价,增强企业创新动力。

建立健全符合中医药特点和规律的,从研发、注册、生产、流通、质量控制、安全评价、临床应用和疗效评价的标准体系。特别是在研发、注册环节,要按照《中共中央 国务院关于促进中医药传承创新发展的意见》的要求,落实“构建中医药理论、人用经验和临床试验相结合的中药注册审评证据体系,优化基于古代经典名方、名老中医方、医疗机构制剂等具有人用经验的中药新药审评技术要求”。突出“人用经验”这一关键证据,让传承了数千年、被无数临床实践证明有效的中医药精华,焕发出更旺盛的生命力。

全面修订 GXP 系列标准,进一步完善《中国药典》等国家药品标准。

生产流通领域,要加快建立健全常用大宗中药材和中药饮片加工炮制、提取、中成药等技术标准和规范,规范物流行业标准,建立中药产业全链条产品标准体系,使标准更加科学、合理,确保标准能有效准确衡量产品质量。建立覆盖中药全产业链的质量追溯体系,加大信息技术的应用;建立第三方质量检测中心,确保中药质量安全。

四、构建创新生态系统

(一)将创新贯穿于中药产业链全过程

1. 中药农业领域

实施中药材质量提升工程。建立濒危野生中药材种子种苗研究基地和药用动植物种质资源库,确保野生资源可持续利用。开展野生资源变家种的关键技术研究。推行中药材生态种植、野生抚育和仿生栽培。开展常用道地药材的道地性研究,规划道地药材基地建设,推进道地药材规范化和规模化生产。加强中药农业组织创新,加强中药工业企业和药农之间的合作促进产业组织模式向更加紧密的方向发展。引导中药企业专业化规模化发展,制定鼓励中药加工企业后向一体化的政策措施，建立稳定的中药材种植基地，促进中药材规范化规模化种植。

2. 中药工业领域

实施中药工业创新升级工程。应用现代科学技术，进行中药炮制关键技术研究，制定实施全国中药饮片炮制规范。实施重大新药创新计划，支持企业将特色中药制剂开发成中药新药，支持大品种中成药开发，注重对传统中成药品种进行二次开发，以创新带动中药产业转型升级。实施“智能＋”工程，利用新一代信息技术提高中药工业的智能制造水平。扶持龙头企业，特别是培育本地企业和引进外地“鲶鱼型”企业，激活创新意识，激发竞争。引导饮片加工企业向“专、精、特、新”发展，组织中成药大品种的二次开发，努力把中成药做大做强；引导企业有序兼并重组，壮大领军型企业集团，推动更多企业上市。通过有序竞争，推进产品创新、标准创新和品牌培育。

3. 中药商业领域

实施中药商业智慧化工程。利用“互联网＋”、区块链等信息化技术手段，重点围绕构建中药现代物流体系、建立健全中药材主要品种生产流通全过程质量管理和质量追溯体系开展。

（二）引导产业集群创新

中药产业集群是特色化产业集群，对于城市经济发展是一条可行路径。从全国看，政府要引导中医药历史文化悠久、产业基础和市场条件较好的区域，培育千亿级的中药产业集群，围绕产业集群建设产业集聚基地或园区，谋划建设若干国家级现代中药高新技术产业基地（有特色的国家级开发区），成为全国现代中药总部经济区。

产业集群创新就是区域产业创新系统。产业创新系统及其所包含的子体系均是一个创新生态系统，创新生态系统经过创新要素的集聚并发生聚合反应，形成创新价值链与网络，进一步拓展形成开放的系统就是创新生态圈。创新生态圈不仅指地域空间概念，还是一个由创新要素和创新环境组成，竞生共合、动态演化的开放式系统。在这个系统中，独立创新转变为多元主体协同创新，有利于突破创新资源和能力的限制，降低创新风险，提高创新绩效。政府围绕中药产业集群，在打造高端载体、谋划重大项目、汇聚创新要素、营造创新环境等方面发挥积极作用。

五、促进产业融合创新

通过产业链延伸、产业融合形成新产业是产业创新的内涵，也是产业创新的价值所在。在中药产业中，一部分是严格按照药品管理的中药材、中药饮片和中成药;一部分由于产业延伸和融合,形成了以中药为基源的相关产品和服务,可纳入中药大健康产业范围。

产业链延伸,既有产业内、产业间延伸路径,还有区域内、区域间延伸路径,各地应根据产业内在联系,区域资源禀赋、产业定位、产业布局和政府偏好,找准在产业链中的位置,进行产业调整。围绕本地区中药产业链优势链环,聚焦龙头企业和产业链配套,沿中药产业核心链条、辅助链条(见第三章,图 3-2)两个路径"建链、强链、延链、补链"。围绕中药产业核心链条,着重向高加工度化、高技术水平、高附加值方向延伸,发展包括中成药、中药饮片在内的以中药基源的中药深加工产品。对于辅助链环,可以围绕中药农业、工业、商业辅助链环发展。同时要发展中医药相关产业和支持产业,完善链条功能。通过政策调控,优化布局、引导产业集聚。

促进中药农业、工业和服务业的融合,带动地方经济发展。中药产业可与医疗服务、养生养老、文化、健康旅游、健康管理、体育、休闲、饮食和互联网等行业深度融合,努力拓展中药健康产业新业态,促进中药大健康产业链的发展。

立足"大中药、大健康",大力发展以中药为基础的健康产业,走转型升级的全产业链发展路径,形成中药材种植、中药饮片加工、成药制造、物流贸易、医疗保健、科研教育等完整的现代中药产业体系,形成现代中药产业链式集群。

六、深化开放合作创新

产业创新系统是开放式系统。《中共中央 国务院关于促进中医药传承创新发展的意见》将中医药纳入构建人类命运共同体和"一带一路"国际合作重要内容,实施中医药国际合作专项。各地在实施中药产业创新中,要注重开放合作,注重区域内外协同,利用好国际国内两个市场两种资源。

(一) 坚持开放合作

加强与京津冀、长三角、粤港澳大湾区和"一带一路"等区域和国家创新合作,鼓励中药企业扩大与欧美、日本、韩国、东南亚等国家和港澳台地区在标准制定、研发、生产、质量控制、深加工和开发利用等方面的交流与合作。依托中药产业园区和基地建设,积极引资引智引项目。推动中药国际标准制定,积极支持地方特色中药品种开展国际化认证,鼓励中药企业到境外开展中药产品展销、交流,全面展示中医药文化和产品。

(二) 加强对外交流

通过文化引领,依托国家"一带一路"战略,促进中医药走向世界。加强中医药文化载体建设，推动中医药文化与城市建设的有机融合。建立中医药海外发展机制，大力发展中医药服务贸易，建设一批中医药海外中心、国际合作基地和服务出口基地，积极开展文化传承、教育、科研、经贸等领域的密切交流合作。举办世界中医药大会、高端中药产业发展国际论坛和会展。

七、强化要素保障支撑

（一）坚持人才引领

加强中医药高层次和国际化专业技术人才引进与培养，鼓励科技创业，加大对创新型领军人才及高层次创新团队的资助力度。重视高等院校中医、中药等专业的人才培养，鼓励高校毕业生到中药各产业中创业就业。加强中药材种植养殖技术人员和基层中药材生产、流通、炮制从业人员培训。培养一支强有力的中药资源保护、种植养殖、加工、鉴定技术和信息服务队伍。

（二）加强创新平台建设

首先，要建设高端创新平台。建设国家级战略创新平台，在中药产业重点领域建设国家重点实验室、临床医学研究中心、工程研究中心和技术创新中心，设立中国中药标准研究院。鼓励和支持企业利用全球创新资源，联合建立国际化研发机构。其次，建设科技创新公共服务平台。围绕创新链规划建设科技创新平台，针对中药产业核心关键技术研究和重大创新产品研发，联合建立重大技术研发机构、产业技术创新联盟、企业博士后工作站等新型研发组织或创新载体。面向中药产业园区，建设共性技术研发平台、中试基地、测试中心等公共技术服务平台。大力发展技术评估、产权交易等中介机构，构建技术转移服务平台，促进创新成果转化。

（三）其他要素保障

首先，建立多方投融资机制。其次，完善中药全产业链的信息服务体系。再次，构建现代化、集约化、规范化的中药现代物流体系。最后，在全国“药都”城市或中药产业集群城市举办各类品牌会展，借助会展促进中药产业创新要素对接，举办全国性的“中药产业新成果展示与交易展会”等。

八、完善创新政策体系

完善政策支持体系是中药产业创新的根本保障，也是中药产业创新的重要内容。完善政策支持体系，既要做好现有法律法规政策规划的贯彻落实；还要做好制度创新，进一步完善相关制度，理顺体制机制，争取国家和省级层面的政策支持，坚持科学决策、科学管理。中药产业创新的制度和政策创新支撑体系内容丰富，要构建技术和产业、平台和企业、金融和资本、制度和政策创新支撑体系，还涉及中医药管理体制、科研管理制度、标准体系和技术规范制度、质量安全监管制度、人才评价激励制度、医保政策等。

（一）落实现有制度和政策

首先，要认真落实国家有关制度政策。如《中华人民共和国中医药法》《中华人民共和国药品管理法》《中药品种保护条例》《中共中央 国务院关于促进中医药传承创新发展的意见》《"健康中国 2030"规划纲要》《中医药发展战略规划纲要（2016—2030 年）》等国家法律法规及配套政策。地方党委和政府要按照《中共中央 国务院关于促进中医药传承创新发展的意见》要求，结合实际制定落实实施细则，将落实情况纳入党委和政府绩效考核。其次，要落实中医药主管部门、科技主管部门、地方政府出台的专项政策规划文件。注重经验交流和借鉴，积极推动先行先试的创新成果的推广共享，放大改革试点效应。强化区域创新体系建设，增强产业创新对中药产业高质量发展的引领和支撑作用。

（二）做好几个重点领域的制度创新

首先，在管理体制上要创新，大胆先行先试。落实好中央和省中医药工作联席会议制度，依照中医药相关法规建立健全中医药管理体系，中医药主管部门要做好中药产业发展规划、产业创新等各方面工作，各地要争创国家中医药综合改革示范区，充分运用示范区先行先试权利。

其次，要尽快改革中药注册制度。要摒弃按照化学药和生物药的注册审评审批思路，遵循中医药特点和规律，注重人文经验和临床疗效，国家药品监督管理部门和中医药主管部门应尽快协作完成中药注册制度的全面改革。改革中药注册制度是撬动中医药改革的一个重要支点，因为注册制度涉及中药的研发、生产、质量、安全和疗效评价，能带动相关领域技术和制度创新。

再次，要尽快制定中药知识产权保护制度。想做到"传承精华、守正创新"，必须切实做好中医药知识产权保护和运用。中医药传统知识是中医药传承发展的核心要素。我国是中医药的发源地，然而，许多中医药传统经典名方却被一些外国公司无偿侵占，有的还在所在国申请专利，禁止中国企业生产和销售。由于知识产权保护不力，一些中药秘方、验方处于保密状态，只通过家传方式流传，使之无法得到推广，甚至失传。由于中医药传统知识多处于公开状态，现行知识产权制度强调保护新颖性和创新性，无法有效保护传统中医药，因此必须加快制定中医药传统知识保护条例，从保护中医药的“方和药”转到保护“理和法”上。

最后，还要做好科研管理制度、标准体系和技术规范制度、质量安全监管制度等其他相关制度创新。

（三）完善创新政策支持体系

围绕国家和省级政府相关政策导向，谋划一批关乎中药产业发展的重点工程和重大项目，纳入国家和省相关发展规划，争取政策和资金扶持。完善和落实相关政策措施，优先保障土地、人才、资金等要素供给。

要完善中药产业发展和产业创新的投入保障机制。建议地方政府在国家专项资金和省级财政支持下，增设市场化运作、社会资本参与、政府引导的中医药发展基金。扩大直接融资，加大中药企业上市工作培育力度，积极支持中药企业股权融资。拓宽融资渠道，引入金融资本、产业资本和战略投资等，积极探索和运用多元化投融资模式，建立中医药发展投融资平台。

医保政策支持和保险产品开发。健全符合中医药特点的医保支付方式。建立和完善中医医疗、医药、医保联动机制，积极将适宜的中医医疗服务项目和中药按规定纳入医保范围，扩大保险覆盖面。开发中医药保险产品。鼓励商业保险机构开发中医治未病等保险产品使更多人群了解中医药，开发中药材种养殖保险、价格指数保险、信用保险等相关保险产品帮助药农承担风险。

人才政策支持。落实国家重大人才工程、院士评选等对中医药人才的支持。建立中医药人才表彰奖励制度，建立中医药行业表彰长效机制。各地要加强人才引进、注重人才培养和使用。多元激励、积极引才，坚持招商选资和招才引智并重，采取股权激励、提高薪酬、财政补贴等多种灵活的政策，将企业打造成能够吸引更多高层次人才的载体；加强合作，积极汇才，面向名院名所名校，吸引高端人才，通过院士工作站、院校所合作共建人才基地等多种方式汇聚人才；不拘一格、积极用才，在人才结构上要特别注重人才的全面性，既要有高端人才，也要有能工巧匠。既要有战略家，也要有实干家，既要有产业发展的技术人才，也要有善于管理创新的经营管理人才，在人才引进上善于不求所有但求所用；营造环境、积极留才，以良好的工作环境、生活环境、创业环境，确保急需人才、高端人才引得来、留得下、干得好。

优化发展环境。政府梳理各部门已有中药产业发展政策，构建统一政策体系，有针对性地制定产业扶持政策。深化行政审批制度改革，深化“放管服”改革。完善公共服务平台，改善营商环境，鼓励创新创业，营造有利于中药产业创新发展的良好氛围和环境。

参 考 文 献

Allaire Y, Firsirotu M E, 1989. Coping with Strategic Uncertainty [J]. Sloan Management Review, 30 (3):7-16.

Barkema A,1993. Reaching Consumers in the Twenty-First Century: The Short Way Around the Barn[J]. American Journal of Agricultural Economics, 75.

Claro D P,Hagelaar G,Omta O,2003. The Determinants of Relational Governance and Performance:How to Manage Business Relationships? [J]. Industrial Marketing Management, 32 (8): 703-716.

Cristina Gimenez, Eva Ventura, 2003. Supply Chain Management as a Competitive Advantage in the Spanish Grocery Sector[J]. the International Journal of Logistics Management, 14(1): 77-88.

David Doloreux, Saeed Parto, 2005. Regional Innovation Systems Current Discourse and Unresolved Issues [J]. Technology in Society, 27(2):133-153.

Delaney J T, Huselid M J, 1996. The Impact of Human Resource Management Practices on Perceptions of Organizational Performance [J]. Academy of Management Journal, 39 (4): 949-969.

Ellram L M, 1996. A Structured Method for Applying Purchasing Cost Management Tools [J]. International Journal of Purchasing & Materials Management, 32(1): 11-19.

Enos J L, 1962. Invention and Innovation in the Petroleum Refining Industry [M]. 2nd. Princeton University Press:299-321.

Freeman C, Luc Soete, 1997. The Economic of Industrial Innovation [M]. London:Pinter.

Freeman C, 1982. The Economics of Industrial Innovation [M]. 2nd. London:Francis Printer.

Gerrifi G, 1999. International Trade and Industrial Upgrading in the Apparel commodity Chain [J]. Journal of International Economics,1(48).

Harrison B, 1997. Lean and Mean:The Changing Landscape of Corporate Power in the Age of Flexibility [M]. New York:Guilford Press.

Humphrey J, Schmitz H, 2000. Governance and Upgrading: Linking Industrial Cluster and Global Value Chain Research [Z]. IDS Working Paper 120, Brighton, Institute of Development Studies, University of Sussex.

Krukowska M，2016. China's One Belt,One Road，Strategy and Its Implications for the Global World Order[J]. International Business and Global Economy，(35)：157-168.

Lummus P R，Volurka R J，Albert K L，1998. Strategic Supply Chain Planning [J]. Production and inventory Management Journal (3)，49-58.

Monczka R M，Trent R J，Callahan T J，1993. Supply Base Strategies to Maximize Supplier Performance[J]. International Journal of Physical Distribution & Logistics Management，23 (4)：42-54.

Palhalmi J,Bai Y,Yuan L，2010. Integrative Approaches in the Research of Fascial Network for a Better Understanding of Traditional Chinese Medicine Mechanisms-Summary of the Fascia Congress 2009 [J]. Zhong Xi Yi Jie He Xue Bao. Feb,8(2):199-200.

Pekkarinen S，Harmaakorpi V，2006. Building Regional Innovation Networks：The Definition of an Age Business Core Process in a Regional Innovation System[J]. Regional Studies,40(4)：401-413.

Porter A M，1994. Beyond Cost Avoidance[J]. Purchasing，117(8):11-12.

Porter M E，2002. Research triangle：Clusters of Innovation Initiative [M]. Washington DC：Council on Competitiveness.

Robert B，Handfield，Christian Bechtel，2002. The Role of Trust and Relationship Structure in Improving Supplies Chain Responsiveness [J]. Industrial Marketing Management (31)：367-382.

Rothwell R，1992. Successful Industrial Innovation：Critical Factors for the 1990s [J]. R&D Management,22(3):221-239.

Saraph J V，Benson P G，Schroeder R G，1989. An Instrument for Measuring the Critical Factors of Quality Management [J]. Decision Sciences，20(4).

Schumpeter J A，1912. The Theory of Economic Development [M]. Cambridge：Harvard University Press.

Schwatz M，1998. Extending the Supply Chain [J]. Software Magazine，18(15):44-48.

Skinner W,1969. Manufacturing：Missing Link in Corporate Strategy [J]. Harvard Business Review (47):156-167.

Williamson O E，1985. The Economic Institutions of Capitalism [M]. New York：The Free Press.

Williamson O E，2002. The Theory of the Firm as Governance Structure：from Choice to Contract [J]. Journal of Economic Perspectives(16):171-195.

白吉庆，林青青，黄璐琦，2016."丝路中药"初探[J]. 中国现代中药，2016，18(6):793-797.

蔡海龙，2013. 农业产业化经营组织形式及其创新路径[J]. 中国农村经济(11):4-11.

曾忠禄，1997. 产业群集与区域经济发展[J]. 南开经济研究(1):69-73.

陈吉元，1996. 关于农业产业化的几点看法[J]. 浙江学刊(5):51-54.

陈静锋，郭崇慧，魏伟，2016."互联网＋中医药"：重构中医药全产业链发展模式[J]. 中国软科学(6):26-38.

陈士林,谢彩香,姚辉,等,2008.中药资源创新方法研究[J].世界科学技术-中医药现代化(5):1-9.

陈星星,李平,2016.国内技术经济学研究前沿:兼述中国技术经济2015年(南京)论坛[J].数量经济技术经济研究,33(1):156-161.

成斌,2008.产业集群创新的动力机制研究[D].成都:电子科技大学.

成德宁,2012.我国农业产业链整合模式的比较与选择[J].经济学家(8):52-57.

程必定,1989.区域经济学:关于理论和政策问题的探讨[M].合肥:安徽人民出版社.

程翼宇,瞿海斌,张伯礼,2016.中药工业4.0:从数字制药迈向智慧制药[J].中国中药杂志,41(1):1-5.

戴化勇,2007.产业链管理对蔬菜质量安全管理的影响研究[D].南京:南京农业大学.

丁力,1997.农业产业化的实质、形式与政策[J].中国农村经济(2):29-32.

董玲,孙裕,裴纹萱,等,2017.基于全程质量控制理念的中药标准化体系研究思路探讨[J].中国中药杂志,42(23):4481-4487.

段金廒,张伯礼,宿树兰,等,2015.基于循环经济理论的中药资源循环利用策略与模式探讨[J].中草药,46(12):1715-1722.

房耘耘,等,2010.建国以来中医药科技管理相关政策回顾[J].中医药管理杂志,18(11):961-963.

丰志培,2010.中药材产业组织模式与企业绩效的关系研究[D].南京:南京农业大学.

丰志培,2013.安徽中药材产业发展对策探讨:基于产业链视角[J].安徽科技(1):8-10.

丰志培,2013.基于产业链视角的中药材产业发展对策探讨:以安徽为例[J].安徽科技(1):9-10.

丰志培,常向阳,2009.我国中药产业发展的问题与管理措施:基于产业创新理论的视角[J].科技管理研究,29(8):6-9.

丰志培,常向阳,2014.中药材种植户垂直协作形式选择分析:基于安徽亳州的调查数据[J].中草药,45(14):2111.

丰志培,刘志迎,2014.经济升级版背景下的产业升级路径与对策:以安徽为例[J].江淮论坛(4):99-106.

丰志培,彭代银,刘志迎,2015.亳州中药产业链与空间布局发展研究[J].科技管理研究(2):165-170.

丰志培,陶群山,彭代银,等,2015.我国中药产业自主创新历史演进、特点与启示[J].中国中药杂志,40(11):2252-2257.

冯薇,2006.依托特色产业 培育产业集群:以安徽省亳州市为例[J].商业研究(23):15-18.

弗朗索瓦·佩鲁,1987.新发展观[M].张宁,丰子义,译.北京:华夏出版社.

高伟,缪协兴,吕涛,等,2012.基于区际产业联动的协同创新过程研究[J].科学学研究,30(2):175-185.

葛文杰,赵春江,2014.农业物联网研究与应用现状及发展对策研究[J].农业机械学报,45(7):222-230

耿宁,李秉龙,2014.产业链整合视角下的农产品质量激励:技术路径与机制设计[J].农业经济问题,35(9):19-27,110.

龚勤林,2004.区域产业链研究[D].成都:四川大学.

龚雯,田俊荣,王珂,2014.新丝路:通向共同繁荣[J].人才资源开发(10):1.

管顺丰,2007.产业创新管理理论研究与实证分析[D].武汉:武汉理工大学.

郭兰萍,陆建伟,张小波,等,2013.全国中药资源普查技术规范制定[J].中国中药杂志,38(7):937-942.

郝世绵,2006.亳州中药材企业集群的发展阶段及治理[J].北方经贸(10):124-126.

胡厚国,2007.亳州市城市定位发展若干问题的思考[J].安徽建筑(3):26-27.

胡金云,邱家学,2013.全球价值链下我国医药产业价值升级路径研究[J].北方经贸(4):19-20.

胡晓辉,汪雷,1998.对农业产业化若干基本问题的思考[J].农业经济问题(7):40-43.

华金渭,何伯伟,潘永年,2014.浙江省西红花生产现状及发展对策[J].中国现代中药,16(8):627-630.

黄璐琦,李军德,李哲,等,2010.我国现代大中药产业链发展趋势及对策[J].中国科技投资(5):67-69.

黄明安,2016.中医药现状与发展趋势研究[J].时珍国医国药,27(8):1956-1960.

黄心,2015.多举措扬帆,推中药出海[N].中国中医药报,1-4.

姜江,胡振华,2013.区域产业集群创新系统发展路径与机制研究[J].经济地理,33(8):86-90,115.

姜长云,2013.农业产业化组织创新的路径与逻辑[J].改革(8):37-48.

蒋国俊,蒋明新,2004.产业链理论及其稳定机制研究[J].重庆大学学报(10):36-38.

李爱玉,丰志培,郃蕾蕾,2019."一带一路"背景下中药产业发展路径研究[J].辽宁工业大学学报(社会科学版),21(6):35-38.

李璨,2012.我国中药材物流管理的研究[D]武汉:湖北中医药大学.

李冬雪,徐益君,2014.我国中医药科技发展的基本现状[J].中国中药杂志,39(2):334-337.

李广乾,陶涛,2015.中药现代性与中药品种保护制度改革[J].管理世界(8):5-13.

李化,2015.中药产业链及产品链分析[J].世界科学技术-中医药现代化,17(1):292-295.

李慧,冯晓慧,2016.中药专利质量的界定与提升[J].中草药,47(16):2960-2964.

李剑,杨明,何倩灵,等,2010.论中药产业链的构建[J].中草药,41(8):1230-1233+1365.

李金凤,张永清,李祺,2018.运用互联网思维看中药产业链流通环节中批发企业的横向整合机会[J].中国实验方剂学杂志,24(6):210-216.

李琳,韩宝龙,高攀,2013.地理邻近对产业集群创新影响效应的实证研究[J].中国软科学(1):167-175.

李应博,朱慧勇,2013.新城市主义视角下城市成长与产业创新协同发展研究[J].城市发展研究,20(7):20.

李瑜,2007.农户经营组织化研究[D].咸阳:西北农林科技大学.

梁静,2005.中药现代化必须建立在中医基础理论之上[J].商场现代化(3):203-204.

刘昌孝,2016.对中药现代化及中药国际化发展的思考[J].中国药房,27(11):1441-1444.

刘勇,肖伟,乔晶,等,2015.中药和一带一路[J].中国现代中药,17(2):91-93.

刘志彪,2000.产业升级的发展效应及其动因分析[J].南京师大学报(社科版)(2):3-10.

刘志迎,2014.产业链视角的中国自主创新道路研究[M].北京:科学出版社.
刘志迎,2015.产业链视角的中国自主创新道路研究[J].华东经济管理,29(12):9-11.
刘志迎,李慧,2009.嵌入在产业链中的技术创新机理研究[J].科学管理研究,27(6):12-15.
刘志迎,马朝良,2014.中国自主创新道路演化及特征比较研究[J].管理现代化(3):44-45.
陆立军,于斌斌,2010.基于修正"钻石模型"的产业集群与专业市场互动的动力机制:以绍兴纺织产业集群与中国轻纺城市场为例[J].科学学与科学技术管理(8):66-69.
罗必良,2004.农业经济组织的效率决定:一个理论模型及其实证研究[J].学术研究(8):49-51.
罗必良,王玉蓉,1999.农业经济组织的制度结构与经济绩效:一个理论框架及其应用分析[J].农业经济问题(6):11-15.
罗国安,王义明,饶毅,2000.中药中成药现代化进程[J].中成药,22(1):71-77.
吕美晔,2008.我国蔬菜产业链组织模式与组织效率研究[D].南京:南京农业大学.
马健,2002.产业融合理论研究评述[J].经济学动态(5):78-81.
马士华,2016.供应链管理[M].北京:机械工业出版社.
迈克尔·波特,2002.国家竞争优势[M].李明轩,邱如美,译.北京:华夏出版社.
孟海涛,等,2015.霍山石斛产业发展的现状与对策分析[J].中国现代中药,17(6):521-52.
聂子龙,李浩,2003.产业融合中的企业战略思考[J].软科学,17(5):80-83.
牛倩,王德群,刘耀武,2010.亳州栽培药材的历史变迁[J].安徽医药,14(2):232-233.
牛若峰,1997.农业产业一体化经营的理论框架[J].中国农村经济(5):4-8.
牛若峰,2002.中国农业产业化经营的发展特点与方向[J].中国农村经济(5):4-8.
潘成云,2001.解读产业价值链:兼析我国新兴产业价值链基本特征[J].当代财经(9):7-12.
冉懋雄,周厚琼,2015.中药区划与中药材 GAP 和区域经济发展[J].中药材,38(4):655-658.
任德权,刘晋儒,2000.中药管理体制沿革与中成药工业的发展[J].中草药,22(1):2-5.
阮建青,石琦,张晓波,2014.产业集群动态演化规律与地方政府政策[J].管理世界,(12):79-91.
宋霁翔,2015.中医药服务贸易发展现状及策略研究[D].北京:北京中医药大学.
苏东水,2000.产业经济学[M].北京:高等教育出版社.
谭涛,2004.农产品供应链组织效率研究[D].南京:南京农业大学.
陶爱萍,张丹丹,刘志迎,2013.链合创新:概念模型、模式和效率分析[J].科技进步与对策,30(11):51-55.
屠鹏飞,姜勇,2007.中药创新药物的发现与研发[J].中国天然药物,5(2):81.
汪钟,1985.毛冬青甲素对血小板功能和形态的影响[J].中西医结合杂志,5(4):232-234.
王广基,邹珊刚,2002.中国医药科学技术战略与政策研究[M].北京:中国医药科技出版社.
王广平,宋金奇,2010.中药产业技术科学标准化问题的研究[J].中国中药杂志,35(12):1644-1647.
王晶,李昕雪,潘眩,等,2017.中药产业区域品牌构建研究[J].世界中医药,12(11):2799-2802.
王笑频,2016.中医药"一带一路"发展潜力巨大[N].中国中医药报,8-1.
王鑫,王艳翚,2018.中药标准化战略对策初探[J].中国卫生事业管理,35(1):1-2.
王兴元,杨华,2004.高新技术产业链结构类型、功能及其培育策略[J].科学与技术管理(3):88-93.

王永炎,2012.基本药物制度下大中药产业发展的若干思考[J].中国中药杂志,37(18):2677-2678.

王云峰,2018.农业供给侧结构性改革的产业组织创新[J].探求(4):86-91.

维克托·迈尔,舍恩伯格,肯尼思·库克耶,2013.大数据时代:生活、工作与思维的大变革[M].盛杨燕,周涛,译.杭州:浙江人民出版社.

吴金明,邵昶,2006.产业链形成机制研究:"4+4+4"模型[J].中国工业经济(4):36-43.

吴其国,胡叶青,查元,等,2016.大数据在中医药领域中的应用现状[J].广西中医药大学学报,19(1):153-156.

奚星伍,2011.亳州市城市空间格局特征及优化模式研究[J].工程与建设,25(3):325-327.

夏英,2002.农村合作经济:21世纪中国农业发展的必然选择[J].农村合作经济经营管理(1):20-22.

夏英,牛若峰,1999.我国农村合作经济组织改革和发展的思路[J].中国农村经济(12):40-43.

向佳,2011.中成药工业科技发展进入跃升期[N].中国中医药报,3-15.

肖培根,王永炎,2011.中药创新之路[J].中国中药杂志,36(6):655.

肖培根,肖小河,2000.21世纪与中药现代化[J].中国中药杂志,25(2):67-70.

肖小河,王伽伯,鄢丹,等,2012.转化医学:让中药现代化又快又好走进临床[J].中草药,43(1):1-8.

谢宗万,1995.《常用中药材品种整理和质量研究》评介[J].中国中药杂志,20(6):376.

熊磊,胡石其,文泽宙,2018.分工视角下的产业链形成与演化内在机理研究[J].湖南科技大学学报(社会科学版),21(3):129-134.

徐康宁,2001.开放经济中的产业集群与竞争力[J].中国工业经济(11):22-27.

徐维祥,刘程军,江为赛,等,2016.产业集群创新的时空分异特征及其动力演化:以浙江省为例[J].经济地理,36(9):103-110.

许开录,2011.农业组织创新的路径选择与对策研究:基于现代农业视角[J].中国城市经济(17):249-251.

薛燕,1996.中药复方霰弹理论:论中药复方现代研究方法[M].北京:北京环境科学出版社.

闫希军,吴廼峰,薛汉喜,2005.以产业链管理提升现代中药业的系统竞争力[J].世界科学技术(4):9-12,83.

杨公朴,夏大慰,2002.现代产业经济学[M].上海:上海财经大学出版社.

姚淑芬,2011.农业产业化龙头企业的价值链融资探讨:以温氏集团为例[J].重庆科技学院学报(社会科学版)(4):107-109.

于海,金泉源,黄泰康,等,2004.我国中成药工业技术创新能力的区域比较研究[J].中草药(12):115-117.

宇文亚,韩学杰,史楠楠,等,2011.中医药标准化的现状分析与思考[J].世界科学技术(中医药现代化),13(3):445-449.

张伯礼,张俊华,2015.中医药现代化研究20年回顾与展望[J].中国中药杂志,40(17):3331-3334.

张洪魁,1994.关于中药产业发展政策与战略[J].中医药管理杂志,4(2):13-16.

张立明,罗臻,2011.药事管理学[M].北京:清华大学出版社.

张丽莉,高文远,潘力佳,等,2007.产业竞争力理论评价我国中药出口状况[J].山西财经大学学报(S1):217,226.

张路路,2018."一带一路"背景下我国中药出口贸易潜力研究[D].杭州:浙江工商大学.

张明文,2017."一带一路"背景下中医药对外交流问题与对策研究[D].郑州:河南中医药大学.

张然,丰志培,彭代银,2018."互联网+"信息技术与中药农业的协同融合研究[J].中药材,41(8):1775-1779.

张学伟,刘志峰,2010.产业集群创新机制的形成机理和影响因素研究[J].科技管理研究,30(2):176-179.

张耀辉,2002.产业创新:新经济下的产业升级模式[J].数量经济技术经济研究(1):14-17.

张耀辉,2002.产业创新的理论探索:高新产业发展规律研究[M].北京:中国计划出版社.

赵佳,姜长云,2013.农民专业合作社的经营方式转变与组织制度创新:皖省例证[J].改革(1):82-92.

赵绪福,2006.农业产业链优化的内涵、途径和原则[J].中南民族大学学报(人文社会科学版),26(6):119-121.

周俊,1998.中药复方-天然组合化学库与多靶作用机理[J].中国中西医结合杂志,18(2):67.

后　　记

中医药是独特的卫生资源、潜力巨大的经济资源、具有原创优势的科技资源、优秀的文化资源和重要的生态资源。中药产业是我国拥有自主知识产权，具有极大自主创新潜力的产业之一，也是战略性新兴产业。本书基于中医药传承创新、中药产业高质量发展的背景，综合运用产业经济学、创新经济学等相关理论，按照中药产业链脉络和产业创新发展规律对中药产业创新进行了较为系统地研究，在回顾新中国成立以来中药产业创新历史演进的基础上，全面系统地分析了中药农业、工业、商业和全产业链创新状况、影响因素、发展路径以及区域集群创新，涵盖了中药产业全链条，兼顾产业和区域两个层面。本书作为专门研究中药产业创新方面的成果，是基于经济学视野开展中药创新研究的一次尝试，在某些方面也提出了自己创新的观点和对策建议，希望对相关研究者和有关部门有参考价值。

长期以来，本人致力于中药产业经济教学和研究工作，主要得益于在安徽中医药大学工作，能够对拥有"北华佗南新安"这样悠久历史文化资源和丰富中药材资源的安徽省进行实地调研和思考。围绕中药产业研究，本人有幸主持和参与了省级以上项目10余项、省市县地方政府委托项目近30项，撰写了相关文章、研究报告、政府规划和决策咨询建议，积累了大量素材，在中药产业升级、创新、发展、规划等方面做了一些研究。在全国中医药大会召开和《中共中央　国务院关于促进中医药传承创新发展的意见》出台的大背景下，结合本人前期研究，对中药产业创新进行了系统梳理和研究，最终形成本书。

本书的撰写，得到了安徽中医药大学校长彭代银教授和副校长魏骅教授、中国科学技术大学刘志迎教授、南京大学顾海教授、南京农业大学常向阳教授长期以来的指点、鞭策和鼓励；一些研究观点曾经受到安徽中医药大学药学院陈卫东教授、李家明教授、彭华胜教授、俞年军教授的启发。医药经济管理学院我的同事陶群山教授、倪飞副教授、李爱玉副教授、王晶晶、范思敏、张恬恬、干行健、王汝琳、蒋捷媛等老师，以及我的研究生张然、刘柳、王良悦等都参加了关于本书的讨论，并提出了很多宝贵意见。在此向他们表示衷心感谢。本书是安徽省生物医药产业科技创新专业智库项目（“创新视角下中药产业升级关键环节研究”）、安徽省软科学项目（“基于协同创新的安徽中药产业升级路径研究”）、安徽省高校人文社科重点研究项目（“中药材产业组织模式与企业组织绩效关系研究”）、安徽省高校优秀青年人才重点项目（“基于创新驱动的生物医药产业升级路径研究”）的研究成果，并受到科技创新专业智库项目和优秀青年人才项目资助。

本书在撰写过程中，参阅了大量的国内外研究资料、相关论著和有关网站资料，吸收了关于中药产业问题已有的研究成果，对这些作者和网站资料的提供者表示衷心感谢，这些研究为本书的研究提供了坚实基础，在此还感谢中国科学技术大学出版社对本书的出版提供的支持和帮助。

由于本人水平有限，对于中药产业创新的理解和把握还有待深入，难免有很多不成熟的观点甚至不完全正确的地方，敬请有关专家学者、企业家和读者不吝赐教和雅正。

丰志培

2020 年 11 月